A.-P. SINNETT

PRÉSIDENT DE LA SOCIÉTÉ THÉOSOPHIQUE

ÉCLECTIQUE DE SIMLA

LE
MONDE OCCULTE

HYPNOTISME TRANSCENDANT

EN ORIENT

Traduit de l'anglais avec l'approbation de l'auteur

PAR

F.-K. GABORIAU

PARIS	BRUXELLES
GEORGES CARRÉ	A. MANCEAUX

LIBRAIRES-ÉDITEURS

112, boulevard St-Germain | 12, rue des Trois-Têtes

1887

LE MONDE OCCULTE

A.-P. SINNETT

PRÉSIDENT DE LA SOCIÉTÉ THÉOSOPHIQUE
ÉCLECTIQUE DE SIMLA

LE

MONDE OCCULTE

HYPNOTISME TRANSCENDANT

EN ORIENT

Traduit de l'anglais avec l'approbation de l'auteur

PAR

F.-K. GABORIAU

PARIS | BRUXELLES
GEORGES CARRÉ | A. MANCEAUX
LIBRAIRES-ÉDITEURS
112, boulevard St-Germain | 12, rue des Trois-Têtes
1887

JE DÉDIE AFFECTUEUSEMENT CE LIVRE

Après avoir sollicité et obtenu sa permission, à celui que sa compréhension de la Nature et de l'Humanité place si loin au-dessus de la science et de la philosophie de l'Europe, que leurs représentants les plus avancés admettront seuls l'existence dans l'homme de pouvoirs semblables à ceux qu'il emploie constamment :
— au

MAHATMA KOUTHOUMI,

dont la bienveillante amitié donne un titre suffisant à l'auteur du présent ouvrage pour attirer l'attention du monde Européen.

A.-P. SINNETT.

PRÉFACE DU TRADUCTEUR

Le livre que nous présentons aujourd'hui au public français est la quatrième édition de l'ouvrage (1) de M. Sinnett, ancien éditeur du journal le *Pioneer*, organe officiel publié aux Indes anglaises. La première édition du *Monde occulte* parut en juin 1881, et produisit une certaine sensation, en faisant connaître l'existence de la Société théosophique, fondée par M. le colonel Olcott et Mme Blavatsky. Le livre de M. Sinnett s'occupe principalement des

(1) *Occult World*; en vente chez Trübner, Ludgate Hill, Londres.

phénomènes extraordinaires, produits en sa présence et devant de nombreux témoins, par Mme Blavatsky, qu'il nous montre comme étant en rapport avec une vaste association de savants occultes, passés maîtres en matières hypnotiques, psychiques et même spirituelles. D'après M. Sinnett, ces savants hermites, qui n'ont rien de commun avec nos moines ventrus et ignares, et qui vivent dans la région sereine dominant la synthèse où toutes les religions se fusionnent, auraient décidé de faire entrevoir au monde entier leur existence mystérieuse et de laisser tomber sur nos langues enfiévrées par la lutte d'une période critique, quelques gouttes de l'*Elixir de vie* qui ranime les générations. Ils ont donc cherché à attirer l'attention d'un certain public à une époque où la négation, le scepticisme, l'étude obstinée de la matière dans ses combinaisons banales et ses lois stérilisantes étaient sur le point de produire une réaction en faveur de superstitions pires que les précédentes, ou d'amener un despotisme où les savants remplaceraient la science.

S'ils ont été obligés de descendre jusqu'à la production de faits dans des conditions peut-être bien banales pour des êtres qui sont en somme des demi-dieux, c'est, nous a-t-on dit, parce que pour instruire les enfants, il faut se résigner à jouer un peu avec eux. Aussi le lecteur français ne trouvera-t-il guère dans ce livre, — le premier d'une série qui sera continuée, — que des jeux, parfois enfantins, parfois titanesques, précédés ou suivis de la leçon du maître. Quant à ce dernier point, nous appelons toute l'attention de nos lecteurs sur les lettres remarquables, dont M. Sinnett n'a publié qu'une partie, et qui se trouvent à la page 161 de cette traduction.

L'existence de cette Fraternité occulte, répandue par le monde, mais ayant ses centres privilégiés d'habitation du côté des hauts plateaux de l'Asie, fera sourire plus d'un lecteur. Nous ne nous arrêterons pas ici à discuter le pour ou le contre de cette question, n'étant que le traducteur de M. Sinnett, qui, lui, prétend avoir les preuves matérielles de l'existence de cette association dont la Société théosophique, fondée par M#me# Blavatsky et le colonel Olcott, serait la fille bien-aimée. Mais il nous paraît intéressant de citer ici les récentes paroles (1) de M. Guyau au sujet de la possibilité scientifique d'existence d'êtres différents de nous : « ...Malgré l'imagination qu'a montrée la nature sur notre globe même dans la variété de ses flores et de ses faunes, on peut supposer que le génie de la vie sur notre terre offre des points de similitude avec le génie qui travaille sur les autres globes. Malgré l'intervention des différences de température, de lumière, d'attraction,

---

(1) *Les hypothèses sur l'immortalité*, page 196. (*Revue des Deux-Mondes*, 1er septembre 1886).

d'électricité, les espèces sidérales, si différentes qu'elles soient des nôtres, ont dû être poussées par les éternelles nécessités de la vie dans le sens du développement intellectuel et scientifique, et, dans cette voie, elles ont dû aller tantôt plus loin que nous, tantôt moins loin. On peut donc admettre sans trop d'invraisemblance, une infinité d'humanités analogues à la nôtre pour les facultés essentielles, quoique peut-être différentes pour la forme des organes, et supérieures ou inférieures en intelligence. Ce sont nos frères planétaires. Peut-être quelques-uns d'entre eux sont-ils comme des dieux par rapport à nous. » Si l'hypothèse de M. Guyau est rationnelle, à plus forte raison le sera celle d'êtres humains assez avancés pour n'avoir plus, pour ainsi dire, qu'un pied sur notre planète et possédant une constitution mixte qui leur permette d'être nos intermédiaires entre ce monde et ces « dieux ».

Comme on devait bien s'y attendre, Mme Blavatsky fut attaquée par les missionnaires de la propagation de la mauvaise foi, qui se trouvent partout où il y a des cerveaux faibles à façonner ; car ses doctrines d'une science et d'une philosophie supérieures, qu'elle disait renfermées dans les livres sacrés des anciens sages hindous, nuisaient aux intérêts commerciaux de la chrétienté anglaise aux Indes. Ne pouvant s'en prendre aux doctrines, qui étaient inattaquables, on s'en prit aux personnes ; la *Revue du collège chrétien de Madras* dénonça violemment, en septembre 1884, les phénomènes produits avec le concours de Mme Blavatsky, comme des fraudes honteuses ; et la *Société des recherches psychiques* de Londres, lui emboîtant le pas, envoya (novembre 1884) un M. R. Hodgson dans l'Inde pour faire un semblant d'enquête à ce sujet. M. R. Hodgson se fit héberger au quartier général de la Société théosophique à Adyar (Madras), il poussa même la gentlemanerie jusqu'à se faire photographier avec les délégués de cette Société, venus de tous les points de l'Inde pour leur fête annuelle ; puis, ayant jeté aux cactus sa fausse peau de brebis, il quitta la bergerie, emportant son dossier, fourni, en grande partie, par les deux calomniateurs — français, j'ai le regret de l'écrire — qui avaient déjà vendu aux missionnaires anglais de prétendues lettres de leurs anciens bienfaiteurs. Et voilà comment, après une enquête insuffisante, pour ne pas dire plus, M. Hodgson fit déclarer publiquement, à la face de l'Angleterre et de ses colonies, que Mme Blavatsky

« *...n'est pas le porte-voix de voyants que le public ignore, ni une aventurière vulgaire ; mais* qu'elle a conquis sa place dans l'histoire comme l'un des plus accomplis, des plus ingénieux et des plus intéressants *imposteurs dont le nom mérite de passer à la postérité* (1). »

Et pourtant, M. Hodgson se demande, étant donnée l'intelligence hors ligne de Mme Blavatsky, à quel mobile elle a bien pu obéir en faisant de toute son existence de luttes, de privations et d'études philosophiques une vaste comédie humaine, dont les actes divers déroulaient leur intrigue sur toute la surface de notre terre habitable et inhabitable. Après avoir bien cherché, M. Hodgson annonce qu'il a trouvé : Mme Blavatsky est une espionne russe travaillant pour le compte du czar, et, à l'en croire, les récents événements d'Afghanistan prouveraient son dire. L'ours russe muselé et conduit sur le bœuf anglais par une vieille femme impotente, cela rappelle

(1) *Proceedings of the Society for Psychical Research*, (Décembre 1885, page 207). Chez Trübner, Ludgate Hill, Londres.

le fameux tuyau sous-marin devant débarquer, sans mal de mer, toute l'armée de la République, de l'autre côté du détroit calaisien ! Décidément la cause que défend M. Hodgson, au nom d'une Société de recherches plus ou moins psychiques, doit être bien mauvaise, et M. Sinnett peut dormir tranquille, la tête sur son livre, tant qu'il n'aura affaire qu'à des adversaires aussi peu terribles.

Quant à nous, nous n'endossons nullement les phénomènes racontés dans ce livre ; nous nous bornerons à avouer courageusement que notre expérience personnelle nous les fait admettre comme *possibles*. Dans le cas actuel, les témoins de ces faits sont seuls responsables de leur témoignage, et le lecteur du *Monde occulte* peut les questionner et faire sa petite enquête, lui aussi, si cela lui plaît, puisqu'il a sous la main des dates, des noms de personnes et des noms de localités. Au sujet de Mme Blavatsky, nous dirons que nos relations avec cette dame nous conduisent à des vues en opposition complète avec celles de M. Hodgson. Inutile d'insister ici sur l'abandon qu'elle a fait de ses titres et de sa nationalité, en devenant citoyenne des États-Unis d'Amérique, et sur sa propagande philosophique à faire bondir sur leurs trônes de fer rouillé tous les czars du monde : il vaut mieux rire que perdre son temps à combattre sérieusement des idées grotesques.

On nous permettra de regretter que, jusqu'ici, en France, certaines études de *l'invisible* aient non-seulement prêté au ridicule des masses non instruites et aux exorcismes furieux d'un clergé jaloux, mais qu'elles aient encore été dénoncées dans les académies et les facultés, au détriment d'études plus philologiques que philosophiques, de sciences plus matérielles que naturelles. Tandis que, chez nous, les phénomènes du magnétisme et du spiritisme étaient abandonnés entre les mains d'ignorants, parfois de charlatans, souvent en Angleterre, en Allemagne, aux États-Unis, aux Indes, des chimistes, des astronomes, des biologistes, des mathématiciens, des philosophes, des littérateurs remarquables scrutaient le mystère et publiaient sans crainte leurs observations. Si l'on veut des noms, nous en jetterons quelques-uns au hasard de la plume. Tout d'abord le savant chimiste W. Crookes se présente pour ceux qui s'adonnent à la méthode expérimentale rigoureuse ; les faits, qu'il a consignés dans différentes publications et qui ont été réunis en volume (1), étaient de nature à faire une révolution dans les sciences modernes; pourtant il n'en a rien été, quoique de nombreux confrères étrangers aient, dès lors, marché vaillam-

---

(1) *Recherches sur les phénomènes du spiritualisme*, par W. Crookes (traduction française) ; en vente à la librairie des sciences psychologiques, 5, rue Neuve-des-Petits-Champs.

ment sur ses traces. Nous avons ensuite des noms comme ceux du docteur J. Elliotson, qui fut président de la Société royale de médecine et de chirurgie de Londres; du professeur de Morgan, ancien président de la Société mathématique de la même ville; du docteur Wm. Gregory, ancien professeur de chimie à l'université d'Édimbourg; W. F. Barrett, professeur de physique au collège royal des sciences de Dublin; le comte de Crawford; C. Varley; B. Stewart; A. R. Wallace; le docteur Herbert Mayo, etc., etc. Aux États-Unis : Hare, professeur de chimie à l'université de Pensylvanie; Elliott Coues, docteur en médecine et en philosophie, professeur d'anatomie et de biologie à Washington; l'illustre électricien Eddison, etc., etc. En Allemagne : l'astronome Zöllner, professeur à Leipsig; les professeurs W. E. Weber de Göttingen, et Hoffmann de Wurzbourg; le philosophe Schopenhauer, et, tout récemment, son disciple von Hartmann (1). A Vienne : le docteur Carl du Prel. A Stockholm : les professeurs Tornebom et Edland. En Russie : le savant prince Alex. Aksakof, qui a étudié d'une façon toute particulière les photographies spirites ; etc., etc. Nous ne faisons que mentionner, en passant, les nombreuses célébrités littéraires qui se sont occupées de ces étranges phénomènes (étranges, naturellement, pour ceux qui admettent l'étrange et le surnaturel ; pour les autres ils n'ont rien que de normal) ; la seule liste de ces noms tiendrait plus d'une page de ce volume. En France, lorsque nous avons cité les noms de M. Flammarion, — et certes, celui-là peut compter, — du pédagogue Rivail, dit Kardec, du positiviste d'Assier (2), c'est à peu près toute la liste ; et même

---

(1) *Der Spiritismus*. On en trouve une bonne traduction anglaise à la *Psychological Press*; 10 Craven street. W. C. Londres.

(2) L'humanité posthume ; en vente chez Marescq, 20, rue Soufflot.

sommes-nous obligés de reconnaître qu'ils n'ont fait qu'effleurer le sujet. Mais enfin, l'heure semble vouloir sonner où les études de la matière (?) impondérable vont reprendre le rang qui leur convient au-dessus des sciences humaines, près des sciences divines. Déjà nous voyons l'ancien magnétisme, éconduit par l'Académie de médecine, revenir à nous habillé de vêtements nouveaux, et c'est précisément la science française qui le réhabilite aux yeux des nations. M. Charcot, monté sur le piédestal de Mesmer, répétant les expériences de Donato, nous présente des *hystériques* bien dressées, tandis que MM. Feré et Binet, ses disciples fidèles, parcourent les hôpitaux, dissimulant des aimants dans leur manche, et que M. Richet découvre, en l'état de veille, le *vigil-hypnotisme*. L'école de Nancy s'agite ; la province fait parler d'elle : les Bernheim, les Beaunis, les Liégeois suggèrent, transfèrent, braidisent, charcotisent, hypnotisent, et tout le monde se trémousse dans un rêve immense où le grand baquet de Mesmer, divisé en une infinité de petites cuves, chacun porte la sienne dans le cerveau. Continuez, Messieurs, votre course vertigineuse dans l'invisible; vous serez bien obligés de vous arrêter au milieu de la métaphysique sereine, à moins que vous ne perdiez pied et ne rouliez dans les abîmes sans fond.

Nous disons que nous constatons en France une renaissance des anciennes études occultes des sanctuaires séculaires. Pourquoi n'étudierions-nous pas les livres sacrés que nous ont laissés les sages de l'Aryavarta, à la lumière des connaissances biologiques modernes ? C'est la question que se sont posée les fondateurs de la Société théosophique de l'Inde. Aussi apprenons-nous avec plaisir que M. le docteur Paul Gibier du Museum, après avoir pris connaissance des phénomènes extraordinaires produits par Slade, à Paris même, et de concert avec d'autres personnes s'intéressant au sujet, songerait à faire venir de l'Inde quelques fakirs, pour les étudier au point de vue physiologique. Cela, naturellement, amènerait les chercheurs à s'occuper de ces philosophies ésotériques, d'une grandeur et d'une majesté dont nous ont déshabitués nos dix-huit siècles de catholicisme, et de l'existence desquelles l'université n'a pas l'air de se douter, bien que, récemment, M. Berthelot ait fait connaître (1) la filiation qui relie la chimie moderne aux doctrines orientales, en passant par l'alchimie des Arabes et des Grecs, et ait déclaré, probablement au grand étonnement des pygmées de laboratoire, qu'il y avait une philosophie de la nature, digne de ce nom, chez les vaillants *souffleurs* qui ont précédé M. Wurtz.

(1) *Les Origines de l'Alchimie*, chez Steinheil, 2, rue Casimir-Delavigne.

Nous signalerons ici différents documents, encore peu connus, qui se rattachent plus ou moins étroitement à l'œuvre de la Société théosophique. Lors du passage de Mme Blavatsky à Paris, vers le mois de juillet 1884, parurent un article dans *la Nouvelle Revue*, du 1er juillet, un autre dans la *Revue du mouvement social*, de juillet ; et, surtout, une remarquable étude de M. Jules Baissac dans la *Revue de l'histoire des religions* (1), intitulée : la Nouvelle Théosophie. Mais la première publication vraiment théosophique en français, sous une forme isolée, est la brochure de M. L. Dramard (2), dans laquelle il concentra avec une grande habileté et même avec clarté — et cela sans plagiat — la masse de l'enseignement théosophique fragmentaire qu'il avait reçu ; le

(1) Cinquième année, tome 10, n°s 1 et 2 ; chez Leroux, rue Bonaparte.
(2) *La science occulte*, études sur la doctrine ésotérique, par L. Dramard ; chez Carré, 112, boulevard Saint-Germain.

présentant sous son vrai jour, c'est-à-dire au point de vue de l'utilité sociale. Il faut dire qu'auparavant, M. Courmes avait publié une traduction du catéchisme bouddhiste du colonel Olcott, en l'accompagnant de notes des plus intéressantes (1). Enfin, tout dernièrement, un littérateur distingué, M. Stanislas de Guaita, fit paraître le premier fascicule d'une publication élégante (2) dont nous le prions de livrer au plus tôt la suite au public intelligent, amateur des hautes études philosophiques ; le style en est aussi magique que la science qu'il traite.

Nous terminerons cette préface en relevant de graves accusations, portées contre Mme Blavatsky par M. Barrès du *Voltaire*, précisément dans son article du 31 juillet 1886, où il parle des idées de M. de Guaita. Nous ne doutons pas que M. Barrès ait

(1) Chez le même éditeur.
(2) *Essais de sciences maudites*, chez le même éditeur

commis une erreur involontaire, comme en commettent parfois les journalistes, sans se douter du mal qu'ils peuvent causer, étant donné que le public qui les lit revient difficilement sur des notions qui lui ont été inculquées une première fois. M. Barrès écrit que Mme Blavatsky fut expulsée de la Société théosophique de Madras par ses propres confrères, après avoir été convaincue de charlatanisme ; qu' « elle évoquait l'âme des morts et qu'elle séparait des corps l'âme des vivants » — ici l'écrivain fait preuve d'une crédulité que dément le reste de son article, pourquoi ? — ; enfin, que c'était une spirite. Bien que nous ne soyons pas chargé de défendre Mme Blavatsky (1), l'amour de la vérité nous oblige à réfuter ces affirmations, qui seraient méchantes si elles étaient préméditées. D'abord, Mme Blavatsky, loin d'avoir été expulsée de la So-

---

(1) On trouvera sa protestation à la fin de ce volume.

ciété qu'elle avait fondée, est réclamée tous les jours par ses nombreux admirateurs qui l'attendent au centre de la Société, à Adyar Madras ; car elle est en ce moment en Allemagne pour sa santé et y prépare son grand ouvrage la *Doctrine secrète* ; de plus elle dirige toujours le *Theosophist* dont elle est l'éditeur-propriétaire et qui paraît aussi à Adyar ; enfin, bien loin d'être une spirite, elle s'est créé des ennemis dans le clan spirite, justement parce qu'elle combat assez violemment certaines pratiques spirites. Quant à évoquer l'âme des morts et à séparer celle des vivants de leurs corps, cela reviendrait à dire qu'elle serait douée d'une puissance telle qu'elle exclurait immédiatement l'accusation de charlatanisme que porte contre elle l'auteur de l'article.

En nous rappelant toutes les accusations et tous les ridicules qui ont été déversés depuis quelque temps sur Mme Blavatsky, en songeant surtout à la déclaration de la

Société des recherches psychiques de Londres, qui la dénonce comme un des plus grands imposteurs de l'histoire, nous ne pouvons nous empêcher de citer les paroles suivantes d'Edgar Poë : « ...Je me suis amusé quelquefois à essayer de m'imaginer quel serait le sort d'un homme doué, ou plutôt affligé, d'une intelligence de beaucoup supérieure à celle de ses semblables. Naturellement il serait conscient de sa supériorité et ne pourrait guère s'empêcher de manifester qu'il la sent ; aussi se ferait-il des ennemis partout, et comme ses idées et théories différeraient grandement de celles de toute l'humanité, il est évident qu'il serait considéré comme fou. Quelle condition horriblement douloureuse serait la sienne ! » Eh bien, dans le cas présent, ce n'est pas « un homme », c'est une femme ; et à l'injure de folie se joint l'accusation d'imposture et d'espionnage. Le lecteur appréciera, lorsqu'il aura lu attentivement le livre de

M. Sinnett et qu'il sera au courant des travaux de Mme Blavatsky ; il reconnaîtra, comme nous, que si la conclusion de la Société des recherches psychiques peut se justifier, c'est-à-dire que si une femme de ce tempérament, de ce dévouement, de cette science, ayant créé une renaissance philosophique semblable n'est qu'une aventurière et un charlatan, nous sommes en présence d'un *Monde occulte* encore plus bouleversant que celui dont nous avons l'honneur de lui présenter aujourd'hui la traduction.

F. K. GABORIAU.

Cork (Irlande).

PRÉFACE

DE LA SECONDE ÉDITION (1)

Il y a un an que ce livre est paru, et si j'avais du temps pour l'écrire à nouveau, il se trouverait augmenté dans une énorme proportion. J'ai tellement appris, pendant cet intervalle, que je reconnais avec plaisir que je savais bien peu (relativement) lorsque je l'écrivis. Si à cette époque j'avais entrepris cette tâche au point de vue auquel elle m'apparaît maintenant, j'aurais complètement renoncé à l'accomplir dans les quelques mois de vacances passées en Angleterre que je lui avais consacrés. Mais alors la rédaction de ce livre était une entreprise aisée : il y avait peu à dire, et le

(1) Le lecteur fera mieux de passer cette préface et de ne la lire qu'une fois la Conclusion terminée, c'est-à-dire avant l'Appendice de la 4ᵉ édition. (*Note du traducteur*).

court récit des phénomènes manifestés il y a un an était bientôt fait.

Aujourd'hui on demande une seconde édition. Je dois la faire précéder de quelques explications nouvelles, qui, je le regrette, seront obligées de tenir dans de très étroites limites. Il y a longtemps que j'ai repris le fardeau des occupations journalières de ma profession, et je ne puis songer pour le moment au livre que j'ai l'intention d'écrire quelque jour. Ce livre ne se contentera pas d'appeler l'attention du monde entier sur l'existence de cette étonnante fraternité d'occultistes dont on parle ici sous le nom de « *les Frères* »; il présentera, sous une forme acceptable aux lecteurs occidentaux, les grandes lignes de la science qu'ils possèdent touchant l'origine, la constitution et les destinées de l'homme.

La correspondance qui forme pour ainsi dire le noyau du présent volume s'est considérablement accrue durant les douze derniers mois; mais essayer d'incorporer de nouvelles lettres à cette collection, ce serait mettre sur pied une nouvelle entreprise complètement différente de la première. Je dois me contenter d'ajouter un dernier chapitre dont la raison d'être se comprendra facilement, et de donner à mes lecteurs l'assurance que, quoique je puisse, si mes autres occupations me le permettaient, ajouter beaucoup de choses à ce présent rapport, à presque chaque pas, néanmoins, tel qu'il est, il ne contient rien qui ait besoin de quelque changement, rien qui ait été mal interprété ou transcrit avec quelque inexactitude.

Plusieurs observations faites par mes critiques réclament attention. Mon simple exposé de faits m'a valu des sarcasmes, dirigés contre ma *crédulité*, qui m'ont beaucoup amusé, loin de me troubler en quelque façon que ce soit ; j'ai ri du dédain plein d'aigreur qu'ont montré les organes de l'orthodoxie, à la pensée qu'il y eût *réellement* dans le ciel et sur la terre quelque chose qui n'eût pas été rêvé par leur philosophie, quelque chose de suffisamment réel pour pouvoir, non seulement servir de sujet de poésie, mais être observé en temps et lieux donnés, et être décrit simplement et franchement en bonne prose. « Écrivain évidemment sincère, dit l'un de ces critiques, et si naïf que l'hostilité est désarmée par la pitié. »

Mais ne se contentant pas de déplorer ma propre infériorité intellectuelle, qu'ils sont libres d'estimer comme bon leur semble, mes critiques ont essayé maintes fois d'infirmer la valeur de mon témoignage, en suggérant que madame Blavatsky m'en avait imposé. D'abord, je dirai que quelques-unes des expériences obtenues depuis la première édition de ce livre, l'ont été tout à fait en dehors de l'intervention de madame Blavatsky; j'en parlerai plus au long dans mon chapitre de conclusion. Secondement, comme les amis que madame Blavatsky possède dans ce pays, avaient été peinés l'automne dernier d'entendre répéter des soupçons injurieux sur sa bonne foi et le mobile de ses actes, ils firent des démarches afin d'établir nettement son identité et sa situation dans le monde, de manière à convaincre d'imbécillité, une fois pour toutes, quiconque voudrait par ses insinuations la faire passer de nouveau pour une aventurière poursuivant un but financier. Afin de montrer que ces mesures n'étaient pas inutiles, point n'est besoin de citer un journal indien : reportons-nous à quelques-unes des revues de ce livre qui parurent à Londres. La *Saint-James Gazette* (22 juin 1881) parle de madame Blavatsky comme d'« un personnage mystérieux, une Russe naturalisée américaine, » et dont « la nationalité et la condition expliquent à beaucoup de personnes l'intérêt qu'elle a pris au développement psychologique de M. Sinnett. » L'*Athenæum* dit en parlant d'elle (27 août 1881) : « Il (le présent écrivain) semble n'avoir pas plus connaissance que nous du rang social et de l'étendue de fortune dont elle jouissait dans son pays natal ; et, tant que cela n'aura pas été établi, les incrédules persisteront à insinuer que, pour *une Russe de naissance quoique naturalisée américaine*, n'ayant aucuns moyens avoués d'existence, la possibilité de vivre à son aise dans les logements de riches fonctionnaires indiens peut avoir son charme. » La *Saturday Review* employa des expressions encore plus malveillantes. Dans un article attaquant le mouvement théosophique en général (3 septembre 1881), ce journal dénonçait madame Blavatsky et le colonel Olcott, président de la Société théosophique, comme « un couple d'aventuriers sans pudeur » et se demandait même « si le colonel Olcott avait gagné son titre à la guerre de la sécession ou au bar d'un café-salon. »

Dans le but de protéger avant tout le caractère de madame Blavatsky contre ces grossières expressions, j'écrivis à son oncle, le général Fadeeff, secrétaire d'état adjoint au ministère de l'intérieur à Saint-Pétersbourg ; je joignis à ma lettre une lettre non cachetée de madame Blavatsky dans laquelle elle lui demandait de prouver qu'elle était bien réellement... elle. Je mis de mes propres mains ces deux lettres à la poste, après toutefois les avoir montrées à un attaché de l'état-major du vice-roi, — personne neutre dans toute l'affaire et complètement étrangère à l'occultisme. A l'époque voulue la réponse arriva adressée à notre ami neutre, ainsi que je l'avais demandé dans une note que je lui montrai également. Voici le certificat envoyé par le général Fadeeff :

« Je certifie par la présente que : madame H. P. Blavatsky, résidant actuellement à Simla (Indes-Britaniques), est, du côté de son père, fille du colonel Peter Hahn, et petite-fille du lieutenant général Alexis Hahn von Rottenstern-Hahn (famille noble de Mecklenburg, Allemagne, établie en Russie). Qu'elle est, du côté de sa mère, fille d'Hélène Fadeeff, et petite-fille du conseiller privé André Fadeeff et de la princesse Hélène Dolgorouki. Et qu'elle est veuve du conseiller d'État, Nicéphore Blavatsky, autrefois vice-gouverneur de la province d'Erivan, Caucase.
Signé : Major-général, Rostilav Fadeeff,
de l'état-major de sa majesté impériale
Secrétaire d'État adjoint au
ministère de l'Intérieur.
Saint-Pétersbourg, petit Morskaya 29,
18 septembre 1881. »

Je reçus également peu de temps après une lettre de madame Fadeeff, sœur du général Fadeeff susmentionné, par laquelle elle confirmait pleinement et avec empressement ce qu'est établi plus haut ; elle y renfermait des portraits de madame Blavatsky pris à différentes périodes de sa vie ; naturellement c'étaient les portraits de la personne que nous connaissons tous dans l'Inde. A leur sujet madame Fadeef écrivait :

« Pour établir son identité je place dans cette lettre deux de ses portraits, l'un pris en ma présence, il y a vingt ans, l'autre envoyé d'Amérique il y a quatre ou cinq ans. De plus, pour que les sceptiques ne puissent concevoir aucun soupçon sur mon identité personnelle, je prends la berté de retourner votre lettre, reçue par l'intermédiaire de M. le prince Dondoukoff-Korsakoff, gouverneur général d'Odessa. J'espère que cette preuve d'authenticité est parfaitement satisfaisante. Je crois cependant que vous devez avoir déjà reçu le certificat d'identité de madame Blavatsky, que le gouverneur général voulait envoyer lui-même à Bombay. »

L'allusion faite ici au prince Dondoukoff-Korsakoff (actuellement vice-roi du Caucase) s'explique par le fait que je lui avais confié l'envoi de ma lettre pour le général Fadeeff, le sachant un vieil ami de madame Blavatsky. Lui-même, depuis, en envoyant les lettres de madame Blavatsky, que j'ai vues, exprimait sa franche sympathie et sa cordiale amitié pour elle, en même temps que son profond mépris — bien mérité — pour les gens qui pouvaient se méprendre semblablement sur le caractère d'une femme qu'ils connaissaient personnellement. Les originaux réels des documents cités plus haut sont écrits en français, mais j'en donne une exacte traduction [1]. Madame Fadeeff prit la peine de faire légaliser sa propre signature par le notaire de la Bourse d'Odessa dont le sceau se trouve attaché à la lettre qu'elle me fit parvenir.

Je n'ai pas besoin de prolonger cette explication en insérant ici les documents relatifs au colonel Olcott : il en est fait mention dans la lettre que je vais citer.

En réponse à l'attaque injuste et dénuée de fondement de la *Saturday Review*, M. A. O. Hume, M. P., et ancien secrétaire du gouvernement de l'Inde, écrivit à ce journal ce qui suit :

« Quant à ce qui regarde le titre du colonel Olcott, les imprimés que je vous envoie par la même malle vous prouveront qu'il est officier dans l'armée américaine; qu'il a rendu de grands services durant la guerre (ainsi que le montrent les lettres du juge avocat-général, du secrétaire de la marine, et des secrétaires auxiliaires de la Guerre et des Finances); et qu'il possédait assez de réputation et d'estime dans son pays pour que le Président des Etats-Unis lui donnât une lettre de recommandation et d'introduction, écrite de sa main, auprès de tous les ministres et consuls des Etats-Unis, à l'occasion de son départ d'Amérique pour l'Orient, vers la fin de 1878.

---

[1]. N'ayant pas eu le temps de nous procurer ces originaux, nous en redonnons nous-mêmes une exacte traduction d'après le texte anglais. — (*Note du traducteur*).

Sûrement ce n'est pas là le genre d'homme à qui l'on peut appliquer l'épithète d'*aventurier sans pudeur*.

Permettez-moi d'ajouter que, à ma connaissance, il n'existe personne plus digne de respect, plus noble de caractère et plus dévoué que le colonel Olcott. Il peut avoir raison ou tort dans sa croyance; mais à cette croyance il a sacrifié sa fortune, son énergie et le reste de son existence. Je comprends qu'on le traite de fanatique, mais je confesse que je suis au comble de la surprise lorsque je vois un journal de haut rang comme la *Saturday Review* dénoncer cet homme comme un *aventurier sans pudeur*.

Pour madame Blavatsky (en Russie, toujours

« Son Excellence
Madame la Générale,
HÉLÈNE P. BLAVATSKY »,

quoiqu'elle ait abandonné tout titre en devenant citoyenne américaine), elle est la veuve du général N. V. Blavatsky, gouverneur d'Érivan en Arménie pendant la guerre de Crimée et longtemps après. Elle est la fille aînée du colonel d'artillerie à cheval russe, Hahn, et la petite fille de la princesse Dolgorouki de la branche aînée qui périt avec elle. La princesse Dolgorouki actuelle appartient à la branche cadette. La comtesse Ida v. Hahn-Hahn était la cousine germaine du père de madame Blavatsky. La mère de son père se remaria au Prince Vassiltchikoff, après la mort de son mari. Le général Fadeeff, dont le nom n'est pas étranger aux lecteurs anglais, est le plus jeune frère de sa mère. Le prince Loris Melikoff la connaît très bien, ainsi que tous ceux qui faisaient partie de l'État-major ou de la société du prince Michaël S. Woronzoff quand il était vice-roi du Caucase. Le prince Émile v. Sayn Wittgenstein, cousin de la défunte impératrice de Russie, était un de ses intimes amis, et entretint correspondance avec elle jusqu'au jour de sa mort; de même de son frère Ferdinand qui commanda i dernièrement, si je ne me trompe, un régiment de Cosaques de la garde dans le Turkestan. Sa tante, madame de Witte, qui, comme le reste de ses parents, est en relations continues avec elle, et toute sa famille d'ailleurs, est fort bien connue du Prince Kondoukoff-Korsakoff, actuellement gouverneur-général d'Odessa.

Je pourrais citer par vingtaines d'autres noms de gentils-hommes russes qui ont des relations avec elle ; car en Russie, madame Blavatsky est aussi bien connue que lady Hester Stanhope en Angleterre, et n'est pas moins bien placée sous le rapport social ; mais j'en ai dit assez, je pense, pour montrer à toute personne impartiale que madame Blavatsky n'est pas la femme que l'on puisse appeler *une aventurière sans pudeur*.

Les dames ne sont généralement pas enclines à s'éprendre les unes des autres; elles gardent très souvent une sorte de petite jalousie secrète, appartenant au sexe, principalement contre celles qui sont plus intelligentes qu'elles. Eh bien, madame Blavatsky, qui est une des femmes les plus remarquables que j'aie jamais rencontrées, vécut plusieurs mois de rang dans ma maison, et toutes les dames qui s'y trouvaient apprirent à aimer et à chérir cette femme qui malgré son âge est si énergique et si bon enfant, si sensible et si dévouée. On peut la considérer comme une mystique et une visionnaire, mais personne ne peut mettre en doute son ardente foi dans la mission à laquelle elle a sacrifié sa vie.

Après tout, peut-on traiter d'aventuriers des gens qui non seulement ne tirent aucun profit de la cause qu'ils ont épousée, mais qui au contraire, dépensent pour cette cause chaque centime qu'ils peuvent enlever à leurs revenus ! Si non, le colonel Olcott et Madame Blavatsky ne sont assurément pas des aventuriers, car à ma connaissance certaine, ils ont dépensé pour la Société théosophique plus 50,000 fr. (cinquante mille francs) : plus que le total des sommes reçues. Les comptes ont été vérifiés, imprimés et publiés régulièrement, de sorte que chacun peut se satisfaire sur ce chef.

Mais, demandera-t-on, quelle est donc cette grande cause ? C'est la formation et la propagation de la Société théosophique, dont les objets principaux, tels qu'ils ont été imprimés dans le règlement, sont, les suivants :

1. — Former le noyau d'une Fraternité universelle de l'humanité.

2. — Étudier la littérature, la religion et la science des Aryens.

3. — Établir l'importance de cette étude.

4. — Explorer les mystères cachés de la nature et les pouvoirs latents de l'homme.

« On peut dire que ces articles ont été rêvés par des visionnaires, mais en tous cas ils me paraissent bien innocents, et leur but n'est certes pas de nature à satisfaire des aventuriers sans pudeur.

. . . .

« Il y a bien d'autres erreurs dans l'article dont il est question, et on pourrait raisonnablement leur faire quelques objections; mais elles sont peut-être de peu d'importance. Tout ce que je veux éclaircir ici, c'est que, loin d'être des aventuriers sans pudeur, le colonel Olcott et madame Blavatsky sont des personnes au-dessus des choses du monde, parfaitement désintéressées, dont les intentions sont pures, et qui ont consacré leur temps, leur propriété et leur vie à une cause qui, pour paraître utopique dans son but, n'en est pas moins inattaquable, et peut se montrer parfois une source productive de bien, comme cela est arrivé déjà.

» Je suis votre obéissant serviteur,
» . O. HUME,
» Ex-secrétaire du gouvernement de l'Inde. »

Cette lettre était polie et modérée, et les imputations qui l'avaient provoquée étaient injustes; cependant la *Saturday Review*, à sa honte suivant moi, *ne l'inséra jamais*. Il est vrai que quelque temps avant que cette lettre n'arrivât à son adresse, des amis du colonel Olcott avaient apparemment communiqué une rectification à la *Saturday Review*; car, dans son numéro du 17 septembre, ce journal avait publié l'insertion suivante, faite avec mauvaise grâce et comme à regret.

« Nous avons reçu, d'un ami du colonel Olcott, une lettre dans laquelle il trouve à redire à certaines expressions que nous avons employées dernièrement à son sujet et à celui de madame Blavatsky, comme fondateurs de la Société dite Société théosophique de l'Inde. Nos remarques étaient basées sur *les comptes rendus de leurs faits et gestes, qui nous parurent ressembler singulièrement à ceux des* MÉDIUMS SPIRITUALISTES *de l'Europe et de l'Amérique*. Nous voulons bien accepter la déclaration de notre correspondant qui nous dit que le colonel Olcott occupait une position honorable dans son pays, et croire que lui et madame Blavatsky sont des enthousiastes crédules et non des aventuriers sans pudeur. Cependant, *lorsqu'on promulgue des théories pernicieuses et qu'on adopte des pratiques qui, sous un autre nom, ont été reconnues par l'autorité comme illicites et nuisibles,* on ne doit pas s'étonner, dans l'absence de toute information privée sur sa vie, de se trouver exposé à la critique de ses adversaires.

Ce paragraphe, publié par la *Saturday Review*, avant la réception de la lettre de M. Hume, la justifia — à ses propres yeux — de ne pas souffler mot de cette lettre ; ce paragraphe est en même temps plein d'insinuations nouvelles qui sont dénuées de fondement et de vérité, ainsi que le verra tout lecteur du présent ouvrage. Mais quoi qu'il en soit, on a donné dans l'Inde une publicité considérable aux documents cités plus haut ainsi qu'à d'autres de même genre qu'il semble inutile de reproduire ici dans leur totalité, et quelle que soit l'opinion qu'un observateur superficiel puisse se former sur les doctrines de l'occultisme qu'il ne veut pas se donner la peine d'examiner, il n'y a plus désormais de place pour deux opinions quant à ce qui regarde la vie sans tache et de pur dévouement des représentants placés à la tête de la Société théosophique.

LE MONDE OCCULTE

INTRODUCTION

I

Il y a une certaine école de philosophie que la société moderne a perdue de vue, et qui cependant existe toujours. On en aperçoit des traces dans les anciennes philosophies qui sont familières à tout esprit cultivé, mais ces traces ne sont guère plus intelligibles que les fragments de sculpture d'un art oublié. Elles le sont moins, car nous avons une idée de la forme humaine et pouvons, par la pensée, ajouter des membres à un torse ; tandis que nous ne pouvons pas, par notre seule imagination, donner un sens à ces enseignements demi-voilés qui nous viennent de Platon ou de Pythagore, et qui renferment, pour ceux qui en possèdent la clef, la science secrète du monde ancien. Cependant certaines lumières nous permettent de déchiffrer ce langage, et une riche moisson intellectuelle est promise à ceux qui veulent réellement tenter cette investigation.

En effet, tout étrange que cela puisse paraître à première vue, la métaphysique ainsi qu'une grande partie de la physique modernes ont tâtonné en aveugles à la recherche de connaissances dont jouissait pleinement la philosophie occulte pendant tout ce temps. Grâce à une suite de circonstances heureuses, j'en suis venu à reconnaître cette vérité. Je me suis trouvé presque en contact avec des hommes qui ont hérité d'une science plus grande que celle explorée par la société moderne, touchant les mystères de la nature et de l'humanité. Et mon désir ici est d'esquisser les grandes lignes de cette science, de présenter avec exactitude les preuves expérimentales que j'ai obtenues et qui montrent qu'elle procure à ses adeptes un contrôle sur les forces de la nature, supérieur à celui dont jouissent les physiciens ordinaires ; en même temps de fournir les motifs qui doivent nous faire accorder la plus grande considération aux théories soutenues par la science occulte sur la constitution et les destinées de l'âme humaine. De nos jours, on n'est pas naturellement porté à croire à une science digne d'intérêt, se trouvant en dehors du foyer lumineux des connaissances européennes. La science moderne est arrivée à de grands résultats avec sa méthode d'investigation ouverte à tous, aussi ne peut-elle admettre, même en théorie, que des personnes, possédant réellement les sciences physiques et la métaphysique, aient trouvé bon de cacher leur lumière sous un boisseau. Ainsi on a cru que les philosophes occultes de l'antiquité, — prêtres égyptiens, mages chaldéens, esséniens, gnostiques, théurgites néo-platoniciens, et les autres, — qui gardaient leurs doctrines dans le secret, devaient avoir adopté cette manière de faire dans le seul but de cacher leur ignorance. Le mystère ne pouvait être recherché que par des charlatans qui voulaient mystifier. Au point de vue moderne, cette conclusion est pardonnable ; mais elle a fait naître, dans l'esprit populaire, l'opinion que les anciens mystiques avaient été dévoilés et que l'on avait trouvé qu'ils savaient en réalité très peu de chose. Cette opinion est complètement erronée. Les savants des âges anciens travaillaient en secret, et au lieu de publier leurs découvertes, les enseignaient discrètement à des disciples choisis avec le plus grand soin. Les motifs qui leur firent adopter cette manière d'agir se comprennent facilement, quoique l'on puisse discuter la valeur de ce mode d'enseignement. En tous cas, leurs leçons n'ont pas été oubliées : elles ont été transmises par l'initiation secrète à certains hommes de notre époque. Leurs méthodes et leurs résultats acquis restent cachés entre les mains de ceux-ci ; cependant il est permis à tout chercheur patient et infatigable de se rendre compte par lui-même de la suprême efficacité de ces méthodes, et de la valeur de ces résultats, beaucoup plus admirables que ceux qui sont à l'avoir de la science moderne.

Le secret qui voila ces travaux n'en a jamais caché l'existence, et notre époque seule semble avoir oublié qu'ils existent. Autrefois, les initiés déployaient dans les grandes cérémonies publiques les pouvoirs dont les avait doués leur connaissance des lois de la nature. Lorsqu'on nous relate ces faits, nous nous imaginons tout simplement avoir affaire à des scènes de magie ; or comme nous avons décidé qu'il n'y a pas de magie, les relations sont donc fausses, et ceux auxquels elles se rapportent, des imposteurs. Mais supposons que jadis la magie ait été simplement la science de quelques hommes instruits appelés mages, il n'y a plus là de magie dans le sens moderne du mot. Supposons également que cette science, — déjà autrefois le produit de longs âges d'étude, — se soit avancée dans certaines recherches beaucoup plus loin que notre science moderne, sa sœur cadette ; on pourra conclure, sans absurdité, que quelques-unes des manifestations des anciens mystères sacrés furent des expériences strictement scientifiques, quoiqu'elles nous apparaissent comme des scènes de magie, et qu'elles nous sembleraient telles encore aujourd'hui, si elles étaient répétées devant nos yeux.

Dans cette hypothèse, la sagacité moderne, voulant appliquer ses connaissances modernes à l'étude des anciens mystères, ne serait que la folie moderne tirant des conclusions erronées de sa moderne ignorance.

Mais nous n'avons pas besoin ici de construire des hypothèses. Les faits sont accessibles à tout chercheur qui marche dans le bon chemin, et se résument ainsi : la sagesse du monde antique — l'alliance de la science avec la religion, l'union de la physique et de la métaphysique — fut une réalité, et cette sagesse vit encore aujourd'hui. C'est d'elle qu'il sera parlé dans les pages qui vont suivre, sous le nom de philosophie occulte. Elle était déjà un système de science complet, ayant été cultivé en secret, puis transmis d'âge en âge aux initiés avant que ses professeurs fissent des expériences en public pour frapper l'esprit du peuple égyptien ou grec. De nos jours, les adeptes de l'occultisme sont capables d'accomplir de semblables expériences, et d'exhiber des résultats qui prouvent qu'ils ont de beaucoup dépassé la science moderne ordinaire dans la compréhension des forces de la nature. De plus, leurs grands prédécesseurs leur ont légué une science, non seulement reliée à la physique, mais qui compte aussi avec la constitution et les qualités de l'âme et de l'esprit humain. La science moderne a découvert la circulation du sang ; la science occulte comprend la circulation du principe vital. La physiologie moderne étudie le corps ; l'occultisme étudie l'âme également ; non pas comme un thème à rapsodies vagues et religieuses, mais comme une réelle entité dont on peut examiner les propriétés, séparées du corps, ou réunies à ce corps.

C'est principalement en Orient que s'est conservé l'occultisme, dans l'Inde et les pays adjacents. Pour ma part je l'ai rencontré dans l'Inde, et j'ai rédigé ce petit volume pour décrire les phénomènes dont j'y ai été témoin, et livrer au commerce public les connaissances que j'y ai acquises.

II

Je dois faire précéder mon récit de quelques autres éclaircissements, sans quoi il serait inintelligible. Il faut considérer l'identité de l'occultisme à travers les âges pour se rendre compte de la grandeur de son organisation, et expliquer ce fait, qui étonne lorsqu'on le découvre, que des ermites orientaux en savent peut-être plus sur l'électricité que Faraday, plus sur la physique que Tyndall. La culture intellectuelle de l'Europe s'est développée pendant les quelques derniers siècles. La culture intellectuelle des occultistes est le résultat d'immenses périodes bien antérieures à la nôtre, alors que la civilisation habitait l'Orient. Et pendant que l'occultisme explorait les sciences physiques bien au delà du point que nous avons atteint, il ne les considérait que comme un objet d'importance secondaire. Il a consacré toute son énergie aux recherches métaphysiques et à l'étude des facultés psychologiques latentes dans l'homme; facultés dont le développement permet à l'occultiste d'obtenir une connaissance expérimentale positive sur l'état de l'âme dans l'existence extra-corporelle. Il y a donc plus qu'un simple intérêt archéologique dans la comparaison du système occulte qui nous occupe avec les doctrines des associations d'initiés qu'on rencontre à tous les âges de l'histoire du monde; et cette comparaison nous fournit la clef de la philosophie du développement religieux. L'occultisme n'est pas seulement une découverte isolée montrant l'humanité en possession de certains pouvoirs sur la nature extérieure, pouvoirs que l'étude étroite de celle-ci au point de vue matérialiste n'a pu développer ; il éclaire d'un jour nouveau toutes les anciennes spéculations spiritualistes d'une certaine importance, et réunit des systèmes en apparence opposés entre eux. Il est certainement à la philosophie spiritualiste ce qu'est le sanscrit à la philologie comparée d'après les découvertes récentes; on pourrait dire qu'il est un réservoir commun de racines philosophiques. Ainsi, voilà le judaïsme, le chritianisme, le bouddhisme et la théologie égyptienne ne formant au fond qu'une seule famille. L'occultisme n'étant pas une invention nouvelle, n'est pas une secte particulière ; mais quiconque appartient à une secte quelconque aurait tort de se dispenser des lumières qu'il jette sur la conception de la nature et des destinées de l'homme que chaque religion a pu former. L'occultisme, de fait, doit être accepté par celui qui se donne la peine de se poser nettement devant l'esprit les problèmes dont il est la science; car c'est une étude sublime, d'une importance capitale pour l'homme qui veut vivre une vie digne du rang où la création l'a placé, et qui comprend toute la portée morale d'une connaissance positive touchant sa survivance au delà de la mort. C'est quelque chose de croire vaguement que dans la vie future, s'il y en a une, nous bénéficierons de notre abstention de faire le mal dans celle-ci; mais c'est bien autre chose, si cela est prouvé réel, de croire que la vie au delà de la tombe doit, avec la même certitude qui nous fait admettre qu'une somme totale est composée d'une série de quantités différentes, être l'expression finale de l'usage que nous aurons fait des événements de l'existence actuelle.

J'ai dit que l'importance capitale de la science occulte réside dans la manière dont elle fournit des connaissances exactes et expérimentales sur les choses d'ordre spirituel, tandis que tous les autres systèmes sont condamnés à rester de pures spéculations ou des rêves d'une foi religieuse aveugle. L'occultisme, peut-on ajouter, montre que l'harmonie et le lien de continuité observables dans la nature physique, se retrouvent dans les opérations

1.

de la même nature quant aux phénomènes d'existence métaphysique.

Avant d'arriver à l'exposition des conclusions de la philosophie occulte sur la nature de l'homme, il est peut-être nécessaire d'aborder une objection que pourrait soulever le lecteur sur le seuil du sujet. Comment se fait-il que des conclusions d'une si haute importance soient demeurées la propriété secrète d'un corps jaloux d'initiés? N'est-ce pas la loi du progrès que la vérité doit s'affirmer et rechercher l'air et la lumière? Peut-on raisonnablement supposer que la plus grande de toutes les vérités — celle qui sert de base fondamentale à la connaissance de l'homme et de la nature — ait peur de se montrer? Dans quel but les anciens maîtres ou les disciples de la philosophie occulte ont-ils bien pu garder pour eux les trésors inappréciables de leurs recherches?

Pour le moment, il n'entre pas dans mes attributions de défendre l'extrême tenacité dont ont fait preuve les adeptes de l'occultisme, non seulement en renfermant leur science hors de l'atteinte du monde extérieur, mais aussi en lui laissant presque ignorer l'existence d'une telle science. Disons seulement ici que ce serait folie de fermer les yeux à une révélation dont une partie nous est accordée à

l'heure actuelle, par la seule raison que nous sommes
froissés de la manière d'agir de ses dispensateurs,
qui, étant en position de nous l'accorder antérieure-
ment, n'ont pas jugé à propos de le faire. Il ne
serait pas plus sage de prétendre que les réticences
des occultistes puissent jeter quelque discrédit sur
ce que je vais dire de leurs connaissances acquises.
Quand le soleil brille, on ne dit pas que sa lumière
est discréditée par la manière dont le baromètre
s'est comporté la veille. Dans la discussion que j'entreprends de la science acquise par l'occultisme, j'ai
à compter avec des faits qui ont eu lieu positive-
ment, et rien ne peut infirmer ce qui est reconnu
vrai : sans doute il sera utile d'examiner plus tard
les motifs qui ont rendu si réservés les occultistes
de toutes les époques. Et on peut en dire plus long
que cela ne paraît à première vue, pour la justifi-
cation de la méthode qu'ils ont employée. Le lecteur qui considère la nature des pouvoirs que les
maîtres en occultisme possèdent en réalité, n'ira
certainement pas loin sans voir combien il est
désirable que la pratique de tels pouvoirs reste inconnue à l'universalité des individus. Mais autre
chose est de nier que le genre humain en général
possède la clef mystérieuse des pouvoirs occultes,
autre chose, de ne pas vouloir qu'il y ait un réel

mystère dont la porte puisse être ouverte. Quoi qu'il en soit, une plus ample discussion de cette question serait ici prématurée. Contentons-nous de prendre note de ce fait que le secret, après tout, n'est pas complet, puisque les non-initiés qui étudient ces mystères peuvent en apprendre ce que j'en aurai à leur dire. Il est évident qu'il restera bien des choses derrière le voile, mais les investigateurs seront à même d'en découvrir beaucoup plus, s'ils se mettent au travail de la bonne manière.

Les révélations qui sont faites à l'heure actuelle ne sont pas l'effet d'un pur caprice dont le public extérieur profite enfin pour la première fois. Aux époques primitives de l'histoire, le monde entier savait davantage sur la nature de l'occultisme que l'Occident à l'époque où nous vivons. La bigoterie de la civilisation moderne en est à blâmer, et non la jalousie des occultistes : les races européennes sont en ce moment plus ignorantes, sur l'avancement des recherches psychologiques, que la population égyptienne d'autrefois ou le peuple indien d'aujourd'hui. Quant à ce dernier, chez qui la théorie que je viens d'émettre peut être aisément vérifiée, vous trouverez que la grande majorité des Hindous sont parfaitement convaincus de la réalité des faits importants que je vais présenter au lecteur. Ils ne parlent pas généralement, ou immédiatement, sur ce sujet avec les Européens, parce que ceux-ci sont enclins à rire stupidement des choses qu'ils ne comprennent pas ou n'admettent pas déjà. L'Indien natif est excessivement timide devant ce ridicule. Mais le ridicule n'influe en aucune façon sur les croyances qu'il garde en lui-même, touchant les doctrines fondamentales qui continuent à lui être enseignées, et souvent aussi, touchant les quelques petits phénomènes qu'il a pu obtenir lui-même de ci de là. Les Hindous en général savent fort bien qu'il existe des personnes s'adonnant à certains modes de vie et acquérant ainsi des pouvoirs anormaux, d'une nature telle que les Européens les appelleraient, bien à tort, surnaturels. C'est un fait connu parmi eux que ces personnes mènent une vie retirée, et sont inaccessibles à la curiosité ordinaire; mais qu'elles ne sont pas inabordables pour le candidat, digne et déterminé, qui veut se faire admettre à l'*entraînement* occulte. Demandez à n'importe quel Hindou ayant reçu de l'instruction, s'il a jamais entendu parler des Mahatmas et de Yoga Vidya, la science occulte; cent fois contre une, il vous répondra affirmativement, et, si vous ne tombez pas sur un produit hybride d'une université anglo-hindoue, il avouera qu'il croit parfaitement en la réalité des pouvoirs attribués à la science Yoga. Évidemment il ne dira pas « oui » dès la première fois qu'un Européen lui posera la question. Il se peut même qu'il réponde justement le contraire, par suite de l'appréhension dont j'ai parlé ; mais insistez, et vous découvrirez la vérité. C'est ce que je fis, par exemple, l'année passée, dans le cas d'un vakil [1] natif parlant anglais, très intelligent, et par sa position influente en relation constante avec de hauts fonctionnaires européens. Tout d'abord, lorsque je demandai à ma nouvelle connaissance s'il savait quelque chose sur ce sujet, il me regarda avec l'air étonné de l'ignorance parfaite, prétendant ne pas saisir du tout ce que je voulais dire. Ce ne fut que la seconde fois, lorsque je le vis en particulier, dans ma propre maison, que, petit à petit, il finit par comprendre que j'étais sérieux et que je connaissais moi-même quelque chose de la science Yoga. Alors il me fit tranquillement part de ses propres idées sur ce sujet, et je vis que non seulement il connaissait parfaitement tout ce dont je l'avais entretenu, mais qu'il possédait également un complet répertoire d'aventures et de phénomènes d'ordre occulte, ou en

---

[1]. Vakil : mot hindoustâny, d'origine arabe, qui sert à désigner un chargé d'affaires, une sorte d'avocat. — (*Note du traducteur.*)

apparence surnaturel, dont plusieurs avaient été observés dans sa propre famille, et dont quelques-uns lui étaient même particuliers.

Un point à retenir de ceci, c'est que rien ne justifie les Européens lorsqu'ils attribuent à la jalousie des occultistes l'ignorance pleine et entière dont la société moderne de l'Occident fait preuve à leur égard. L'Occident s'est occupé jusqu'ici du progrès matériel, à l'exclusion de tout développement psychologique. Peut-être est-il préférable pour l'humanité qu'il se soit confiné dans cette spécialité, mais il n'a, en tout cas, à blâmer que lui-même si la concentration exclusive de ses vues l'a amené à rétrograder dans une autre branche de développement.

Un écrivain français, Jacolliot, qui fut à même d'examiner différents aspects du spiritisme en Orient, reçut cette réponse d'un homme qui, à en juger par son langage, devrait être un adepte : « Vous avez étudié la nature physique et vous avez obtenu des résultats merveilleux par la connaissance de ses lois — la vapeur, l'électricité, etc. etc... Pendant vingt mille ans et plus, nous avons étudié les forces intellectuelles ; nous avons découvert leurs lois, et nous obtenons, en les faisant agir seules ou de concert avec la matière, des phénomènes encore

plus étonnants que les vôtres. » Jacolliot ajoute :
« Nous avons vu des choses que quelqu'un ne peut
décrire, de crainte que ses lecteurs ne doutent de sa
raison..... mais pourtant nous les avons vues. »

III

Il ne faut pas confondre les phénomènes occultes
avec les phénomènes du spiritualisme. Ces derniers,
quels qu'ils soient, sont des manifestations que les
médiums ne peuvent ni contrôler ni concevoir. Les
premiers sont des résultats obtenus par un opérateur vivant et conscient qui comprend les lois qu'il
met en œuvre. Si ces résultats paraissent miraculeux, la faute en est à l'ignorance de l'observateur.
Le spiritualiste sait parfaitement bien, en dépit des
moqueries inintelligentes de ceux qui rient sans
savoir pourquoi, que tous les genres de manifestations, en apparence surnaturelles, ont lieu
constamment, pour les investigateurs qui les poursuivent avec un zèle suffisant. Mais il n'a pu trouver d'autre explication aux causes mises en jeu
qu'une explication surnaturelle [1]. Dès le prin-

---

[1]. Les spirites *français* n'ont jamais attribué, que je sache, les phénomènes médianimiques à une cause surnaturelle, puisqu'ils s'effor-

cipe, il a posé une certaine hypothèse, faute de mieux ; puis, continuant à travailler d'après cette idée, il a échafaudé avec tant de peine une théorie autour des faits, qu'aujourd'hui il combat l'intervention d'une nouvelle hypothèse qui l'obligerait à reconstruire son système presque depuis le commencement. Il ne peut faire autrement cependant, s'il appartient à cette espèce d'investigateurs qui mettent leur soin à chercher la vérité pure plutôt qu'à fortifier une doctrine épousée vaille que vaille.

En général, il n'y a presque aucun des phénomènes du spiritualisme que les adeptes en occultisme ne puissent reproduire par la force de leur volonté, aidée par leur compréhension des ressources de la nature. Ainsi qu'il sera établi par le récit fidèle de ce dont j'ai été témoin, j'ai vu quelques-uns des phénomènes les plus ordinaires

---

cent précisément de combattre le surnaurel et n'admettent *pas* de miracles. Je ne parle pas évidemment des gens crédules et dépourvus de discernement, comme il s'en trouve partout, parmi les spirites comme probablement parmi les théosophes. Les spirites se trompent' voilà tout. C'est à ceux qui croient posséder la vérité de les éclairer. On ne doit rien leur reprocher — puisqu'ils marchent en avant, — jusqu'à ce qu'ils aient pris connaissance des déductions de la science théosophique qu'ils ne peuvent connaître actuellement, ses travaux étant publiés en anglais. Lorsque le jour sera fait, on saura s'il faut leur dire : Vous fuyez la lumière. — (*Note du traducteur.*)

du spiritualisme produits par un agent purement humain. Le primitif *coup frappé* qui servit d'introduction aux phénomènes plus importants du spiritualisme s'est manifesté pour mon édification, d'une multitude de manières différentes, et dans des conditions qui réduisent à néant l'hypothèse de l'agent spiritualiste. J'ai vu des fleurs tomber du plafond blanc d'une chambre, dans des circonstances qui me donnent l'assurance complète qu'il n'y avait aucun esprit à l'œuvre : la manifestation était aussi *surnaturelle* — dans le sens d'être produite sans l'aide d'une intervention matérielle — qu'aucune des pluies de fleurs dont les médiums spiritualistes sont favorisés. J'ai mainte et mainte fois reçu de l'*écriture directe* sur du papier cacheté dans mes propres enveloppes ; elle était créée ou précipitée par un correspondant humain et vivant. Je sais, de témoins dignes de foi, qu'une grande variété d'autres phénomènes spiritualistes connus ont été produits de la même manière par des adeptes en occultisme, c'est-à-dire par des hommes. Mais je n'ai pas entrepris ici de faire la guerre au spiritualisme. Les déclarations que je vais faire seront problablement reçues plus volontiers chez les spiritualistes que dans les groupes qui appartiennent au monde ordinaire ; car, en somme, les spiritualistes [1] savent par expérience que la science orthodoxe du jour ne possède pas le dernier mot sur l'esprit et la matière, alors que les incrédules persistent sottement à nier des faits qu'ils se sentent incapables d'expliquer. Les phénomènes du spiritualisme, bien qu'accessibles à tout honnête homme qui s'en occupe, n'étant pas de nature à pouvoir être portés sur soi et lancés à la face des *sceptiques* impertinents, ces derniers peuvent faire parade de leur profession d'incrédulité sans s'apercevoir entre eux du grotesque de leur position, qui pourtant apparaît aux *initiés* dans toute son évidence. Je sais que, dans ces questions, les intelligences scientifiques ordinaires se refuseront à admettre la sincérité de mon témoignage et la possibilité de mes explications, mais peut-être atténuerai-je l'hostilité dirigée contre moi, en déclarant, dès le début, que l'occultisme n'a rien du tout à faire avec le spiritualisme, et que les « esprits » n'entrent pour rien dans les manifestations anormales que j'aurai à relater.

1. J'emploie partout les mots *spiritualisme, spiritualiste* (au lieu de *spiritisme, spirite*), afin qu'on sache bien que tout ceci se passe en Angleterre ou dans ses colonies, et parce qu'il y a une réelle distinction entre les spirites *réincarnationistes* et les spiritualistes anglais et américains. — (*Note du traducteur.*)

L'OCCULTISME ET SES ADEPTES

I

Je dirai tout d'abord que les pouvoirs que l'occultisme confère à ses adeptes renferment un certain contrôle sur les forces de la nature, dont la science ne connaît absolument rien, et à l'aide duquel un adepte peut tenir conversation avec un autre, quelle que soit la distance qui les sépare sur la surface de la terre. Cette télégraphie psychologique est complètement indépendante de tout agencement mécanique, et les facultés clairvoyantes de l'adepte sont si parfaites qu'elles le douent d'une espèce d'omniscience quant à ce qui regarde les affaires mondaines. Le corps est la prison de l'âme pour les mortels ordinaires. Nous ne pouvons voir que ce qui vient devant ses fenêtres, nous ne pouvons prendre connaissance que de ce qui traverse ses grilles. L'adepte, lui, possède la clef de sa prison et peut en sortir à plaisir. Ce n'est plus une prison pour lui, mais une habitation. En d'autres termes, l'adepte peut projeter son âme, hors de son corps, à l'endroit qu'il lui plaît, et cela avec la rapidité de la pensée.

L'édifice entier de l'occultisme, de la base au faîte, est tellement en dehors des conceptions ordinaires, qu'il est difficile de savoir par où commencer pour expliquer ce qu'il contient. Comment pourrait-on décrire une machine à compter, devant un auditoire qui ignorerait les plus simples données de la mécanique et ne saurait pas un mot des mathématiques ? Or, malgré leur éducation littéraire, malgré la perfection de leurs études dans les parties de la science qu'elles ont embrassées, les classes instruites de l'Europe moderne, lorsqu'il s'agit des doctrines de l'occultisme, ne connaissent pas l'A B C du sujet, et ne peuvent parler des facultés de l'âme en tant que facultés différentes de celles de l'âme et du corps réunis. Les occultistes de tous les âges se sont livrés spécialement à cette étude ; ils sont arrivés à des résultats qui sont magnifiques dans leur grandeur ; mais une intelligence commune, placée en leur présence, se trouble et s'imagine être dans un monde de miracles et d'enchantements. Lorsqu'on regarde sur une carte le courant des faits historiques, on voit les nations se mélanger plus ou moins, excepté la Chine, et finir par se confondre en un fleuve unique dont la source se perd dans les nuages du temps. Supposons que l'Europe civilisée ne soit venue que fort tard en contact avec la Chine, et que les Chinois, beaucoup plus élevés en intelligence qu'ils ne sont réellement, aient développé une certaine branche des sciences physiques jusqu'au niveau que cette branche a atteint de nos jours ; supposons, d'autre part, que cette même branche de science ait été entièrement négligée parmi nous, notre surprise serait immense à la vue des découvertes chinoises dans leur parfait développement, parce que nous ne nous serions pas familiarisés graduellement avec elles depuis leurs humbles commencements. Voilà quelle est notre situation exacte vis-à-vis la science occulte. Les occultistes ont formé une race à part, depuis une époque dont nous ne pouvons calculer l'éloignement ; mais non pas une race spéciale au point de vue physique, ni uniforme dans sa composition, pas plus qu'une nation dans aucun sens du mot. Association perpétuelle d'hommes à l'intelligence supérieure, attachés par le lien le plus fort dont l'humanité ait l'expérience, ils ont continué, avec une grande persistance de vues, les traditions et les mystères du développement intérieur, que leur avaient légués leurs prédécesseurs. Pendant ce temps, la civilisation, dont le courant entraîne en avant la science de l'Europe moderne, a négligé d'une manière absolue l'unique étude à laquelle les occultistes se sont adonnés. Quoi d'étonnant, si les deux lignes de la civilisation ont divergé à ce point qu'elles soient devenues entièrement différentes aujourd'hui. Il reste à voir si on tolérera la tentative faite pour réunir deux corps longtemps séparés, et qui sont frères, ou si on la considérera comme l'impudence d'un imposteur qui veut se faire passer pour un parent.

J'ai dit que l'occultiste a le pouvoir de projeter son âme au dehors de son corps. On observera, en passant, que par ce moyen il obtient, sans une ombre de doute, l'assurance qu'il possède une âme. L'étude comparative des mythologies a quelquefois été appelée la science de la religion. S'il y a une science de la religion, c'est évidemment l'occultisme. Un observateur superficiel s'imaginera peut-être que la vérité religieuse ne doit pas se manifester avec plus d'éclat à l'âme dégagée temporairement du corps, qu'à celle qui prend connaissance des idées par l'intermédiaire des sens physiques. Mais il est évident que l'homme qui s'élève dans le royaume de l'immatériel, jouit d'une plus vaste compréhension de la vérité religieuse, puisque la cognition y devient un procédé de pure perception, les facultés intellectuelles ayant leur libre essor par leur centralisation dans l'homme immatériel.

Je viens de parler de l'*homme immatériel* séparé du corps des sens physiques. Mais l'exposé des doctrines que je vais examiner est si complexe que je ne puis laisser passer dans l'esprit du lecteur une expression qu'il me faudra rejeter plus tard comme impropre. C'est une des vérités incontestables de la philosophie occulte, que le moi intérieur éthéré, ou l'homme, considéré en dehors du corps, est lui-même l'enveloppe de quelque chose de plus éthéré encore, — est matériel, dans le sens de subtil.

La majorité des civilisés croient que l'homme possède une âme qui survivra au corps d'une façon ou d'une autre; mais ils sont obligés de confesser qu'ils n'en savent pas beaucoup là-dessus. Un grand nombre des plus hauts représentants de la civilisation ont de graves doutes sur la question; et d'après quelques-uns, les recherches de la physique, suggérant que la pensée pourrait bien être un mode de mouvement, tendent à établir la forte probabilité de l'hypothèse suivante : quand la vie du corps est détruite, rien ne survit. La philosophie occulte ne spécule pas sur ce sujet : elle connaît quels sont les faits.

Saint Paul, qui était un occultiste, considère l'homme comme composé d'un corps, d'une âme et d'un esprit. Cette distinction ne s'accorde guère avec la théorie qui veut que quand un homme meurt, son âme passe pour toujours dans le ciel ou dans l'enfer. Que devient alors l'esprit, et en quoi diffère-t-il de l'âme? Les philosophes orthodoxes se bâtissent chacun leur théorie sur ce sujet : l'âme est le siège des émotions et l'esprit celui des facultés intellectuelles, ou *vice versâ*. On ne peut pas trouver de fondement solide pour de telles conjectures ni même alléguer une révélation qui leur serve de base. Mais saint Paul, lorsqu'il employait ces expressions, n'obéissait pas à une vague inspiration fantaisiste. On peut considérer l'esprit dont il parlait comme l'âme de l'âme. Pour le moment, nous n'avons pas à nous inquiéter de cela. Le point important que l'occultisme met en lumière est que l'âme de l'homme, considérablement plus subtile, plus éthérée et plus durable que le corps, est elle-même une réalité *matérielle*. Non pas matérielle suivant la conception de la chimie sur la matière, mais comme pourrait le comprendre la physique *en bloc* si les tentacules de

chacune des parties de la science avaient le tact
plus fin et travaillaient davantage en harmonie les
unes avec les autres. Ce n'est pas nier la matérialité d'une substance hypothétique que de n'en pouvoir déterminer le poids atomique et les affinités.
L'éther qui transmet la lumière est matériel, pour
celui qui admet son existence, mais il y a un gouffre
de différence entre lui et le plus subtil des gaz. On
n'arrive pas à une vérité scientifique toujours par
le même chemin. Quelques-unes sont perçues directement, d'autres sont déduites d'une manière
indirecte; et ces dernières n'en sont pas moins certaines. La matérialité de l'éther découle de l'examen des modifications de la lumière : la matérialité de l'âme peut être déduite de ce qu'elle subit
l'action des forces extérieures. L'influence magnétique est une émanation inhérente à certaine fonction physique du magnétiseur. Cette émanation
vient frapper l'âme du sujet, à distance, et produit
un effet perceptible pour lui, démonstrable pour
les autres. Naturellement ceci est un exemple et non
une preuve. J'expose le mieux que je puis — et cela
ne peut être que très imparfaitement — les découvertes de l'occultisme, sans chercher tout d'abord
à appuyer par une preuve chacune de leurs manifestations. Plus loin, je serai en mesure de le faire

pour plusieurs d'entre elles; quant aux autres, on les admettra comme conséquences logiques.

L'âme est matérielle et est ordinairement liée au corps, formé d'une matière plus grossière; c'est cet état de choses qui permet à l'occultiste de parler d'une manière positive sur le sujet, car il peut d'un seul coup s'assurer qu'il y a une âme et qu'elle est d'une nature matérielle, en séparant la sienne de son corps dans de certaines conditions, et en l'y replaçant ensuite. Quelquefois l'occultiste peut agir ainsi même avec d'autres âmes; cependant le but de ses efforts est de le faire avec la sienne propre tout d'abord. Quand je dis que l'occultiste sait qu'il a une âme, je fais allusion à cette faculté. Il le sait de la même façon qu'un homme sait qu'il a un grand habit, pouvant l'ôter et le considérer comme un objet extérieur à lui-même. Mais dans le cas de l'adepte, lorsque la séparation est effectuée, c'est l'âme qui est lui et c'est l'objet ôté qui est le corps. C'est ce qui s'appelle posséder la certitude absolue sur le grand problème de la survivance au delà de la mort. L'adepte ne s'appuie pas sur la foi ou sur des spéculations métaphysiques pour établir la possibilité de son existence hors du corps : il expérimente cette existence quand il lui plaît. Certainement, l'art pur et simple de quitter temporairement son corps ne doit pas nécessairement fournir à celui qui l'accomplit des données sur ses destinées futures après l'émancipation finale de la mort ; mais il lui fournit, en tout cas, des renseignements exacts sur les conditions de départ pour son voyage dans l'autre monde. Tandis que son corps continue à vivre, son âme est, pour ainsi dire, un ballon captif, — muni, à la vérité, d'un câble très long, élastique et impondérable. Les ascensions captives ne lui indiqueront pas si le ballon flottera encore quand la machine qui est dessous sera enfin détruite, et s'il se trouvera abandonné à la dérive ; mais c'est déjà quelque chose d'être un aéronaute, et d'avoir l'assurance, comme je l'ai déjà dit plus haut, qu'il y a des ballons pour naviguer, dans certaines occurrences.

La faculté que je viens de décrire serait d'une infinie grandeur, en supposant qu'elle soit le but final de l'adeptat ; mais au lieu d'en être le but final, elle en est plutôt le commencement. Les opérations, en apparence magiques, qui sont au pouvoir des adeptes de l'occultisme, sont accomplies, ainsi qu'on me l'a donné à entendre, à l'aide de la connaissance d'une force de la nature, citée dans les livres sanscrits sous le nom d'*akas*. Dans son roman *The coming race*, lord Lytton, qui en savait sur l'occultisme plus qu'on ne le croit généralement, donne un récit fantastique et imaginaire des merveilles accomplies à l'aide du *vril*, dans le monde souterrain où il fait pénétrer son héros. En écrivant sur le *vril*, lord Lytton avait évidemment l'intention de poétiser l'*akas*. Dans *The coming race* il décrit un peuple possédant une partie des pouvoirs acquis par les adeptes; mais ce peuple diffère absolument du corps des adeptes, sur plusieurs points importants, sur celui entre autres qu'il forme une nation complète dont chaque membre, homme et femme indifféremment, est investi de ces pouvoirs dès son enfance. C'est un pur conte fondé sur les découvertes de l'occultisme. Mais quiconque a étudié cette science ne peut manquer de reconnaître avec une presque certitude que l'auteur de *The coming race* devait être familiarisé avec les idées principales de l'occultisme; peut-être même en savait-il plus long. Cela ressort également de la lecture de ses autres romans mystérieux, *Zanoni* et *The strange story*. Dans *Zanoni*[1], le personnage sublime de l'arrière-plan, Mejnour, représente suffisamment un grand adepte de l'occultisme oriental, semblable à ceux

---

1. *Zanoni*, traduit en français, fait partie de la Bibliothèque des romans étrangers publiés par la maison Hachette. — (*Note du traducteur.*)

dont j'ai à parler. Il est difficile de s'expliquer pourquoi lord Lytton, dont l'intention manifeste, dans ce roman, est de suivre de plus près les faits réels de l'occultisme que dans *The coming race*, y a représenté Mejnour comme un dernier survivant de la fraternité des Rose-Croix. Les gardiens de la science occulte se contentent d'être un corps petit relativement à l'importance formidable des connaissances qu'ils sauvent du naufrage ; mais ils n'ont jamais laissé leur nombre diminuer jusqu'à mettre en danger l'existence de leur organisation terrestre. Il est également difficile de comprendre pourquoi lord Lytton, instruit comme il l'était certainement, a employé simplement ses renseignements à orner une fiction littéraire, au lieu de les présenter au public sous une forme qui aurait attiré une plus sérieuse attention. On pourra discuter sur ce sujet : mais il n'est pas impossible que lord Lytton lui-même, par suite d'une longue étude de la question, se soit tellement pénétré de cet amour du mystère inhérent à l'esprit de l'occultiste, qu'il ait préféré publier ses acquisitions sous une forme voilée et mystique. De cette façon ses théories seraient saisies du lecteur en sympathie avec lui, et passeraient inaperçues sur les intelligences banales, sans éveiller la réprobation courroucée que son volume, s'il était destiné à attirer l'attention, soulèverait de la part des bigots de la science, de la religion et de la grande philosophie du lieu commun.

L'*akas* est donc une force pour laquelle nous n'avons pas de nom, et dont, faute d'expérience, nous ne pouvons concevoir la nature. On s'en fera seulement une idée en imaginant un agent plus subtil, plus puissant et plus extraordinaire que l'électricité, de même que l'électricité est supérieure à la vapeur par sa subtilité et la variété de ses effets. C'est par la connaissance des propriétés de cette force que l'adepte produit les phénomènes physiques qui sont en son pouvoir, ainsi que je le montrerai, et d'autres d'une magnificence encore plus grande.

II

Que sont ces adeptes qui tiennent en leurs mains ces forces terribles dont je parle? Il y a des raisons pour croire qu'ils ont existé à toutes les époques de l'histoire, et qu'il en existe encore dans l'Inde ou dans les contrées voisines. L'identité de la science qui leur a été léguée avec celle des anciens initiés en occultisme, est rendue nécessairement manifeste par l'examen des doctrines qu'ils conservent et des facultés qu'ils exercent. Cette conclusion ressort de l'étude d'une littérature excessivement vaste que je me contente de mentionner, me réservant pour plus tard d'indiquer les meilleures voies dans les recherches en question. Examinons maintenant la situation actuelle des adeptes.

Ils constituent une fraternité ou association secrète, qui étend ses ramifications sur tout l'Orient, mais dont je suppose que le siège principal se trouve en ce moment au Thibet. L'Inde n'a pas été abandonnée des adeptes, et ils reçoivent toujours de nombreuses recrues de ce pays. Car la grande Fraternité est la moins exclusive du monde, tout en étant très exclusive, et les nouveaux adhérents, de n'importe quelle race et de n'importe quel pays, sont toujours les bienvenus, pourvu qu'ils possèdent les qualités requises. Un adepte lui-même m'a dit que la porte s'ouvre toujours à l'homme juste qui frappe ; mais seuls les voyageurs déterminés peuvent espérer de traverser le chemin par lequel il faut passer pour atteindre cette porte. Il m'est manifestement impossible de décrire les périls de cette route, si ce n'est en termes très généraux ; mais il n'est pas nécessaire d'avoir appris aucun des secrets de l'initiation pour comprendre le caractère de l'entraînement que doit suivre un néophyte avant d'arriver à la dignité de maître en occultisme. On ne fait pas un adepte : il se fait lui-même, m'a-t-on toujours dit; et le procédé de développement est dans ses propres mains.

Je crois que jamais il ne s'écoule moins de sept années, à partir du moment où le candidat à l'initiation est accepté comme aspirant, jusqu'à celui où il peut être admis à la première des épreuves qui lui barrent le chemin des premiers degrés de l'occultisme; et encore il n'est pas sûr que les années ne seront pas augmentées *ad libitum*. Il ne sait même pas s'il sera jamais admis à l'initiation. Ce n'est point seulement cette terrible incertitude qui empêcherait la plupart des Européens, et des plus intelligents, d'essayer d'avancer dans le domaine de l'occultisme, maintenus par le pur caprice d'une société despotique qui joue à la coquette, pour ainsi dire, avec l'ardeur de ses poursuivants. Les épreuves par lesquelles doit passer le néophyte ne sont pas de fantastiques plaisanteries, ni des comédies où l'on simule le péril. Les maîtres de l'occultisme ne dressent pas des barrières artificielles pour essayer le nerf de leurs élèves, comme un professeur d'équitation place des obstacles dans son école. C'est dans la nature de la science explorée d'ébranler la raison par ses révélations et d'éprouver le courage le plus résolu. C'est dans l'intérêt même du candidat, que l'on met à l'épreuve et que l'on surveille avec un soin et une patience extrêmes, dans le principe, sa moralité, sa persévérance, et, peut-être aussi, ses qualités physiques et intellectuelles ; alors, il lui est permis de faire le plongeon final dans la mer des sensations étranges où il doit nager avec la force de son propre bras, — ou périr.

Quant à la nature des épreuves qui l'attendent durant la période de son développement intérieur, je n'en ai évidemment pas une connaissance exacte, et les conjectures que je pourrais former, basées sur des fragments de révélation ramassés çà et là, ne valent pas la peine d'être mentionnées. Mais il est certain qu'il n'y a pas de secret quant à ce qui regarde la vie que doit mener le candidat qui veut être reçu aspirant. Le complet développement de l'adepte demande, entre autres choses, une vie absolument pure au point de vue physique, et il faut que le candidat, dès le commencement, prouve, par sa conduite, sa ferme volonté d'adopter ce genre de vie. C'est-à-dire qu'il faut que, pendant toutes les années de sa probation, il soit parfaitement chaste, parfaitement sobre, et indifférent à toute espèce de luxe physique. Ce régime ne comporte aucune mortification bizarre, aucun ascétisme forcé, ni aucun isolement en dehors du monde. Rien n'empêche un gentleman de suivre le régime des candidats de l'occultisme, en pleine société de Londres, sans que personne, à côté de lui, s'en aperçoive. Car on n'atteint pas le véritable occultisme, but sublime du réel adepte, par l'ascétisme dégoûtant du faquir indien ordinaire, du *yogui* des bois et des déserts dont la crasse s'accumule avec la sainteté, — du fanatique qui se fixe dans la chair des crochets de fer, ou qui tient son bras en l'air jusqu'à ce qu'il soit desséché. Une connaissance imparfaite de quelques-uns des faits extérieurs de l'occultisme indien peut conduire à un malentendu sur ce point. *Yog vidya* est le nom indien de la science occulte, et il est aisé d'en apprendre plus qu'il n'est utile sur les pratiques des enthousiastes ignorants qui cultivent quelqu'une des branches inférieures de cette science, à l'aide d'exercices purement physiques. A proprement parler, cette science du développement physique est appelée *Hatti yog*, tandis qu'on nomme *Ragi yog* celle plus élevée de la discipline mentale, qui conduit aux sommets de l'occultisme. Aucun occultiste ne considérera jamais comme adepte celui qui a acquis ses pouvoirs à l'aide des exercices pénibles et puérils de l'*Hatti yog*. Je ne veux pas dire que les exercices d'ordre inférieur dont je parle soient complètement futiles. Ils donnent certainement à la personne qui s'y livre des facultés et des pouvoirs anormaux. Ils sont décrits dans un grand nombre de traités, et presque tous ceux qui ont vécu dans l'Inde peuvent relater des faits curieux produits par les jongleurs qui font profession de cet art extraordinaire. Si je voulais remplir ces pages de récits étonnants, que je n'ai pas le moyen de contrôler, il me serait facile de réunir des exemples. Mais je désire ici insister sur ce point, qu'aucun récit de nature à montrer le *yoguisme* indien sous un aspect bas ou mesquin ne peut s'appliquer au *yoguisme* transcendant qu'on appelle *Ragi-Yog*, et qui conduit aux formidables sommets du véritable adeptat.

LA SOCIÉTÉ THÉOSOPHIQUE

L'organisation occulte, bien qu'étant toujours demeurée secrète, a conservé et a acquis des connaissances philosophiques où l'on peut puiser pour son instruction plus qu'il ne paraît au premier abord. Comme on le verra suffisamment par mon propre cas, il ne répugne pas aux grands adeptes de l'occultisme de répandre leur philosophie religieuse, autant du moins que cela est utile à un monde qui, comme le nôtre, n'est pas habitué aux pures recherches psychologiques. Ils veulent même bien, à l'occasion, manifester les pouvoirs qu'ils ont acquis par leur étude extraordinaire des forces de la nature. Je n'aurais jamais vu les nombreux phénomènes occultes d'apparence miraculeuse, dont j'ai été témoin, si la règle générale qui empêche les Frères de faire exhibition de leurs pouvoirs devant des personnes non initiées, avait été absolue. Car, d'après la règle générale, il est strictement défendu de produire aucun phénomène dans le but d'exciter l'étonnement et l'admiration des spectateurs. Et je crois, en vérité, que cette prohibition est absolue lorsqu'il n'y a pas un but plus élevé. Mais il est certain que pour ceux dont le désir purement philanthropique est d'accréditer une philosophie d'un caractère supérieur, les Frères permettent quelquefois, dans leur sagesse, le déploiement de phénomènes anormaux, pourvu que l'esprit des témoins puisse s'élever, par l'appréciation du prodige, au respect dû à la philosophie qu'il sanctionne. C'est là l'histoire de la Société Théosophique. Cette société a passé par diverses phases d'épreuves, précisément parce que les phénomènes manifestés ont souvent manqué leur effet ; ils ont été livrés quelquefois à une publicité prématurée, et ont amené, de la part des étrangers, le ridicule stupide et la persécution méchante sur l'étude de la philosophie occulte et sur les personnes dévouées qui se sont livrées particulièrement à sa propagation en fondant la société théosophique. On demandera peut-être pourquoi les Frères ont permis des maladresses de cette sorte, s'ils sont en réalité tout-puissants comme je les représente ; mais la question n'est pas si embarrassante qu'il semble à première vue. Si le lecteur a bien saisi le portrait des Frères que j'ai essayé de lui présenter, il verra que par leur nature ils ne sont pas aussi aptes que des personnes d'un développement occulte moindre, à conduire une entreprise qui comporte des relations directes avec la foule d'un monde inférieur au leur. En ce moment, je m'efforce de convaincre la généralité du public qu'il y a dans l'humanité des facultés latentes capables de recevoir un accroissement si extraordinaire que, d'un seul bond, nous pouvons dépasser de beaucoup la réalisation des rêves de la physique au sujet de la compréhension de la nature, et en même temps nous fournir à nous-mêmes des témoignages positifs sur la constitution et les destinées de l'âme humaine. Mais, je suppose que le but principal de la Fraternité ne ressemble en rien à cette tâche que j'ai entreprise, et sur laquelle j'ose espérer qu'ils voudront jeter un regard sympathique. En réfléchissant, on comprend que leur devoir primordial doit être de conserver dans toute leur vitalité actuelle la science et les pouvoirs dont je ne donne ici qu'un faible aperçu. Si les Frères se livraient à un long et ingrat travail d'extermination contre les diverses incrédulités de la multitude imbécile, de la phalange matérialiste acrimonieuse et de la pieuse orthodoxie terrifiée et pleine de rage, ils pourraient peut-être laisser la science occulte s'affaiblir, en voulant persuader le genre humain de son existence:

propter vitam vivendi perdere causas. Naturellement, il est facile d'objecter la division du travail, en occultisme comme en toute autre chose : quelques adeptes propres à cet ouvrage seraient chargés de renverser l'incrédulité de la science moderne, tandis que les autres accompliraient les devoirs importants de leur carrière dans leurs retraites bien-aimées. Mais une semblable suggestion, toute pratique qu'elle paraisse dans un monde essentiellement pratique, serait selon toutes probabilités éminemment impraticable pour le véritable mystique. D'abord, celui qui aspire aux honneurs de l'occultisme n'entreprend pas cette longue suite de combats redoutables par lesquels il doit conquérir le succès, pour embrasser ensuite la vie commune dans le monde ordinaire; chose pour laquelle, dans l'hypothèse de son succès, il doit nécessairement avoir une extrême répugnance. Nous éprouverions une grande aversion à l'idée d'être enterrés vivants sur une montagne lointaine, dans une retraite où ne pénétrerait aucune voix du monde extérieur : il n'est peut-être pas un véritable adepte qui n'éprouverait une plus grande aversion pour toute autre vie qu'une vie de reclusion. Je serai bientôt en mesure de montrer que l'amour de la solitude, inhérente à l'adeptat, n'implique pas l'absence de l'éducation et des manières européennes. Les gens simplement habitués au côté ordinaire de la vie d'Orient seront surpris d'apprendre que l'amour de la solitude et la culture européenne se trouvent parfois réunis chez un Oriental. Pour revenir à la supposition que nous faisions d'un adepte chargé de montrer au monde scientifique qu'il y a des contrées inexplorées dans la science, et des facultés dans l'homme dont elle n'a pas encore rêvé la possession; de deux choses l'une, il devrait avoir été nommé à cet emploi, ou le remplir de son plein gré. Dans le premier cas, il faudrait admettre que la Fraternité occulte est despotique envers ses membres, ce qui est contredit par toutes mes observations; dans le second, que l'adepte fait volontairement le sacrifice d'une vie qu'il regarde non seulement comme la plus agréable, mais aussi comme la plus élevée; et pourquoi? Pour accomplir une tâche qu'il considère certainement comme étant d'une importance moins grande que celle qu'il remplit — c'est-à-dire la conservation et peut-être le développement de la grande science elle-même. Mais je ne me soucie pas de continuer la discussion, car elle se représentera bientôt sous une autre forme. C'est assez pour le moment de déclarer qu'il y a des raisons qui s'opposent à cette méthode de persuasion, quoiqu'elle paraisse aux esprits ordinaires la meilleure pour introduire les vérités occultes dans les cerveaux modernes.

Toutes ces considérations ont conduit les frères à accepter la Société Théosophique comme le meilleur agent, quoique plus ou moins imparfait, capable d'accomplir une partie de leur œuvre ; et sans être entrés eux-mêmes dans la Société, ils prennent néanmoins le plus grand intérêt à ses travaux.

Qu'est-ce qui fait que la Société Théosophique, dont l'organisation et la direction ont été fautives en bien des points, est jusqu'ici le meilleur agent pour la propagation des vérites occultes ? La réponse se trouve dans le zèle et les hautes qualités de sa fondatrice, Madame Blavatsky. Il était nécessaire que les Frères fussent en communication occulte, d'une manière ou d'une autre avec la Société pour la soutenir et lui donner de l'éclat. Car il faut se rappeler que, quoiqu'il nous semble étonnant et même impossible d'imprimer ses pensées dans l'esprit d'un ami éloigné tout en restant chez soi, un Frère retiré dans une retraite inconnue de l'Himalaya peut parfaitement converser ainsi qu'il lui plaît avec un ami quelconque, initié comme lui, et se trouvant dans n'importe quelle partie du monde; non seulement il le peut, mais tous les autres modes de communication dont se contentent nos facultés terre-à-terre, lui paraissent simplement gênants et imparfaits. Pour donner son assistance à une Société dont la sphère d'opérations est dans le monde ordinaire, il lui faut, en outre, pouvoir en recevoir des communications avec la même facilité qu'il met à lui en envoyer. Ainsi il doit y avoir un initié à l'autre extrémité de la ligne. La règle veut donc que cette dernière condition soit toujours remplie, et défend, par la même raison, tous les arrangements que l'on évite en observant cette condition.

Dès lors, madame Blavatsky est une initiée, une adepte, en ce sens qu'elle possède ce magnifique pouvoir de télégraphie psychologique entre elle et ses amis occultes. Elle s'est arrêtée court dans le chemin de l'adeptat, au moment de franchir la vague qui l'aurait portée hors des limites de ce monde. C'est cette circonstance qui lui a permis d'entreprendre la tâche que poursuit la Société Théosophique, tâche qui, d'après les considérations exposées ci-dessus, ne saurait être entreprise par un adepte complètement développé. Si on considère les aptitudes toutes spéciales qu'elle possède, on ne peut manquer de reconnaître qu'elle était prédestinée pour cette œuvre. Comment se fait-il qu'elle se soit arrêtée sans chercher à aller plus loin ? C'est une question qu'il est oiseux de poser ; la réponse toucherait de trop près les secrets de l'initiation, qui ne sont jamais révélés sous aucun prétexte. Après tout, c'est une femme : peut-être est-ce pour cela qu'elle n'a pu atteindre les plus hauts degrés de l'occultisme. Quand je dis que c'est une femme, il me semble presque absurde d'employer ce mot. Il perd sa signification avec cet esprit puissant, d'une culture vaste quoique un peu sauvage, et dont le courage intrépide s'est affirmé plus d'une fois sur des champs de bataille plus terribles que ceux où l'on affronte le canon, sur celui de l'initiation occulte par exemple. Madame Blavatsky couronne une carrière de trente-cinq à quarante années d'études mystiques par une retraite de sept ans dans les solitudes de l'Himalaya. Lorsqu'elle fit sa réapparition dans le monde et qu'elle vit l'ignorance profonde de la multitude au sujet des merveilles de l'occultisme, elle fut effrayée à la seule pensée de l'abîme qui la séparait de la foule aveugle. Tout d'abord elle ne pouvait se résoudre à se mêler à la société, en songeant à tout ce que celle-ci ignorait et que le secret lui défendait à elle de révéler. On sait combien un grand secret est lourd à porter, mais ce doit être un pénible fardeau que le secret qui confère des pouvoirs considérables dont l'exercice est rigoureusement circonscrit par la règle.

Elle se rendit en Amérique, conduite par les circonstances, ou plutôt par les amis qu'elle avait laissés dans l'Himalaya à son retour en Europe, et dont elle ne craignait plus désormais d'être séparée. Là, aidée de quelques personnes qui s'étaient intéressées aux manifestations de ses pouvoirs extraordinaires, elle fonda la Société Théosophique dont le colonel Olcott fut nommé président, fonction à laquelle il a entièrement consacré sa vie. Dès le principe, le but de la Société Théosophique fut d'explorer les pouvoirs psychologiques latents dans l'homme, ainsi que l'ancienne littérature orientale dans laquelle en est peut-être cachée la clef, et qui renferme peut-être une partie de la philosophie de la science occulte.

La Société prit promptement racine en Amérique, tandis que des branches se formaient en Angleterre et ailleurs. Alors madame Blavatsky, les abandonnant à elles-mêmes, retourna dans l'Inde. Elle voulait y établir la Société parmi les natifs de cette contrée, que l'hérédité rend naturellement sympathiques au mysticisme. Il y avait lieu d'attendre de leur part un appui empressé pour une entreprise

psychologique qui faisait appel non seulement à
leur croyance intuitive en *Yog Vidya*, mais encore
à leur plus noble patriotisme, en montrant que
l'Inde est la source première de la science la plus
élevée du monde, quoique la plus inconnue et la
plus difficile à découvrir.

C'est ici que commencent les maladresses dont
j'ai parlé plus haut, dans la manière d'agir et dans
la direction de la Société Théosophique, qui lui ont
fait un début si mouvementé. Il faut dire que madame Blavatsky n'était pas familiarisée du tout
avec le côté journalier de la vie de l'Inde, car ses
visites antérieures ne l'avaient mise en contact
qu'avec des milieux complètement étrangers au
caractère et aux habitudes courantes du pays.
D'autre part, on ne peut imaginer une pire préparation à la vie indienne qu'un séjour de plusieurs
années dans les États-Unis. Aussi arriva-t-elle
dans l'Inde sans être munie des recommandations
qu'elle aurait aisément obtenues en Angleterre, et
remplie de préjugés et d'idées absolument fausses
sur les classes dirigeantes anglaises et leurs rapports avec le peuple indien. Au point de vue géographique, les États-Unis sont à une distance considérable de l'Inde, mais ces deux pays sont encore
plus distants l'un de l'autre sous bien d'autres

points de vue. La conséquence de cela fut que madame Blavatsky, dès son arrivée, adopta une attitude de sympathie spéciale pour les natifs qui fut vue d'un mauvais œil par les Européens. Sa manière de rechercher leur société, jointe à cette circonstance qu'elle n'avait fait aucune des avances d'usage à la colonie européenne, et qu'elle portait un nom manifestement russe, produisit son effet naturel. Cela la rendit suspecte à cette administration inintelligente qui, dans l'Inde, essaie de combiner les fonctions de police politique avec plusieurs autres. Il est vrai que les soupçons se dissipèrent presque aussitôt conçus; mais madame Blavatsky avait eu le temps d'être l'objet d'un espionnage si grossier qu'elle s'en était aperçue, s'en était indignée, et était entrée dans une grande colère. Un tempérament plus flegmatique aurait trouvé l'incident des plus amusants, malheureusement tous les événements étaient réunis contre elle. Russe de naissance, quoique naturalisée Américaine, madame Blavatsky est problablement plus sensible à l'insulte renfermée dans le mot espionne que ne le serait une Anglaise, qui ne prête pas tant au soupçon d'espionnage politique qu'une Russe. Son indignation s'accrut probablement, en songeant qu'elle avait renoncé au rang élevé que sa naissance et la position de sa famille lui donnaient dans la société[1], à cause de son enthousiasme pour l'entreprise purement intellectuelle et spirituelle à laquelle elle avait consacré son existence, et en songeant que son sacrifice, loin d'être accepté, tournait contre elle et servait à justifier de bas soupçons. Quoi qu'il en soit, poussée par son tempérament excitable, elle fit des protestations publiques; il s'ensuivit que tous les natifs, aussi bien que tous les Européens, connurent que les autorités gouvernementales l'avaient regardée de travers. Et cela retarda pendant quelque temps le succès de son œuvre. On ne peut rien faire dans l'Inde sans que les Européens donnent la première impulsion à l'entreprise; de toute façon elle se trouve entravée si l'on se contente de la coopération des natifs du pays. Cela ne veut pas dire que la Société Théosophique ne put trouver de membres. Les natifs montrèrent une sorte d'empressement à devenir théosophes, flattés qu'ils furent de l'attitude de leurs nouveaux amis « européens » (on regardait généralement madame Blavatsky et le colonel Olcott comme Européens, en dépit de leur nationalité américaine). Mais leur ardeur ne fut pas toujours durable, et ils firent preuve parfois d'un

1. Voir la préface.

déplorable manque de sérieux en quittant complètement la Société.

Cependant, madame Blavatsky se mit à se faire des amis parmi les Européens, en 1880, et visita Simla, où elle commença enfin à donner une bonne direction à son travail. Plusieurs fautes néanmoins furent commises de nouveau, qui empêchèrent encore la Société Théosophique d'arriver, du moins dans l'Inde, au rang important qu'elle devrait occuper. A maintes reprises, des phénomènes merveilleux furent produits en présence d'une grande quantité de spectateurs ; mais on ne prit pas toutes les précautions qu'il faudrait toujours prendre, dans le but d'éviter les désagréments, lorsqu'on emploie de semblables méthodes pour recommander la science occulte à l'attention publique. Il est hors de conteste que, lorsque des phénomènes sont manifestés dans des conditions satisfaisantes, devant des personnes assez intelligentes pour comprendre leur signification, ils ont pour effet d'éveiller chez ces personnes le goût de l'étude de la philosophie occulte, et cela d'une manière qui ne peut être comparée à celle des autres moyens. Mais il est également vrai, quoique cela ne soit pas aussi apparent au premier coup d'œil, que des esprits qui ne sont pas préparés par une éducation spéciale à saisir le travail des forces occultes, recevront le phénomène le plus incontestable plutôt comme une insulte à leur raison que comme une preuve de l'action de ces forces. C'est le cas des personnes d'une intelligence moyenne, dont les facultés cérébrales ne peuvent soutenir le choc d'un nouvel ordre d'idées. La tension étant trop grande dans son cerveau, l'enchainement de son raisonnement se rompt, et l'observateur vulgaire retourne à son système primitif de sotte incrédulité; sans se douter le moins du monde qu'il vient de se trouver en face d'une révélation inappréciable et qu'il l'a méconnue. Rien n'est plus commun que d'entendre dire : « Je ne puis croire un semblable phénomène sans le voir de mes propres yeux. Montrez-le-moi et j'y croirai, mais pas auparavant. » Il arrive souvent aux personnes qui parlent ainsi, juste le contraire de ce qu'elles disent. J'ai vu bien des fois des phénomènes d'une authenticité absolue passer devant les yeux de personnes qui n'étaient pas habituées à des recherches de cet ordre, et ne leur laisser dans l'esprit qu'une impression d'hostilité, persuadées qu'elles avaient été le jouet de quelque duperie. C'est ce qui se présenta à Simla dans des circonstances remarquables, lors de la visite dont je parle. Il est clair que le nombre de ceux qui ne purent voir les phénomènes dont madame Blavatsky était l'agent ou simplement l'instrument, fut plus grand que le nombre de ceux qui en furent témoins. Quant à ces derniers, ils demeurèrent généralement persuadés que tout ce qui était arrivé n'était qu'une imposture.

Peu leur importait l'absence manifeste de tout intérêt qui eût pu faire croire à une telle duperie; ils ne comptaient pour rien les témoignages nombreux et catégoriques en faveur de la réalité des phénomènes produits, témoignages apportés par des personnes dont le caractère sérieux et la bonne foi n'auraient jamais été mis en doute dans une tout autre discussion. Les esprits ordinaires ne purent se faire à l'idée qu'ils étaient en présence d'une nouvelle révélation de la nature; et une hypothèse quelconque, tout absurde et illogique qu'elle fût, leur parut préférable à la vérité dans sa simple grandeur.

Cependant au fur et à mesure que la célébrité de madame Blavatsky augmentait dans l'Inde, ses relations s'accroissaient parmi la société européenne. Elle s'entoura d'un grand nombre d'amis qu'elle réussit à convaincre de la réalité de ses pouvoirs occultes; mais elle devint, bien innocemment, un objet de violente animosité pour d'autres personnes de sa connaissance qui, ne pouvant admettre ce qu'elles voyaient, prirent une attitude de négation qui se changea en une complète inimitié au milieu des discussions d'une polémique plus ou moins vive.

Il est inutile de dire que la plupart des journaux tirèrent profit de la situation, en ridiculisant les prétendues dupes de madame Blavatsky et en brodant les détails les plus burlesques sur la moindre information qu'ils recevaient du dehors au sujet de ces phénomènes. Les amis franchement convaincus de madame Blavatsky s'attendaient naturellement à des plaisanteries de cette sorte, et n'en firent aucun cas, je suppose. Quant à la personne nerveuse et excitable particulièrement visée, elle fut tourmentée plus qu'on ne saurait le croire; et à un moment, on aurait pu se demander si sa patience était capable de supporter cette épreuve, ou si elle allait abandonner complètement la tâche ingrate de vouloir offrir au monde les dons précieux à la propagation desquels elle avait consacré sa vie. Un tel malheur heureusement n'eut pas lieu. Mais l'histoire célèbre d'un Christophe Colomb, enchaîné pour avoir découvert un monde nouveau, ou d'un Galilée jeté en prison pour avoir annoncé les vrais principes de l'astronomie, eut son pendant dans l'Inde à l'époque des tristes événements qui arrivèrent à la Société Théosophique.

On vit madame Blavatsky, calomniée et couverte de ridicule par les journaux anglo-indiens, et traitée de charlatan par la foule ignorante; tout cela, pour leur avoir distribué généreusement, autant que la société occulte le lui permettait, les dons magnifiques qu'elle avait acquis par un combat de toute sa vie.

Quoi qu'il en soit, le chercheur qui a soif de la science occulte trouvera toujours, et seulement, dans la Société Théosophique un moyen de relations, bien que faible, avec la grande Fraternité qui, de là-bas, s'intéresse aux progrès de cette Société et communique avec sa fondatrice.

PHÉNOMÈNES OCCULTES RÉCENTS

La tâche que j'ai entreprise m'a été suggérée par les phénomènes d'occultisme dont j'ai été témoin, et que je dois à mes relations avec madame Blavatsky et la Société Théosophique. Le premier problème que j'avais à résoudre était de savoir s'il était vrai, comme on le disait, que madame Blavatsky eût le pouvoir de produire des phénomènes anormaux. On s'imaginera peut-être que dans ce dernier cas rien ne devait être plus facile que d'obtenir toute la satisfaction désirable, une fois la connaissance de madame Blavatsky faite. Cependant les recherches de cette nature sont entourées de tant de difficultés que beaucoup de gens s'impatientent, finissent par laisser leur enquête de côté et gardent leur ignorance pour le reste de leurs jours. Ainsi, dès que nous eûmes fait connaissance, madame Blavatsky devint mon hôtesse à Allalabad, resta six semaines dans ma maison, et pourtant ce qu'il me fut donné d'obtenir pendant cet intervalle de temps fut bien peu de chose. Naturellement, elle m'instruisit sur l'occultisme et sur les Frères ; mais malgré son grand désir, et le mien non moins grand, je ne pus avoir toutes les preuves que la recherche de la vérité me faisait demander, par suite de difficultés insurmontables. Car les Frères, nous l'avons déjà dit, ont une extrême répugnance à montrer la puissance qu'ils possèdent. Que celui qui demande des phénomènes soit poussé par un ardent amour de la vérité ou simplement par une curiosité stérile, cela ne fait rien à la chose. Ils n'ont point besoin d'attirer les candidats à l'initiation par une exhibition de prodiges. Les religions fondées sur des miracles ont tiré parti de leur effet entraînant sur les esprits, mais on ne se jette pas impunément dans l'occultisme, simplement poussé par l'enthousiasme, après avoir été témoin d'un déploiement de pouvoirs extraordinaires. Il n'y a aucune règle spéciale qui défende la manifestation de ces pouvoirs devant un profane, mais cette manifestation est clairement désapprouvée, en principe, par les autorités supérieures de l'occultisme ; et un adepte moins élevé ne peut aller à l'encontre de cette désapprobation. Durant sa visite, il ne fut accordé à madame Blavatsky que la libre production des plus petits phénomènes imaginables. Il lui fut permis de montrer que les *coups frappés* que les spiritualistes attribuent à un agent spirituel, peuvent être produits à volonté. C'était quelque chose, et faute de mieux nous donnâmes toute notre attention aux coups frappés.

Les spiritualistes savent que, plusieurs personnes étant assises autour d'une table et posant leurs mains sur cette table, s'il y a parmi elles un médium des petits coups se font généralement entendre; ils répondent aux questions posées et donnent des messages complets, lettre par lettre. La grande quantité de gens qui ne croient pas au spiritualisme sont obligés de s'imaginer que les millions de personnes qui y croient sont des dupes. Ils doivent être souvent embarrassés pour expliquer l'immense extension que prend cette duperie, mais ils préfèrent inventer n'importe quelle théorie plutôt que d'admettre que les esprits des morts puissent se communiquer de cette manière, ou, partant d'un point de vue scientifique, qu'un effet physique, si minime soit-il, puisse être produit en dehors d'une cause physique. La théorie de l'illusion universelle employée pour expliquer les phénomènes de *coups frappés* semble cependant un peu maladroite à quiconque n'est pas un négateur ridiculement infatué de lui-même. Aussi j'espère que mes appréciations seront bien reçues, car elles tendent à montrer qu'il y a plus d'un moyen d'expliquer les phénomènes affirmés par les spiritualistes, ceux du moins qui nous occupent, tout en tenant compte de la répugnance qui nous empêche d'admettre l'hypothèse de l'agent spirituel.

Pour en revenir à madame Blavatsky, je découvris bientôt que les coups se produisaient toujours à la table où elle s'asseyait dans l'intention de les produire; et toute idée de fraude fut bien vite rejetée lorsque j'eus comparé les divers résultats que je fus à même d'obtenir. D'abord il n'était pas du tout nécessaire que d'autres personnes se missent à la table. Nous pouvions travailler avec une table quelconque, dans n'importe quelles conditions, ou même sans aucune table. Tout objet était également bon, un carreau de vitre, le mur, une porte, en un mot tout ce qui était de nature à rendre un son de *coup frappé*. Dès le commencement, nous trouvâmes qu'une porte vitrée entr'ouverte était un instrument très commode; car il était alors facile de se tenir en face de madame Blavatsky, de voir ses mains ou sa main nue (sans anneaux aux doigts) immobile sur le carreau, et d'entendre en même temps les petits coups, très distinctement. Ils ressemblaient au bruit que produirait la pointe d'un crayon, ou les étincelles jaillissant d'un bouton à un autre dans un appareil électrique. Un procédé que nous employions fréquemment le soir, consistait à placer sur le tapis de la cheminée un grand globe de pendule ; madame Blavatsky s'asseyait auprès, de manière que sa robe ne le touchât pas, et posait ses mains dessus, après avoir enlevé tous ses anneaux. Nous allumions une lampe en face, et nous nous asseyions nous-mêmes sur le tapis, dans une position qui permettait à chacun de voir sur le verre la paume des mains de madame Blavatsky ; et, dans ces conditions pleinement satisfaisantes, les coups se manifestaient encore, clairs et distincts, sur la surface sonore du globe.

Il n'était pas au pouvoir de madame Blavatsky de nous donner une explication exacte de la façon dont ces coups étaient produits. Chaque dépense de force occulte se rapporte à quelque secret. Le phénomène physique des *coups frappés*, bien que d'un effet peu considérable, était le résultat d'une action de la volonté, comme tous les autres, grands ou petits, et le procédé de leur production est trop uniforme pour que les règlements occultes laissent les personnes non initiées recevoir des explications nettes à ce sujet. Les coups obéissent à la volonté; cela me fut prouvé de plusieurs manières ; de celle-ci entre autres. Nous nous servions indifféremment d'un carreau de vitre ou du globe de la pendule ; je demandais que l'on m'épelât un mot que je nommais au hasard, alors j'appelais les lettres de l'alphabet, et lorsque la lettre était bonne, les coups se faisaient entendre. Ou bien je demandais un nombre de coups déterminés, et ils se produisaient. Ou bien encore une série de bruits suivant un certain rythme que j'indiquais, et les bruits avaient lieu. Ce n'était pas tout. Madame Blavatsky posait quelquefois ses mains ou une de ses mains sur la tête de quelqu'un, et un auditeur attentif pouvait entendre les coups distinctement, tandis que la personne touchée sentait chacun des petits crépitements exactement comme si elle tirait des étincelles du conducteur d'une machine électrique.

A une période postérieure de mes recherches, j'obtins des coups dans des conditions encore meilleures que celles-ci, par exemple, sans aucun contact entre l'objet et les mains de madame Blavatsky. C'était à Simla, l'été passé (en 1880) ; mais il faut anticiper. Dans cette dernière ville, en présence d'un groupe d'investigateurs attentifs, madame Blavatsky produisait des coups sur une petite table que personne ne touchait. Après l'avoir comme chargée de fluide en y posant les mains pendant quelques instants, elle tenait l'une de ses mains à un pied environ de la table sur laquelle elle faisait des passes magnétiques qui, chaque fois, étaient accompagnées du bruit ordinaire. Ces expériences ne réussissaient pas seulement chez moi, avec mes propres tables, mais elles réussissaient bien également chez mes amis où madame Blavatsky m'accompagnait. Leur forme prit du développement, plusieurs personnes purent sentir le coup simultanément. Quatre ou cinq spectateurs plaçaient leurs mains l'une au-dessus de l'autre sur la table. Madame Blavatsky ajoutait les siennes sur le sommet de la pile, et faisait passer à travers toutes les mains ce que j'appellerai un courant, que chacun sentait en même temps, et qui allait produire un coup sur la partie ainsi couverte de la table. Tous ceux qui ont pris part à la formation de cette pile de mains comprendront combien sont absurdes les prétendues explications de ces sortes de coups, publiées dans des journaux indiens, par des sceptiques malgré tout et se croyant malins qui affirment sottement qu'ils sont dus au frottement des ongles du pouce, ou au craquement de quelque articulation de madame Blavatsky.

Je résume les faits en citant une lettre que j'écrivis à cette époque : « Madame Blavatsky pose ses mains sur une table, et on y entend des coups. Quelques malins insinuent qu'elle se sert des ongles de ses pouces ; elle enlève une main et les coups continuent. Cache-t-elle quelque chose dans sa main ? Elle ôte complètement cette main de la table, et la tenant simplement suspendue au-dessus, elle produit toujours les coups. Y a-t-il quelque artifice dans la table ? Elle met sa main sur un carreau de vitre, sur un cadre, dans une douzaine de places différentes de la chambre, et chaque fois se répètent les coups mystérieux. La maison où elle se tient entourée de ses propres amis a-t-elle été préparée de fond en comble ? Madame Blavatsky se rend dans plusieurs autres maisons, et partout elle réussit à faire entendre les mêmes coups. Ces coups viennent-ils de tout autre endroit que celui d'où ils semblent sortir ? Ils sont peut-être un effet de ventriloquie ? Elle pose sa main sur votre tête : de ses doigts immobiles vous sentez sortir quelque chose qui ressemble à une série de légers chocs électriques, et l'auditeur attentif qui est à côté de vous saisit des petits coups sur votre crâne. Faites-vous un mensonge en disant que vous les sentez réellement? Une demi-douzaine de personnes empilent leurs mains sur la table, celles de madame Blavatsky sont dessus, et chaque personne perçoit les petites décharges qui passent au travers et se résolvent en faibles coups sur la table où sont les mains. Quand quelqu'un a vu ces phénomènes aussi souvent que je les ai vus, vous devez vous imaginer l'effet que lui produisent des paroles semblables à celle-ci : « Il n'y a là » que de la prestidigitation ; Maskelyne et Cooke [1] » peuvent en faire autant pour dix livres par soi- » rée. » Maskelyne et Cooke n'en feraient pas autant pour dix livres par soirée, ni même pour dix laks de roupies, dans les circonstances que j'ai décrites. »

Dès la première visite de madame Blavatsky, les coups frappés tels qu'ils se manifestèrent à Allahabad suffirent pour me convaincre entièrement de l'anomalie de quelques-unes de ses facultés. Cela me fit croire à un ou deux autres phénomènes d'un genre différent auxquels je n'aurais pas cru autrement, et que je ne puis rapporter ici, parce qu'ils me semblent manquer des conditions complètes

---

1. Prestidigitateurs habiles qui donnent des séances dans l'*Egyptian Hall*, à Londres. — (*Note du traducteur.*)

nécessaires à une expérimentation. Mais nous aurions voulu acquérir une certitude absolue dans les questions qui nous intéressaient, à savoir s'il existait des hommes possédant réellement les pouvoirs que l'on attribuait aux adeptes, et si des créatures humaines pouvaient obtenir des renseignements précis sur leur propre nature spirituelle. Madame Blavatsky ne prêchait aucune doctrine particulière à ce sujet. Ce qu'elle nous apprit sur les adeptes et sur son initiation lui fut arraché par nos questions. La Théosophie, qu'elle recommandait à tous ses amis, ne proclamait aucune croyance spéciale. Elle enseignait simplement qu'il faut considérer l'humanité comme une fraternité universelle où chacun doit étudier les vérités spirituelles, en dehors de tout dogme religieux. Mais bien que l'attitude de madame Blavatsky ne la mît pas dans l'obligation morale de nous prouver la réalité de l'occultisme, sa conversation et la lecture de son livre « *Isis Unveiled* »[1] nous ouvraient des horizons que nous désirions naturellement explorer plus avant. Nous subissions le supplice de Tantale à voir qu'elle pouvait, et cependant ne

---

1. On peut se procurer « *Isis dévoilée* », traduit en français par M. Fortis, à la librairie Georges Carré (112, boulevard Saint-Germain, Paris). — (*Note du traducteur.*)

pouvait pas nous fournir les preuves concluantes tant désirées, nous montrer que son éducation occulte l'avait investie de pouvoirs sur la matière, tels que si l'on reconnaissait leur existence on réduirait à néant les fondements primordiaux de la philosophie matérialiste.

Il nous fut toujours donné de nous convaincre d'une chose : de sa bonne foi. Il est désagréable d'avouer qu'on ait même pu l'attaquer de ce côté ; mais dans l'Inde cela fut fait avec tant d'insouciance et de cruauté par des gens dont l'attitude est hostile aux idées qu'elle représente, que ne pas en parler semblerait voulu. D'une autre part, ce serait accorder trop d'attention à de basses attaques que de m'appesantir ici sur la défense de madame Blavatsky dont je fus à même d'apprécier, dans l'intimité, la parfaite honnêteté. Plusieurs fois elle fut notre hôtesse pendant un laps de temps qui s'élève en tout à plus de trois mois dans l'espace d'à peu près deux années. Dans ces circonstances, il apparaîtra évident à tout esprit impartial que je suis plus en mesure de former une exacte opinion sur son caractère que des personnes qui ne l'ont vue qu'une ou deux fois, et peuvent n'avoir fait que des observations insuffisantes. Je ne prétends pas, naturellement, prouver d'une manière scientifique, par cette sorte de témoignage, les phénomènes anormaux dont j'attribue la production à madame Blavatsky. Lorsqu'il y va d'une question aussi importante que la créance à accorder aux théories fondamentales de la physique moderne, il n'est permis de procéder que par investigation scientifique. Dans toutes les expérimentations auxquelles je me suis livré, je me suis toujours attaché à exclure non seulement la probabilité, mais jusqu'à la possibilité d'une tromperie; lorsqu'il n'a pas été en mon pouvoir d'assurer les conditions de rigueur, je n'ai jamais permis aux résultats d'une expérience d'entrer dans la somme de mes conclusions finales.. Mais il n'est que juste d'essayer de redresser le tort qui a été fait d'une façon si scandaleuse à une femme d'un esprit élevé et d'une honorabilité parfaite, autant, du moins, que l'insulte et la calomnie peuvent causer quelque tort. — Voilà pourquoi je déclare ici que ma femme et moi avons acquis, avec le temps, la certitude absolue que madame Blavatsky est une nature droite, et qu'elle a sacrifié non seulement son rang et sa fortune, mais jusqu'à son bien-être et à ses propres aises, d'abord pour s'adonner aux études occultes, et plus tard pour accomplir la tâche qu'elle a entreprise, comme initiée, quoique humble membre relativement de la grande Fraternité : c'est-à-dire la direction de la Société Théosophique.

Indépendamment de la production des coups, il nous fut accordé un autre phénomène pendant la première visite de madame Blavatsky. Nous étions allés à Bénarès avec elle pour passer quelques jours, et nous y demeurions dans une maison que nous avait prêtée le Maharadjah de Vizianagram : une maison énorme, dénudée, sans confort, en comparaison de celles des Européens. Un soir, après le dîner, comme nous étions assis dans la grande salle centrale, soudain tombèrent au milieu de nous trois ou quatre fleurs, des roses coupées, ainsi qu'il arrive quelquefois dans l'obscurité aux séances spirites. Mais dans le cas actuel il y avait plusieurs lampes et plusieurs bougies dans la chambre. Le plafond de la salle se composait simplement de planches et de chevrons peints, massifs, et à découvert, qui supportaient la toiture cimentée et plate du bâtiment. Nous ne nous attendions pas du tout au phénomène, pas plus que madame Blavatsky, assise alors dans un fauteuil et lisant ; aussi perdit-il un peu de son effet sur nos esprits. Si quelqu'un nous avait dit, un instant auparavant : « vous allez voir des fleurs tomber, » et que, regardant en haut, nous les eussions vues apparaître au-dessus de nos têtes, alors l'effet produit par un événement aussi en dehors de l'ordre ordinaire des choses eût été immense. Tel qu'il fut, cependant, les témoins du phénomène le considérèrent toujours comme un de ceux qui les amenèrent à croire en la réalité des pouvoirs occultes. Les personnes qui n'en ont que le récit n'ajouteront certainement pas grande foi à ce phénomène. Elles feront naturellement une foule de questions sur la construction de la chambre, sur ceux qui habitaient la maison, etc... Et lors même que l'on répondrait à toutes ces questions, comme l'on pourrait le faire, d'une manière qui fermerait la porte à toute hypothèse d'un arrangement mécanique expliquant la chute des fleurs, il resterait encore un arrière-soupçon dans l'esprit du questionneur, qui croirait que l'explication donnée n'est pas complète. Je n'aurais pas cité cet incident si ce n'avait été pour montrer que les phénomènes produits en présence de madame Blavatsky n'ont pas besoin nécessairement de sa coopération.

J'arrive maintenant à certaines particularités qui ont rapport à des mystères occultes encore plus grands; je voudrais relater des faits dont l'existence est aussi indéniable que celle de la gare de Charing-Cross, et je suis fort embarrassé, étant obligé de procéder graduellement pour ne pas heurter trop violemment l'entendement des gens dont la pensée glisse toujours dans la même rainure quant à ce qui regarde l'étude des phénomènes physiques. Il est bien certain que le « Frère » (on appelle ainsi familièrement les adeptes en occultisme) qui a voulu ménager à notre société de Bénarès la petite surprise dont il a été question plus haut, pouvait se trouver dans le Thibet ou dans le sud de l'Inde, ou dans n'importe quelle partie du monde à ce moment, et cependant faire tomber des roses comme s'il eût été dans la chambre avec nous. J'ai déjà parlé de la faculté que possède l'adepte de se rendre présent à volonté, en esprit, comme nous dirions, « en corps astral, » comme dirait un occultiste, à quelque endroit que ce soit, avec la rapidité d'un éclair. Étant ainsi présent à cet endroit éloigné, il peut y exercer quelques-uns de ses pouvoirs psychologiques, avec la même facilité qu'il le ferait à l'aide de son corps physique à la place où celui-ci se trouve. Je ne prétends pas expliquer le moyen par lequel il produit l'un ou l'autre résultat, ni ne veux laisser croire un instant que je le connais. Je ne fais que rapporter les différentes manifestations accomplies en ma présence par l'agent occulte, et j'en donne l'explication que j'ai pu découvrir. Mais en tous cas il y a longtemps que je me suis convaincu d'une chose : c'est que partout où se trouve madame Blavatsky les Frères peuvent produire, et produisent constamment les phénomènes les plus stupéfiants ; l'action de madame Blavatsky n'y étant pour rien ou pour presque rien. Il faut se rappeler qu'on ne sait jamais exactement jusqu'à quel point ses pouvoirs sont mis en jeu, ou jusqu'à quel point elle est *aidée*, ou bien si elle n'a aucune influence du tout sur la production du phénomène qui a lieu. Des renseignements précis de cette sorte sont contraires aux règles de l'occultisme qui, nous l'avons déjà dit, ne cherche pas à convaincre le monde de sa réalité. Dans ce volume je cherche à le faire, mais c'est un tout autre cas. Celui qui veut connaître la vérité doit la poursuivre ; car il n'est pas dans la position d'un juge devant qui l'occultisme viendrait plaider la cause de sa propre existence. Il est donc inutile de nous chercher querelle sur les observations que nous sommes en mesure de faire, sous prétexte qu'elles ne sont pas aussi bonnes qu'on voudrait. La question est de savoir si elles fournissent une base solide pour asseoir un jugement.

Je dois entrer dans d'autres considérations, au

sujet du caractère des observations que j'ai pu pousser si loin, c'est-à-dire au sujet de toute recherche concernant ces phénomènes physiques qui seraient miraculeux, n'était l'intervention occulte. Je prévois que bien des gens, en dépit de la parfaite stupidité d'une semblable remarque, vont prétendre que mes expériences perdent de leur valeur, parce qu'elles portent sur des phénomènes qui ont quelque ressemblance superficielle avec les tours de prestidigitation. Cela vient naturellement du fait que les tours de prestidigitation veulent tous avoir quelque ressemblance superficielle avec les phénomènes occultes. Que chaque lecteur, quelle que soit l'opinion qu'il se fasse du sujet, admette pour un instant qu'il conçoit l'existence d'une Fraternité occulte possédant des pouvoirs étranges sur les forces de la nature, pouvoirs inconnus jusqu'ici du reste de l'humanité ; que cette Fraternité est liée par des règles qui restreignent la manifestation de ces pouvoirs, sans la prohiber d'une manière absolue ; et alors, qu'il propose quelques épreuves, peu considérables, mais scientifiques, dans lesquelles lui sera prouvée la réalité de quelqu'un de ces pouvoirs. Il lui sera impossible de fixer une épreuve qui ne ressemble pas vaguement à un tour de prestidigitation. Mais cela ne lui enlèvera pas de sa valeur pour ceux qui considèrent le fond dans une expérience.

Il y a un abîme de différence entre un des phénomènes occultes que je vais décrire et ce qui pourrait en être imité à l'aide de la prestidigitation, car les conditions sont entièrement dissemblables dans les deux cas. Le prestidigitateur travaille sur la scène ou dans un local préparé à l'avance. Les phénomènes les plus remarquables que j'ai obtenus avec madame Blavatsky ont eu lieu dehors, dans les bois, sur des montagnes et dans des endroits choisis de la manière la plus fortuite. Le prestidigitateur est assisté par un certain nombre de compères invisibles. Madame Blavatsky ne connaît personne lorsqu'elle arrive à Simla, elle loge dans ma maison et est soumise à mon observation tout le temps de sa visite. Le prestidigitateur est payé pour accomplir telle ou telle illusion. Madame Blavatsky, comme je l'ai démontré, est une femme d'un caractère honorable, qui ne cherche qu'à satisfaire le plus vif désir de ses amis, en manifestant des pouvoirs dont elle ne fait pas monnaie, mais qu'elle a acquis au prix de tout ce qui est cher au monde, les avantages de sa position, de beaucoup supérieure à celle que peut envier un prestidigitateur ou un imposteur. Les personnes qui après ces considérations continueraient à poursuivre madame Blavatsky de leurs insinuations malveillantes feraient preuve d'un manque complet de bon sens

Vers le commencement de septembre 1880, madame Blavatsky vint demeurer avec nous à Simla ; dans les six semaines qui suivirent son arrivée, divers phénomènes se produisirent, qui devinrent pendant un certain temps l'objet de la conversation de tous les Anglo-Indiens, et eurent le don de soulever quelque excitation parmi les personnes qui voulaient malgré tout les considérer comme le résultat de l'imposture. Nous nous aperçûmes bientôt que les entraves dont nous ne connaissions pas la nature, et qui, l'hiver précédent, à Allahabad, avaient gêné l'exercice des pouvoirs de notre hôtesse, n'avaient plus la même influence restrictive. Nous fûmes d'abord témoins d'un phénomène nouveau. En modifiant d'une certaine manière la force dont elle se sert pour produire des coups frappés, madame Blavatsky peut faire entendre dans l'air, sans l'aide d'aucun objet matériel, le son d'une clochette d'argent, quelquefois un carrillon ou la réunion de trois ou quatre clochettes de différentes notes. Nous avions souvent entendu parler de ces clochettes, mais nous n'avions pas encore vérifié le fait. Un soir que nous étions autour de la table, après dîner, le phénomène se produisit plusieurs fois de rang, dans l'air au-dessus de nos têtes; une fois même, au lieu du simple son de clochette, nous entendîmes le carillon dont je parle. Depuis lors je les ai entendus mainte et mainte fois et en différents lieux, en plein air et dans les maisons où madame Blavatsky avait l'habitude d'aller. Comme précédemment pour les coups frappés, toute hypothèse que peut former un partisan de la théorie de l'imposture se trouve détruite, si l'on réfléchit au nombre considérable des cas observés et si l'on compare entre elles les conditions multiples qui entourent le phénomène. La supposition d'une fraude ne tient réellement pas debout en présence du phénomène de la clochette. Le son de coups frappés s'obtient d'une foule de manières différentes, ce qui fait que l'on est obligé de s'en procurer la répétition dans des conditions variées pour s'assurer qu'il n'est pas dû à des causes connues; le son de clochette, au contraire, s'obtient par des moyens mécaniques assez restreints. Il faut avoir une clochette ou un objet de même nature pour donner naissance à ce dernier. Si donc, étant assis dans une chambre bien éclairée et étant attentif à tout ce qui se fait, vous percevez le son d'une clochette au-dessus de votre tête, là où vous savez qu'il n'y a pas de clochette, comment pourrez-vous attribuer cela à la fraude ? Est-ce que le son est produit par quelque agent ou quelque appareil, dans une autre chambre que celle où vous êtes ? D'abord aucune personne raisonnable ne voudra émettre une pareille théorie, si elle a entendu elle-même le son en question, qui est incompatible avec cette idée. Le son n'est jamais bruyant — du moins tel que je l'ai entendu, — mais il est toujours extrêmement clair et distinct. Si vous frappez légèrement avec un couteau le bord délicat d'un verre à bordeaux, vous obtiendrez un son qui, certes, ne sortira pas d'une autre chambre : le son occulte dont je parle lui ressemble, mais il est d'un timbre plus clair et plus pur, sans aucune fausse résonnance. D'autre part, j'ai entendu, dis-je, ce son argentin en plein air, dans l'atmosphère silencieuse du soir. A l'intérieur des maisons il ne vibrait pas toujours au-dessus de nos têtes, mais quelquefois aussi sur le plancher, au milieu des pieds des personnes assises pour l'écouter. Une fois même que nous avions tous été dîner chez un ami, le phénomène s'était déjà produit deux ou trois fois dans le salon lorsqu'un des membres de la société retourna dans la salle à manger, deux chambres plus loin, chercher un bol en verre pour donner un son à imiter aux clochettes occultes : c'était une des formes de notre expérimentation. Tandis qu'il était seul dans la salle à manger, il entendit un des bruits de clochette à côté de lui, bien que madame Blavatsky fût restée dans le salon. Cet exemple renverse l'explication absurde des personnes qui prétendent que madame Blavatsky devait avoir sur elle un appareil sonore. Quant à l'idée de compérage, elle tombe d'elle-même, puisque à diverses reprises j'ai entendu les sons argentins en marchant à côté du *djampane*[1] de madame Blavatsky, alors qu'il n'y avait près de moi que les *djampanis* qui la portaient.

Les sons de clochette ne sont pas seulement une agréable démonstration des propriétés des courants qui servent à les produire : les occultistes les emploient dans un but pratique comme sonnerie télégraphique. Il paraît que des occultistes formés peuvent, à distance, faire entendre des sons de clochette, dans le voisinage de l'endroit où se trouve un confrère dont ils veulent attirer l'attention pour un motif quelconque, si toutefois il y a entre eux et lui ce mystérieux lien magnétique qui doit per-

---

1. Nom indien d'une sorte de palanquin — (*Note du traducteur.*)

mettre la communication de leurs idées. J'ai entendu souvent appeler madame Blavatsky de cette manière, lorsque nous étions tranquillement occupés, le soir, à lire en petit comité. Un léger *tintement* frappait souvent nos oreilles ; aussitôt madame Blavatsky se levait et allait dans sa chambre voir pour quelle affaire occulte on l'appelait. Nous eûmes, un soir, dans les circonstances suivantes, un très bel exemple du son que produisent à distance les frères initiés. Une dame, qui logeait dans une autre maison à Simla, était à dîner avec nous, quand, sur les onze heures, je reçus un message de son hôte ; c'était une lettre qu'il désirait que madame Blavatsky envoyât à un certain membre de la grande Fraternité, à qui lui et moi avions déjà adressé des lettres. Je donnerai plus loin des détails sur cette correspondance. Nous étions anxieux de savoir si la lettre allait pouvoir être envoyée avant le départ de cette dame, pour qu'elle en rapportât la réponse à son hôte ; mais madame Blavatsky déclara que, par sa propre puissance, elle était incapable de faire ce que nous désirions. Nous demandâmes si un certain frère dont les pouvoirs étaient à demi développés et qui vivait dans les environs de Simla pouvait prêter son aide. Madame Blavatsky répondit qu'elle allait tâcher de « le trouver », et saisissant la lettre, elle sortit sous la vérandah, où nous la suivîmes. Appuyée sur la balustrade, regardant la vallée de Simla qui se déroulait à ses pieds, elle demeura quelques minutes immobile et silencieuse, ainsi que nous-mêmes; la nuit était assez avancée pour que tous les bruits de la foule se fussent éteints, de sorte que le calme était parfait. Tout à coup sonna dans l'air, au-dessus de nous, la note claire de la clochette occulte. « Tout va bien, s'écria madame Blavatsky, il va la prendre. » Et la lettre fut prise effectivement, peu après. Mais le phénomène de la transmission sera exposé au lecteur avec d'autres exemples.

J'arrive maintenant à une série d'incidents qui feront encore mieux ressortir la puissance du pouvoir occulte, que ceux que j'ai décrits jusqu'ici. Pour un esprit scientifique, la production des sons au moyen d'une force inconnue à la science serait tout aussi bien une preuve du pouvoir occulte que le transport d'objets matériels par la même force. Le son ne peut parvenir à nos oreilles que par la vibration de l'air, et pour une intelligence commune admettre que la pensée est capable de produire dans l'air la moindre ondulation serait une absurdité aussi énorme que de prétendre qu'elle est capable de déraciner un arbre. Pourtant il y a des degrés dans le merveilleux, que le sentiment reconnaît si la raison ne le fait pas.

Le premier des incidents dont j'entreprends maintenant le récit ne prouve pas grand'chose pour celui qui n'en a pas été témoin. Je le rapporte surtout pour les lecteurs qui, par l'étude du spiritisme ou autrement, se trouvent déjà préparés à admettre la possibilité de semblables phénomènes, et s'intéressent plutôt aux expériences qui éclairent leur génération qu'à l'accumulation des preuves. Le fait dont nous nous occupons aurait été une preuve magnifique si sa production avait été un peu mieux ménagée. Mais madame Blavatsky, abandonnée à elle-même dans ces matières, est la plus mauvaise organisatrice d'épreuves que je connaisse. N'ayant pas du tout de sympathie pour les tempéraments positifs et incrédules, ayant passé toute sa vie parmi les mystiques de l'Asie, à cultiver ses facultés créatives plutôt que ses facultés critiques, elle ne peut suivre dans toute leur complication les soupçons avec lesquels l'observateur européen aborde le merveilleux dans ses formes les plus simples. Pendant un grand nombre d'années, sa nourriture de chaque jour a été le merveilleux sous des aspects tellement stupéfiants qu'ils défient l'imagination ordinaire ; il est donc facile de comprendre pourquoi la méfiance jalouse avec laquelle on examine ordinairement la moindre manifestation de pouvoir occulte, pour y trouver un joint par où la fraude a pu s'introduire, pourquoi cette méfiance ne lui paraît pas moins stupide et fastidieuse qu'à nous la trop grande crédulité.

Une après-midi, vers la fin de septembre, ma femme alla se promener avec madame Blavatsky sur le sommet d'un monticule des environs. Une autre personne les accompagnait. Cette fois je ne me trouvais pas avec elles. Là, madame Blavatsky demanda à ma femme, comme en plaisantant, quel était son désir. Celle-ci répondit à tout hasard, sur le moment, que ce serait d'avoir un mot écrit par un des Frères. Madame Blavatsky tira de sa poche un morceau de papier rose, sans écriture, qu'elle avait déchiré d'une lettre reçue dans la journée. L'ayant plié plusieurs fois, elle le porta sur le bord du plateau, tint élevé dans ses mains pendant quelques instants, et revint en disant qu'il était parti. Après avoir communiqué mentalement et à distance avec le Frère suivant la méthode occulte, elle demanda à ma femme où elle voulait que la lettre fût envoyée. Tout d'abord celle-ci dit qu'elle désirerait la voir tomber sur ses propres genoux ; puis après avoir discuté quelle pouvait être la meilleure manière de l'obtenir, il fut convenu qu'elle la trouverait sur un arbre. Là fut commise une faute qui fait naître naturellement le soupçon dans l'esprit des incrédules de profession. On supposera que madame Blavatsky avait des raisons pour désirer le choix de l'arbre. Le lecteur qui continuerait à émettre de semblables conjectures après tout ce qui a été dit plus haut, doit se souvenir que je ne présente pas ce récit comme une preuve, mais simplement comme un incident.

Tout d'abord madame Blavatsky parut se tromper dans l'indication de l'arbre où le Frère allait mettre la lettre, et ma femme se donna quelque mal pour atteindre la branche inférieure d'un tronc uni et dépourvu de feuilles, où elle ne trouva rien du tout. Madame Blavatsky, après avoir communiqué de nouveau avec le Frère en question, reconnut son erreur. Ma femme se dirigea vers un autre arbre près duquel personne ne s'était encore approché; elle s'éleva de quelques pieds et regarda parmi les branches tout à l'entour. Elle ne vit rien du premier coup, mais en tournant la tête sans changer de position, elle aperçut un instant après un papier rose sur un petit rameau en face de ses yeux, dans un endroit où quelques moments auparavant il n'y avait que des feuilles. Il était fixé à la tige d'une feuille nouvellement arrachée, car cette tige était encore verte et humide. Le billet contenait ces mots : « On m'a prié de déposer une note à cette place. Que puis-je faire pour vous? » Quelques caractères thibétains formaient la signature. Le papier rose qui contenait l'écriture semblait être le même que celui que madame Blavatsky avait tiré de sa poche, et qui était dépourvu de toute écriture auparavant.

Comment le papier fut-il transmis au Frère pour qu'il y écrivît quelque chose, et comment fut-il alors rapporté sur le monticule, sans parler de sa fixation mystérieuse sur l'arbre, de la manière qui a été décrite? Les suppositions que j'ai pu former à ce sujet seront données en temps voulu, lorsque j'aurai rassemblé un plus grand nombre de faits. Il est inutile d'expliquer de quelle façon sont faites les ailes du poisson volant à des gens qui ne croient pas à son existence, et n'acceptent que des phénomènes garantis par l'orthodoxie, comme celui des roues du chariot de Pharaon.

Je passe à présent aux incidents d'une journée excessivement remarquable. Mais auparavant je dois raconter une petite expédition que nous fîmes la veille et qui fut en somme un coup manqué. Sans les contre-temps fâcheux qui nous arrivèrent, cette expédition aurait eu des résultats intéressants, d'après ce que nous apprîmes dans la suite. Nous nous égarâmes en cherchant un endroit dont la description avait été donnée d'une manière imparfaite, ou avait été peut-être mal comprise de madame Blavatsky, dans une conversation occulte avec un des Frères passant alors par Simla. Si ce jour-là nous avions pris le bon chemin, nous aurions eu vraisemblablement la chance de le rencontrer, car il s'était arrêté une nuit dans un de ces vieux temples thibétains servant d'asile aux voyageurs, que l'on trouve souvent dans l'Himalaya, et auxquels l'aveugle insouciance des Anglais n'accorde en général aucun intérêt, aucune importance. Madame Blavatsky ne connaissait pas du tout Simla, aussi la description qu'elle nous donna du lieu où elle voulait aller nous fit croire qu'elle désignait juste un autre endroit. Nous nous mîmes en marche, et pendant longtemps madame Blavatsky déclara qu'elle sentait certains courants qui lui indiquaient que nous étions dans la bonne voie. Dans la suite nous sûmes que le chemin qui conduisait où nous allions et celui qui menait où nous aurions dû aller avaient coïncidé pendant une grande distance ; mais à un certain moment, nous fîmes un léger écart qui nous engagea dans des sentiers impossibles, à travers les montagnes. Madame Blavatsky finit par perdre complètement sa piste : nous revînmes sur nos pas ; nous qui connaissions Simla, nous discutâmes sur sa topographie, nous étonnant du chemin qu'elle nous faisait prendre, mais c'était en pure perte. Nous nous laissâmes entraîner au bas d'une pente où elle déclara qu'elle venait de retrouver le courant perdu; mais les courants occultes peuvent circuler là où il est impossible aux voyageurs de passer. Lorsque nous tentâmes cette descente, je vis bien que le cas était désespéré. Peu après nous renonçâmes à l'expédition et retournâmes chez nous désappointés.

Pourquoi, demandera quelqu'un, le Frère omniscient ne s'aperçut-il pas que madame Blavatsky se trompait, et ne vous conduisit-il pas à propos? Je prévois cette question, car je sais par expérience que les gens étrangers au sujet n'ont pas idée des relations qui existent entre les Frères et des investigateurs tels que nous. Dans ce cas-là, par exemple, croit-on que le Frère était impatient de prouver son existence à un jury d'Anglais intelligents? Nous savons si peu de chose sur la vie journalière d'un adepte en occultisme, n'étant pas initié nous-mêmes, que nous pouvons à peine indiquer quels sont les objets qui attirent réellement son attention. Tout ce que nous pouvons dire, c'est qu'il accorde son intérêt aux choses qui touchent à son propre travail, et que son travail n'a rien à faire avec la curiosité des personnes qui ne sont pas sérieusement engagées dans l'étude de l'occultisme. Au contraire, en dehors de certaines circonstances exceptionnelles, il lui est défendu de faire des concessions, quelles qu'elles soient, à cette curiosité. Voici ce qui se sera produit dans notre cas : madame Blavatsky ayant perçu à l'aide de ses tentacules occultes qu'un de ses illustres amis se trouvait dans le voisinage, et désirant nous obliger, lui aura demandé de nous permettre de le voir. Celui-ci considère probablement de semblables requêtes tout à fait comme le ferait l'astronome royal à qui un ami demanderait de permettre à une société de dames de regarder dans ses télescopes. Il n'est pas impossible qu'il ait dit à madame Blavatsky, son frère demi-doué, pour lui faire plaisir : « Parfaitement, amenez-les si vous voulez : je suis dans tel et tel endroit. » Alors il aurait continué son travail, et plus tard, se souvenant qu'il n'avait pas reçu la visite annoncée, peut-être même aurait-il employé ses facultés occultes à reconnaître ce qui était arrivé.

Quoi qu'il en soit, l'expédition que nous avions projetée manqua. Nous organisâmes un pique-nique pour le jour suivant, non plus dans l'espérance de voir le Frère, mais dans l'intention générale d'obtenir quelque chose ; la direction que nous avions prise la veille ne nous ayant menés à rien, nous en choisîmes une autre que nous pensions être celle que nous aurions dû prendre tout d'abord.

Le lendemain matin, à l'heure fixée, nous étions debout. La partie qui primitivement comprenait six personnes, se trouva composée de sept au moment du départ. Après avoir descendu la montagne pendant quelques heures, nous choisîmes un emplacement dans le bois, près de la cascade supérieure, pour y établir notre déjeuner ; les paniers que nous avions apportés furent défaits, et, comme cela a lieu dans les pique-niques indiens, les domestiques allumèrent du feu, à quelque distance de nous, pour faire le thé et le café. Des plaisanteries ne tardèrent pas à s'élever au sujet de la tasse et de la soucoupe qui nous manquaient par suite de l'addition de la septième personne qui s'était jointe à nous à l'instant de notre départ; quelqu'un demanda même en riant à madame Blavatsky de créer une autre tasse et sa soucoupe. Tout d'abord la proposition n'était pas bien sérieuse, mais notre attention s'éveilla lorsque madame Blavatsky nous dit que, malgré la difficulté de la chose, elle voulait bien l'essayer, si nous le désirions. Suivant son habitude, elle conversa mentalement avec l'un des Frères, puis elle s'éloigna un peu, se promenant quelques instants dans un rayon ne dépassant pas une demi-douzaine à une douzaine de yards de la nappe de notre pique-nique : je la suivais de près, observant ce qui allait arriver. Elle indiqua une place sur le sol et appela quelqu'un pour venir creuser avec un couteau. L'endroit choisi était sur le bord d'un petit talus couvert d'herbe, de végétations diverses et d'arbustes en broussailles. M. X***, appelons-le ainsi puisqu'il faudra que je reparle de lui, commença par arracher ces plantes, non sans difficulté, car les racines en étaient dures et étroitement enchevêtrées. Creusant alors avec son couteau la terre où les racines formaient un tissu serré, et retirant les débris avec ses mains, il arriva à quelque chose de blanc présentant un rebord; ce quelque chose une fois extrait se trouva être la tasse demandée. La soucoupe correspondante fut également trouvée après avoir bêché un peu plus avant. Ces deux objets gisaient au milieu des racines s'étendant de tous côtés sous le sol, de façon qu'elles paraissaient avoir poussé alentour. La tasse et sa soucoupe étaient exactement du même modèle que celles que nous avions apportées à notre pique-nique: ajoutées aux autres, cela faisait en tout sept tasses et sept soucoupes. Je ferai remarquer dès maintenant que lorsque nous fûmes de retour à la maison ma femme demanda à notre premier khidmedgâr[1] combien nous possédions de tasses et de soucoupes de cette espèce. Le service était ancien, quelques articles s'étaient brisés avec le temps, néanmoins l'homme répondit sans hésiter qu'il en restait neuf. Les tasses réunies et comptées, le nombre fut trouvé juste, en laissant de côté celle qui avait été déterrée. Avec elle cela faisait dix; elles avaient été achetées à Londres longtemps auparavant, et quant au modèle, il était un peu spécial et ne pouvait certainement pas se rencontrer à Simla.

Si je disais que des êtres humains peuvent créer des objets matériels avec l'aide purement psychologique de leur volonté, cela révolterait la raison de ceux qui n'ont jamais abordé un semblable sujet. Je ne rendrais pas la proposition plus accep-

---

1. Khidmedgâr : mot hindoustany désignant un valet pour le service intérieur ; son principal emploi est de servir à table. — *Note du traducteur.)*

table en disant que, dans le cas actuel, la tasse et sa soucoupe semblent avoir été *dédoublées* plutôt que créés. Le dédoublement des objets paraît n'être qu'un mode différent de création : création suivant un type donné. Quoi qu'il en soit, les incidents de cette matinée sont tels que je les rapporte, et je me suis attaché à en rendre les moindres détails avec toute la vérité possible. Si le phénomène n'est pas la merveilleuse manifestation d'une force complètement inconnue au monde scientifique moderne, il ne peut être qu'une fraude laborieusement échafaudée. Cette dernière supposition perd toute sa valeur si l'on songe à l'impossibilité morale absolue de la participation de madame Blavatsky à une telle imposture. Cette partie du dilemme, d'ailleurs, ne saurait être acceptées des personnes douées d'une intelligence ordinaire et qui savent ce qui s'est passé ou qui se fient à la véracité de mes paroles. Ce qu'il y a de certain, c'est que la tasse et la soucoupe furent déterrées de la manière que j'ai indiquée. Si elles n'ont pas été déposées à cette place par un agent occulte, il faut qu'elles y aient été enfoncées d'avance. J'ai déjà fait la description du terrain d'où elles furent tirées ; assurément il n'avait pas été remué depuis des années, à en juger par la végétation qui le couvrait. Mais on peut supposer que de quelque autre partie du talus, on avait préalablement creusé une sorte de tunnel par où la tasse et la soucoupe avaient été introduites jusqu'à l'endroit où elles furent trouvées. Cette théorie est insoutenable à cause de son impossibilité physique. Le tunnel, demandant une certaine largeur pour remplir le but assigné, aurait laissé des traces sur le sol, or on n'en trouva aucune, pas même dans les recherches ultérieures entreprises pour élucider cette hypothèse. Mais toutes les suppositions qui s'appuient sur l'enfouissement préalable tombent d'elles-mêmes, si l'on songe qu'il n'était pas possible de prévoir la demande faite parmi les myriades de demandes à faire. Elle fut amenée par des circonstances qui n'étaient elles-mêmes que le jeu du hasard. Si aucune personne n'était venue s'ajouter à la partie au dernier moment les domestiques auraient empaqueté un nombre de tasses et de soucoupes suffisant pour nos besoins et on n'y aurait pas fait attention. Ce furent les domestiques qui, à l'insu de nos hôtes, choisirent ces tasses plutôt que d'autres. De plus, dans le cas où la fraude dont nous parlons aurait été préparée, il aurait fallu nécessairement que quelqu'un nous amenât à choisir l'emplacement exact de notre pique-nique. Mais l'endroit où l'on déposa les djampanes des dames fut précisément choisi par moi de concert avec ce monsieur que j'ai nommé X***, et nous trouvâmes la tasse à thé quelques *yards* plus loin. Laissant de côté, pour le moment, toutes les autres hypothèses de supercherie plus ou moins absurdes, je demanderai qui a pu cacher dans la terre la tasse et la soucoupe, et à quel moment on a accompli cette opération? Madame Blavatsky resta à la maison depuis le soir où le pique-nique fut arrêté, jusqu'à l'heure du départ le lendemain matin. Son seul domestique particulier, un jeune garçon de Bombay qui ne connaissait pas Simla, demeura constamment dans la maison ou dans ses dépendances la veille au soir, ainsi que le matin depuis le lever de mon personnel. Il parla même à mon porteur au milieu de la nuit; car j'avais appelé mes domestiques pour fermer une porte de grenier dont les battements me gênaient, et madame Blavatsky, réveillée par le bruit, l'avait envoyé voir ce qu'il y avait, comme il couche toujours à portée de sa voix. Le colonel Olcott, président de Société Théosophique, qui était aussi notre hôte à cette époque, avait sûrement passé la soirée avec nous depuis le retour de notre expédition malheureuse de l'après-midi, et était également présent au départ de l'autre. Ce serait un peu extravagant de s'imaginer qu'il avait passé sa nuit à faire cinq ou six milles en descendant un *khud* difficile, à travers des sentiers introuvables dans la forêt, tout cela pour aller enterrer dans un endroit où nous n'irions probablement pas, une tasse à thé d'un service que nous n'emporterions peut-être pas, dans le but excessivement incertain de la faire servir à une mystification. Autre considération : pour arriver au lieu de notre destination nous avions deux chemins partant des deux extrémités du fer à cheval formé par les monticules sur lesquels se trouve située Simla. Nous étions libres de choisir l'un ou l'autre, et ni madame Blavatsky, ni le colonel Olcott ne donnèrent leur avis au sujet de la route que nous prîmes. Si nous avions pris l'autre, jamais nous n'aurions passé à l'endroit où nous piqueniquâmes.

Dans cette affaire, invoquer une fraude, quelle qu'elle soit, c'est jeter un défi au bon sens, ainsi que je l'ai déjà dit. D'ailleurs la folie d'une semblable explication apparaîtra davantage à mesure que j'avancerai dans mon récit et que l'on pourra comparer ce fait avec ceux qui se présentèrent par la suite. Mais je n'ai pas fini avec les incidents de la matinée de la tasse à thé.

M. X*** s'était souvent trouvé avec nous du

durant la semaine ou les deux semaines écoulées depuis l'arrivée de madame Blavatsky. Comme la plupart de nos amis, tout ce qu'il avait vu se produire en sa présence l'avait grandement impressionné. Il en était venu à cette conclusion que la Société Théosophique qu'elle cherchait à propager, devait exercer une bonne influence sur les natifs; à diverses reprises il avait exprimé cette idée en ma présence dans un langage enthousiaste. Il avait même manifesté son intention de se joindre à la Société comme je l'avais fait moi-même. La découverte de la tasse et de la soucoupe produisit un grand effet sur la plupart de ceux qui étaient présents, sur X*** entre autres, et dans la conversation qui eut lieu à ce sujet, on lui proposa de devenir membre régulier de la Société, à l'instant même. Je n'aurais pas avancé cette idée, — car je crois qu'elle vint de moi, — s'il ne m'avait déjà manifesté, de sang-froid, son intention de faire partie de ladite Société. Il ne faut pas croire cependant que cette démarche engage quelque responsabilité; elle montre simplement que l'on sympathise avec l'étude de la science occulte, et que l'on adhère aux principes généraux de philanthropie qui recommandent des sentiments de fraternité envers toute l'humanité sans distinction de races ni de credo.

J'ai tenu à donner cette explication à cause des petits ennuis qui suivirent.

X*** partagea entièrement notre avis, et il fut décidé qu'on le recevrait immédiatement membre de la Société Théosophique, suivant les formalités prescrites. Mais il nous manquait diverses pièces ; principalement le diplôme spécial que l'on donne au nouveau membre après l'avoir initié à certains signes maçonniques adoptés par la Société comme moyens de reconnaissance. Comment avoir un diplôme ? Naturellement cette difficulté nous parut une occasion pour que madame Blavatsky exerçât encore une fois ses pouvoirs. Pouvait-elle nous faire envoyer un diplôme d'une manière *magique* ? Après avoir conversé par voie occulte avec le Frère qui s'était intéressé à nos recherches, elle nous dit que le diplôme allait arriver. Elle nous en fit la description à l'avance : un rouleau de papier entouré d'une grande quantité de ficelle et enveloppé dans les feuilles d'une plante grimpante. Il devait être trouvé dans le bois même où nous étions, nous pouvions tous le chercher, mais ce serait X*** à qui il était destiné qui le découvrirait. C'est ce qui arriva. Nous cherchâmes dans les broussailles et dans les arbres d'alentour, et ce fut X*** qui trouva le rouleau tel qu'il avait été décrit.

A ce moment nous déjeunâmes, et X*** fut *initié* membre de la Société Théosophique, suivant les formalités, par le colonel Olcott. Peu après nous descendîmes dans le bois jusqu'au petit temple thibétain servant d'asile aux voyageurs, où, suivant madame Blavatsky, le Frère qui avait passé par Simla s'était arrêté la nuit précédente. Nous nous amusâmes à examiner l'intérieur et l'extérieur du petit bâtiment, nous « baignant dans le bon magnétisme », d'après l'expression de madame Blavatsky, puis nous nous assîmes sur l'herbe. Alors quelqu'un observa qu'il nous fallait encore du café. On dit aux domestiques d'en préparer, mais on s'aperçut que toute notre provision d'eau était épuisée. L'eau que l'on trouve près de Simla n'est pas bonne pour l'usage que nous en voulions faire, aussi lorsque l'on part pour un pique-nique emporte-t-on toujours de l'eau filtrée dans des bouteilles. Celles qui étaient dans nos paniers étaient vides, ainsi qu'on le vérifia en les exhibant. Il ne nous restait qu'à envoyer chercher de l'eau à la plus proche maison, une brasserie qui se trouvait à un mille de notre campement. J'écrivis un mot de billet au crayon et un coolie partit avec les bouteilles vides. Le temps passa, le coolie revint, mais à notre grande déception il n'avait pas d'eau. Aucun Européen ne se trouvant à la brasserie pour recevoir le billet, car c'était un dimanche, le coolie avait stupidement rebroussé chemin, les bouteilles vides sous son bras, sans chercher à trouver quelqu'un qui eût pû lui fournir l'eau demandée.

A ce moment notre société était un peu éparpillée. X*** était à se promener avec un autre monsieur. Personne parmi ceux qui restaient ne s'attendait à de nouveaux phénomènes, lorsque madame Blavatsky se leva soudainement, courut aux paniers, douze ou vingt *yards* plus loin, saisit une bouteille, — une de celles, je crois, que le coolie avait rapportées vides, — et revint vers nous en la cachant dans les plis de sa robe. Elle la sortit en riant : elle était pleine d'eau. Comme un tour de prestidigitation, dira quelqu'un ? Précisément, sauf les conditions. Un prestidigitateur arrête à l'avance ce qu'il va produire. Dans notre cas, on ne pouvait pas plus prévoir le manque d'eau que celui d'une tasse et d'une soucoupe. Si la brasserie n'avait pas été fermée, et si le coolie envoyé n'avait pas été si extraordinairement stupide, même pour un coolie, en revenant sans apporter d'eau parce qu'il n'avait pas trouvé d'Européen à qui donner mon billet, l'occasion d'obtenir cette eau d'une manière occulte ne se serait pas présentée.

Toutes ces éventualités, du reste, n'étaient que la conséquence du fait, improbable en lui-même, que nos domestiques nous avaient laissés partir sans être suffisamment approvisionnés. Personne ne pouvait certainement supposer qu'il était resté quelque bouteille d'eau au fond des paniers, car nous avions reproché aux domestiques de n'en avoir pas apporté assez, nous leur avions fait vider complètement les paniers, et n'avions accepté la situation qu'après nous être bien assurés qu'il n'y avait plus d'eau du tout. De plus, l'eau qui fut produite dans la bouteille de madame Blavatsky, et que je goûtai, n'était pas du même genre que celle qui venait de nos filtres. Elle avait un léger goût de terre et elle était différente de celle que la moderne Simla fournit, mais elle différait aussi de l'eau terne et nuisible du seul courant qui coule dans ces bois.

Comment fut-elle apportée? Dans tous ces phénomènes le comment est le grand mystère que je suis incapable d'expliquer, si ce n'est en termes très vagues. Ne pas comprendre la manière dont les adeptes manipulent la matière est une chose, mais c'en est une autre de nier qu'ils s'en servent d'une façon qui paraîtrait miraculeuse à l'ignorance occidentale. Le fait existe, que nous puissions ou non l'expliquer. Le gros dicton populaire, *you cannot argue the hind leg off a cow*, renferme un enseignement sensé sur lequel devraient réfléchir nos prudents sceptiques. Ce n'est pas renverser un fait de soutenir que, d'après les lumières de votre esprit, il devrait être différent de ce qu'il est. Encore moins pouvez-vous renverser un ensemble de faits comme ceux que je relate, en construisant sur chacun d'eux une série d'hypothèses absurdes et contradictoires. L'incrédule obstiné oublie trop souvent que si le scepticisme poussé jusqu'à un certain point prouve la subtilité de l'esprit, il montre le défaut de l'intelligence lorsqu'il persiste en face de l'évidence.

Je me rappelle que lorsque le phonographe fut inventé, un savant officier au service du gouvernement indien m'envoya un article qu'il avait écrit d'après les premiers renseignements parvenus au sujet de cet instrument : il concluait à une mystification, parce que, disait-il, l'instrument était scientifiquement impossible à réaliser. Il avait fait différents calculs sur le nombre et la durée des vibrations nécessaires pour reproduire le son et en avait déduit ses conclusions d'une manière très habile. Mais lorsque, plus tard, on importa des phonographes dans l'Inde, il changea son attitude et ne continua pas à soutenir qu'un homme devait être renfermé dans ces machines quoiqu'il n'y eût pas la place. C'est là l'histoire des gens qui ne doutent pas d'eux-mêmes, et qui tranchent la difficulté au sujet des phénomènes occultes ou spirites en les niant, malgré l'affirmation de milliers de témoins, malgré les faits accumulés dans les livres, qu'ils ne se donnent même pas la peine de lire.

Je dois ajouter ici que X*** changea par la suite son opinion sur la créance à accorder au phénomène de la tasse à thé; prétendant qu'il n'avait pas les garanties scientifiques voulues, que la tasse et la soucoupe pouvaient avoir été glissées à leurs places respectives au moyen d'un tunnel, creusé au bas du talus. J'ai déjà examiné cette hypothèse; le changement d'opinion de X*** n'affecte en rien les événements que j'ai rapportés. Je l'ai mentionné simplement pour que les lecteurs n'aient pas à dire que j'ai jugé bon de le passer sous silence, s'ils entendent raconter ou s'ils lisent autre part le récit du phénomène de Simla. Ma conviction du reste est basée sur les expériences réitérées que j'ai encore à décrire, et je serais en peine de dire quelle est la part de chacune d'elles dans la formation de mon opinion sur les pouvoirs occultes.

Le soir même de la journée où fut découverte la tasse à thé se produisit un incident qui devint un sujet de discussion dans tous les journaux anglo-indiens. C'est le célèbre *incident de la broche*. A cette époque, on raconta les faits dans un petit manifeste rédigé pour la publicité et signé par les neuf personnes qui en furent témoins. Ce procès-verbal sera placé sous les yeux du lecteur, mais comme les commentaires auxquels il donna naissance montrèrent qu'il était insuffisant pour fournir une idée complète et exacte de ce qui arriva, je vais décrire les événements plus en détail. Ici, je puis citer librement des noms, puisqu'ils sont tous apposés au document publié.

Ma femme, nos hôtes et moi avions remonté la montagne pour aller dîner, suivant qu'il avait été convenu, chez M. et madame Hume. Nous étions onze autour d'une table ronde, et madame Blavatsky, assise à côté de notre amphitryon, se trouvait fatiguée et mal en train, et gardait le silence contre son habitude. Pendant le commencement du dîner elle dit à peine un mot : M. Hume causait principalement à la dame qu'il avait à son autre côté. C'est l'habitude dans l'Inde d'avoir sur la table de petits réchauds en métal remplis d'eau chaude, où l'on place l'assiette dont se sert chaque convive. Ce soir-là nous avions de ces chauffe-assiettes ; pendant l'intervalle laissé entre deux services, madame Blavatsky se mit distraitement à se chauffer les mains sur le sien. Nous avions remarqué plusieurs fois que madame Blavatsky produisait plus facilement les sons de clochette et de coups frappés et que l'effet en était meilleur lorsqu'elle avait chauffé ses mains de cette manière ; aussi en la voyant faire cela, lui posa-t-on une question qui était une demande indirecte de phénomènes. J'étais loin d'attendre, ce soir-là, quelque chose de cette sorte, et madame Blavatsky ne songeait pas non plus à exercer ses pouvoirs ou à obtenir une manifestation de la part de l'un des Frères. Lorsqu'on lui demanda pourquoi elle se chauffait les mains, elle nous pria, en raillant, d'en faire tous autant et de voir ce qui s'ensuivrait. Plusieurs parmi nous lui obéirent tout en échangeant des plaisanteries. Madame Hume retirant ses mains de son réchaud fit entendre un petit rire en disant : « Mais j'ai chauffé mes mains ; ensuite ? » Madame Blavatsky, comme je l'ai dit, n'était disposée à aucune manifestation occulte ; mais juste à ce moment, paraît-il, d'après ce que j'appris plus tard, ou immédiatement auparavant, elle perçut, à l'aide de ces facultés dont le genre

6.

humain n'a aucune connaissance, qu'un des Frères était présent « en corps astral », bien qu'invisible pour nous autres. Ce fut donc suivant ses indications qu'elle fit ce qui va suivre ; naturellement pendant ce temps nous ne savions pas qu'elle venait de subir une influence extérieure. Ce que nous vîmes fut simplement ceci : quand madame Hume prononça en riant les paroles que j'ai citées, madame Blavatsky, passant sa main devant la personne assise entre elle et madame Hume, saisit celle de cette dame, en disant : « C'est très bien, désirez-vous quelque chose de particulier ? » Je ne puis répéter la phrase mot pour mot, ni me rappeler exactement ce que madame Hume répondit tout d'abord avant de comprendre clairement ce dont il s'agissait ; mais la situation fut saisie au bout de quelques minutes. Quelqu'un qui avait compris, dit à madame Hume : « Pensez à quelque chose que vous voudriez que l'on vous apportât ; mais non à quelque chose qui satisfasse une envie mondaine : connaissez-vous un objet qui serait difficile à obtenir ? » Ce furent les seules remarques faites pendant le court intervalle qui s'écoula entre les premières paroles de madame Hume au sujet de ses mains et l'indication de l'objet auquel elle pensa. Elle dit donc qu'elle avait trouvé ce qu'il fallait. Qu'était-ce? Une vieille broche donnée par sa mère il y avait longtemps, et qu'elle avait perdue.

Plus tard, quand on vint à parler de cette broche, qui fut enfin recouvrée, comme le reste de mon histoire le montrera, bien des gens dirent : « Il est évident que madame Blavatsky amena la conversation sur l'objet qu'elle avait préparé à l'avance pour le phénomène à produire. » J'ai rendu compte de *toute* la conversation qui se tint avant qu'on nommât la broche. On n'y parla ni de la broche ni de rien de semblable. Cinq minutes avant qu'il en fût question personne, ne songeait à voir le phénomène d'un objet retrouvé, ou même un phénomène quelconque; et tandis que madame Hume cherchait dans son esprit ce qu'elle pourrait bien demander, elle ne prononça aucun mot ayant rapport à ce qu'elle pensait.

A ce point de mon récit commence la relation qui fut publiée à cette époque; presque tout s'y trouve relaté, et avec une simplicité qui met le lecteur à même de saisir l'ensemble des faits. Aussi je la réimprime en entier.

« Le dimanche 3 octobre, chez madame Hume, à Simla, se trouvaient à dîner monsieur et madame Hume, monsieur et madame Sinnett, madame Gordon, monsieur F. Hogg, le capitaine P. S. Maitland, madame Beatson, monsieur Davidfson, le colonel Olcott, et madame Blavatsky. La plupart des personnes présentes ayant vu récemment des manifestations remarquables se produire avec le concours de madame Blavatsky, on amena la conversation sur les phénomènes occultes, et pendant cette conversation madame Blavatsky demanda à madame Hume si elle désirait particulièrement quelque chose. Madame Hume eut un moment d'hésitation, mais au bout de quelques instants, elle dit qu'elle désirait qu'on lui apportât un certain objet : c'était un petit article de bijouterie qu'elle avait eu en sa possession, mais qu'elle avait confié à une personne qui l'avait égaré. Madame Blavatsky la pria de fixer dans son esprit d'une manière nette l'image de l'objet en question qu'elle allait tâcher de lui procurer. Madame Hume dit alors qu'elle avait un souvenir très précis de l'objet et en fit la description : c'était une broche à la mode ancienne, entourée de perles, avec une pièce de verre sur le devant, et pouvant contenir des cheveux. On lui demanda d'en tracer un dessin approximatif, ce qu'elle fit. Madame Blavatsky enveloppa alors dans deux feuilles de papier à cigarette une pièce de monnaie qu'elle portait à sa chaîne de montre, la plaça sur sa robe, en nous disant qu'elle espérait que la broche serait apportée dans le courant de la soirée. A la fin du dîner, elle dit à madame Hume que le papier dans lequel elle avait enveloppé la pièce de monnaie était parti. Un peu plus tard, dans le salon, elle ajouta qu'il ne fallait pas chercher la broche dans la maison, mais dans le jardin ; nous sortîmes tous avec elle et elle nous déclara que dans son état de clairvoyance elle avait vu tomber la broche au milieu d'un parterre en forme d'étoile. Madame Hume nous conduisit à ce parterre, situé dans une partie éloignée du jardin. Nous y fîmes de longues et minutieuses recherches avec nos lanternes, et finalement madame Sinnett découvrit parmi le feuillage un petit paquet formé de deux feuilles de papier à cigarette. On l'ouvrit sur les lieux : il contenait une broche répondant exactement à la description donnée et que madame Hume reconnut pour être celle qu'elle avait perdue. Aucune personne de la compagnie, si ce n'est monsieur et madame Hume, n'avait vu cette broche auparavant ni n'en avait entendu parler. Madame Hume n'y songeait plus depuis bien des années. Madame Hume n'en avait jamais causé à personne depuis qu'elle s'en était séparée et n'y avait pas songé non plus depuis longtemps. Lorsque madame Blavatsky lui demanda s'il y avait quelque chose qu'elle désirait avoir particulièrement, alors seulement le souvenir de cette broche, don de sa mère, lui avait traversé l'esprit.

» Madame Hume n'est pas spiritualiste, et jusqu'à l'époque de cet événement, elle ne croyait ni dans les phénomènes occultes, ni dans les pouvoirs de madame Blavatsky. Toutes les personnes présentes furent convaincues du caractère inattaquable du phénomène en tant que preuve en faveur de la possibilité des manifestations occultes. La broche était sûrement celle que madame Hume avait perdue. Si l'on suppose, ce qui n'est pas admissible, que l'objet, égaré des mois entiers avant que madame Hume eût entendu parler de madame Blavatsky, et ne portant d'ailleurs aucune lettre ni aucune marque indiquant la personne qui pouvait en être propriétaire, si l'on suppose que l'objet soit tombé, par voie ordinaire, entre les mains de madame Blavatsky, il lui était impossible du moins de prévoir qu'on le demanderait, et madame Hume elle-même n'y pensait plus depuis longtemps.

« Ont signé après avoir pris lecture de ce récit.

A. O. Hume,
M. A. Hume,
Fréd. R. Hogg,
A. P. Sinnett,
Patience Sinnett,

Alice Gordon,
P. J. Maitland,
W. Davison,
Stuart Beatson. »

Il n'est pas besoin de dire que lorsque ce procès-verbal fut publié, une pluie de ridicule s'abattit sur les neuf personnes dont les noms figurent ci-dessus; cela, cependant, ne changea en rien l'opinion des signataires; ils demeurèrent convaincus que le fait relaté dans le document était une preuve parfaitement concluante de la réalité du pouvoir occulte. La critique plus ou moins imbécile s'évertua à démontrer que toute cette histoire n'était que de la comédie; et beaucoup de personnes dans l'Inde sont sans doute persuadées en ce moment que madame Hume fut amenée adroitement à demander cet objet particulier, par une conversation ménagée en vue du résultat produit, et que c'était pour accomplir ce résultat que madame Blavatsky était venue spécialement à la maison de madame Hume. Une certaine partie du public indien rentre même plus avant dans les détails : la broche que madame Hume donna, paraît-il, à sa fille, et que celle-ci perdit, aurait été cédée un an auparavant à madame Blavatsky qui habitait Bombay, lorsque madame Hume passa dans cette ville, se rendant en Angleterre. Les auteurs de cette hypothèse en sont pleinement satisfaits et ne s'inquiètent nullement du témoignage de la jeune dame elle-même, qui déclare qu'elle perdit la broche avant de venir à Bombay ou avant d'avoir jamais vu madame Blavatsky. Et les personnes qui pensent que du moment que la broche a appartenu à la fille de madame Hume et que cette demoiselle vit jadis madame Blavatsky à Bombay, cela est suffisamment suspect pour détruire toute la valeur de l'incident que nous avons relaté, ces personnes, dis-je, n'ont jamais, à ma connaissance, cherché à grouper d'une façon cohérente l'enchaînement de leurs soupçons, ni essayé de les mettre en présence des circonstances réelles qui accompagnèrent le recouvrement de la broche. Mais vous aurez beau vous arranger pour qu'une démonstration de pouvoir occulte ne puisse être attribuée ni à la fraude ni à l'illusion, il y aura toujours des gens qui trouveront quelque supposition pour infirmer votre preuve, supposition illogique certes, mais suffisante pour ceux qui attaquent une idée qui leur est étrangère.

Quant aux témoins du phénomène de la broche, les conditions de certitude leur parurent si parfaites que lorsqu'ils vinrent à causer des objections que le public allait peut-être élever contre leur récit, ils ne purent prévoir celles qui furent réellement soutenues : la théorie de la conversation forcée, et du passage de la broche des mains de mademoiselle Hume dans celles de madame Blavatsky. Nous savions très bien qu'il n'y avait pas eu de conversation antérieure au sujet de la broche, ni même d'une manifestation à accomplir, que l'idée d'obtenir quelque chose que demanderait madame Hume avait été émise instantanément, et qu'aussitôt après la broche avait été nommée. Quant à la supposition que mademoiselle Hume eût contribué inconsciemment à la production du phénomène, il ne vint pas à l'esprit des témoins qu'on pût la faire, car ils ne se doutaient pas qu'ils se trouverait quelqu'un d'assez fou pour fermer les yeux sur les circonstances importantes et concentrer toute son attention sur un détail insignifiant. Comme le di le rapport lui-même, en supposant, ce qui n'est pas admissible, que la broche soit tombée, par voie ordinaire, entre les mains de madame Blavatsky, il lui était impossible de prévoir qu'on la lui demanderait.

Les témoins du phénomène ne pouvaient former que deux conjectures pour expliquer l'attitude évidemment certaine du public qui refuserait de se laisser convaincre par l'incident de la broche : les critiques dans leur intelligence supérieure prétendraient que les faits sont mal exposés et que l'on en a omis certains qui doivent détruire la valeur de tout le reste du récit; ou bien ils allégueraient que madame Hume était dans le truc. Si l'on avance cette dernière conjecture, qui sans doute en Angleterre se présentera à l'esprit des lecteurs, ce sera un des résultats les plus amusants auxquels pourrait donner lieu l'incident de la broche pour les autres personnes qui y prirent part. Nous savions tous que madame Hume n'était pas disposée à se prêter à un tel compérage et que d'ailleurs elle était incapable moralement de commettre une semblable action.

Je dirai même ici que, pendant l'accomplissement du phénomène, nous avions examiné à un moment donné si les conditions se trouvaient être satisfaisantes. Car il était arrivé plusieurs fois que quelques défauts avaient été remarqués dans les expériences que nous faisions avec madame Blavatsky, parce que l'on avait oublié de prendre certaines précautions préliminaires. Lors donc que nous nous étions levés de table ce soir-là, un de nos amis avait proposé qu'avant d'aller plus loin nous examinassions si, dans le cas où la broche serait retrouvée, on pourrait dire que toutes les circonstances avaient été de nature à établir la preuve de l'influence occulte. Nous avions récapitulé avec soin tous les détails de la soirée, et nous en avions tous conclu que la preuve serait complète, car il n'y avait pas le moindre côté faible dans notre expérimentation. C'était alors que madame

Blavatsky nous avait dit que nous trouverions la broche dans le jardin et que nous y étions allés pour la chercher.

Je citerai, en passant, un fait intéressant pour ceux qui avaient déjà observé les autres phénomènes dont j'ai parlé. La broche, avons-nous dit, était enveloppée dans deux feuilles de papier à cigarette ; lorsque celles-ci furent examinées en pleine lumière à la maison, on constata qu'elles portaient les marques de la pièce de monnaie attachée à la chaîne de montre de madame Blavatsky et qu'elles avaient enveloppée avant de partir pour leur mystérieux voyage. Ainsi ceux qui avaient déjà surmonté l'étonnante difficulté qui empêche de croire au transport occulte des objets matériels, purent s'assurer que les feuilles de papier étaient bien les mêmes que celles que nous avions vues à table.

Le transport occulte des objets n'étant pas un effet de *magie* dans le sens que les Occidentaux accordent à ce mot, est par conséquent susceptible de recevoir une explication partielle que comprendraient même les lecteurs ordinaires, pour qui reste à l'état de mystère la manière dont sont manipulées les forces employées.

On ne prétend pas que les courants mis en jeu

transmettent les corps sous la forme solide qu'ils offrent à nos sens. On suppose que l'objet à transporter est d'abord désagrégé, puis qu'il circule dans les courants en particules infiniment ténues, et enfin qu'il est reconstitué en arrivant à destination. Dans le cas de la broche, la première opération à faire était de la trouver. Ce n'était qu'une affaire de clairvoyance : un objet laisse une trace invisible partant de la personne qui le possédait, et cette trace peut être suivie comme une piste ; la faculté de clairvoyance est tellement développée chez un adepte en occultisme que notre monde occidental ne peut s'en faire une idée. La broche une fois trouvée, sa désintégration avait lieu, puis l'adepte la faisait parvenir à l'endroit où il voulait la placer. Voici le rôle que devaient jouer dans ce cas, les feuilles de papier à cigarette. Pour que nous trouvions la broche, il fallait nécessairement qu'elle fût liée à madame Blavatsky par un lien occulte. Le papier à cigarette que celle-ci porte toujours avec elle étant naturellement imprégné de son magnétisme, lorsque le Frère en enlève une feuille il établit une sorte de piste occulte sur le passage de cette feuille. C'est ainsi que la broche put être retrouvée à l'endroit où elle avait été déposée.

Cette magnétisation continue de son papier à cigarette permit à madame Blavatsky de faire une expérience d'un genre particulier que les spectateurs considérèrent comme parfaitement concluante chaque fois qu'elle se renouvela. Et pourtant, ici encore, sa ressemblance avec un tour de prestidigitation fit naître des idées fausses dans l'esprit de la généralité des personnes qui en lurent le compte rendu dans les journaux. Le fait exact sera mieux apprécié d'après la lecture des trois lettres suivantes qui parurent dans le *Pioneer* du 23 octobre :

« MONSIEUR,

» Le récit de la découverte de la broche ayant appartenu à Mme Hume a donné naissance à l'envoi de plusieurs lettres et a provoqué plusieurs questions auxquelles j'ai l'intention de répondre prochainement ; pour le moment je crois faire acte de justice en fournissant de nouveaux détails sur les pouvoirs occultes que possède Mme Blavatsky. En m'affichant ainsi je dois m'attendre au ridicule, mais c'est une arme contre laquelle ceux qui s'occupent de ces questions sont déjà cuirassés. Jeudi dernier, à dix heures et demie environ, assise dans la chambre de madame Blavatsky, je causais avec elle, lorsque je lui demandai par hasard si elle pourrait m'envoyer quelque chose à l'aide des forces occultes, une fois de retour chez moi. Elle répondit « Non », et m'expliqua que pour établir un courant magnétique dans un endroit donné, elle devait entre autres conditions connaître l'endroit et y être allée : le plus récemment était le mieux. Elle se rappela alors que le matin même elle était allée chez quelqu'un, dont le nom lui revint à la mémoire après un instant de réflexion [1]. Elle dit qu'elle pouvait y envoyer une cigarette si je voulais m'y rendre *immédiatement* pour vérifier le fait. Je consentis naturellement. Ici je préviens le lecteur que j'avais déjà vu une fois madame Blavatsky produire cette sorte de phénomène ; pour expliquer le choix des *cigarettes* elle donne comme raison que le papier et le tabac, étant toujours avec elle, sont fortement magnétisés, et sont par conséquent davantage soumis à son pouvoir, lequel pouvoir, déclare-t-elle hautement, n'est pas surnaturel, mais n'est que la manifestation de lois qui nous sont inconnues. Je continue mon récit. Elle prit une feuille de papier à cigarette et lentement en déchira un coin, le plus irrégulièrement possible ; mes yeux suivaient ses mains. Elle me donna le coin qu'elle venait de détacher ; je le plaçai de suite dans une enveloppe et il ne me quitta plus. Elle me dit alors qu'elle voulait essayer une expérience qui pourrait bien ne pas réussir, mais que cela n'avait pas de conséquence avec moi. Elle mit la cigarette dans le feu et je la vis brûler : je m'en allai aussitôt à la maison indiquée, croyant difficilement retrouver à la place convenue la partie complémentaire du papier que j'avais sur moi. Mais elle y était à coup sûr : j'ouvris la cigarette en présence du maître de la maison et de sa femme, et je pus me convaincre que la feuille de papier s'adaptait exactement à la mienne. Il est inutile d'essayer de donner une théorie de ces phénomènes, il est même impossible que quelqu'un y croie si sa propre expérience ne lui a déjà prouvé la possibilité de semblables merveilles. Tout ce que l'on peut espérer, c'est que quelques intelligences soient amenées à examiner les nombreux phénomènes probants qui se produisent actuellement sur toute la surface de l'Europe et de l'Amérique. C'est pitié de voir la majorité du public être dans une si complète ignorance de ces faits : il est au pouvoir de quiconque visite l'Angleterre de se convaincre de leur réalité. Alice GORDON. »

1. C'est dans la maison de M. O'Meara que la cigarette fut trouvée. M. O'Meara consent à ce que cela soit rendu public.

« Monsieur,

» On m'a demandé de rendre compte d'un fait qui eut lieu en ma présence le 13 courant. Le soir de ce jour, j'étais assis avec madame Blavatsky et le colonel Olcott dans le salon de M. Sinnett, à Simla. Après avoir causé de diverses choses, madame Blavatsky dit qu'elle serait désireuse d'essayer une expérience d'une manière qui lui avait été suggérée par M. Sinnett. Elle tira donc de sa poche deux feuilles de papier à cigarette et traça avec un crayon des lignes parallèles sur chacune d'elles. Ensuite elle déchira les extrémités des feuilles perpendiculairement aux lignes et me les donna. A ce moment, madame Blavatsky était assise près de moi et je surveillais attentivement ce qu'elle faisait, mes yeux n'étant pas à plus de deux pieds de ses mains. Elle refusa de me laisser marquer ou déchirer les feuilles de papier, alléguant que cela les imprégnerait de mon magnétisme personnel qui neutraliserait le sien. Cependant elle me donna immédiatement les morceaux déchirés et je n'aperçus rien qui pût me faire soupçonner le moindre tour de main. L'authenticité du phénomène repose sur ce point important. Je gardai dans ma main gauche ces parties séparées de feuilles complètes, jusqu'à la conclusion de l'expérience. Avec les plus larges morceaux, madame Blavatsky fit deux cigarettes ; elle me donna la première à tenir pendant qu'elle roulait l'autre. J'examinai cette cigarette avec la plus grande attention afin de pouvoir la reconnaître plus tard. Les cigarettes achevées, madame Blavatsky se leva, les plaça entre ses mains qu'elle frotta l'une contre l'autre. Au bout de vingt à trente secondes, le bruit de papier froissé qu'on entendait tout d'abord cessa complètement. Alors elle dit que le courant [1] circulait à l'extrémité de la chambre et que je pourrais les envoyer, mais seulement dans les environs de l'endroit où

1. D'après la théorie, ce qu'on peut appeler un courant magnétique est formé par la même force, qui transporte à distance les objets préalablement dissous et cela malgré la résistance de la matière.

nous nous trouvions. Quelques instants après, elle nous annonça que l'une des cigarettes était tombée sur le piano, l'autre près de l'étagère. J'étais assis sur le sofa, le dos tourné vers le mur; le piano était en face, l'étagère qui supportait quelques porcelaines était à droite entre celui-ci et la porte. La chambre étant un peu étroite, les meubles se trouvaient bien en vue. Des piles de cahiers de musique couvraient le dessus du piano : la cigarette, d'après madame Blavatsky, devait être au milieu. J'enlevai moi-même les cahiers un par un, mais sans rien voir. Alors j'ouvris le piano et sur une des tablettes de l'intérieur je trouvai une cigarette. Je la retirai et la reconnus pour celle que j'avais tenue dans ma main. L'autre fut trouvée dans un petit vase couvert, sur l'étagère en question. Les deux cigarettes étaient encore humides sur le rebord. Je les portai sur une table, avant que le colonel Olcott et madame Blavatsky les eussent touchées ou même vues. Les ayant déroulées, je pus me convaincre que leurs dentelures correspondaient exactement à celles des morceaux que j'avais conservé, dans ma main pendant tout ce temps. Les marques de crayon coïncidaient entre elles également. Les feuilles étaient donc bien les mêmes que celles que j'avais vu déchirer précédemment. Les deux papiers sont toujours en ma possession. J'ajouterai que le colonel Olcott était assis près de moi, le dos tourné vers madame Blavatsky, et qu'il ne bougea pas durant toute la durée de l'expérience.

» P. I. MAITLAND, capitaine. »

« MONSIEUR,

» A l'occasion de la correspondance qui remplit vos colonnes au sujet des récentes manifestations de madame Blavatsky, je crois intéresser vos lecteurs en rapportant ici un incident remarquable dont je fus témoin la semaine passée. Dans le cours d'une visite que je rendis à madame Blavatsky, cette dame déchira le coin d'une feuille de papier à cigarette et me pria de le tenir ; ce que je fis. Avec le reste, elle façonna une cigarette ordinaire et la fit disparaître de ses mains en quelques instants. Nous étions alors dans le salon. Je demandai à madame Blavatsky si cette cigarette pourrait se retrouver ; après une légère pause, elle me pria de l'accompagner dans la salle à manger où, disait-elle, la cigarette était placée sur le sommet du rideau de la fenêtre. A l'aide d'une table sur laquelle une chaise fut posée j'atteignis, non sans difficulté, une cigarette à la place indiquée. Je l'ouvris ; le papier était bien celui que j'avais vu quelques instants auparavant dans le salon. C'est-à-dire que le morceau que j'avais conservé en ma possession s'adaptait exactement aux échancrures du papier où était le tabac. Suivant mon opinion, l'épreuve était aussi satisfaisante qu'une épreuve peut l'être. Je me garde de donner mon appréciation sur les causes du phénomène, persuadé que ceux de vos lecteurs qui s'intéressent à ces questions préféreront le juger avec le secours de leurs propres lumières. Je vous présente le fait simplement et sans y ajouter d'ornements. Que l'on me permette de dire en finissant que je ne suis pas un membre de la Société Théosophique, et que je suis loin de me donner pour un partisan de la science occulte, bien que je sympathise entièrement avec le but que proclame la Société dont le colonel Olcott est président.

» Charles Francis MASSY. »

Naturellement, une personne familiarisée avec la prestidigitation vous dira que ce « tour » peut être imité par quiconque est doué d'une certaine légèreté de mains. Vous prenez deux feuilles de papier, vous en déchirez les coins ensemble de sorte que l'échancrure soit semblable dans les deux feuilles. Vous faites une cigarette avec l'une des feuilles et vous la placez dans l'endroit où il fau-

dra la trouver plus tard. Vous tenez la seconde
feuille cachée sous celle que vous déchirez en présence du spectateur, et lui glissez dans les mains
l'un des coins déchirés d'avance au lieu de celui
qu'il a vu déchirer. Vous roulez votre cigarette et
en disposez comme bon vous semble ; alors vous
faites découvrir la cigarette que vous avez cachée.
On peut imaginer d'après ce procédé d'autres combinaisons, et pour les personnes qui n'ont pas vu
madame Blavatsky accomplir son expérience de la
cigarette, il est inutile d'expliquer qu'elle n'agit
point comme un prestidigitateur, et qu'il est impossible au spectateur doué du bon sens le plus
vulgaire de douter un instant de l'authenticité du
papier qu'il tient à la main, qu'il a vu déchirer, et
qui de plus est couvert des marques que le crayon
a tracées devant ses yeux. Cependant, quoique
l'expérience m'ait démontré que l'on regarde généralement comme *suspect* le phénomène de la
cigarette, il a toujours été considéré comme convaincant pour les gens les plus méticuleux parmi
ceux qui en furent témoins. Mais quelque scientifiques que soient les conditions que vous réunissiez autour d'un phénomène, vous n'arriverez
jamais à les faire saisir par l'intelligence d'un
observateur qui n'en a pas.

Aujourd'hui je comprends cette vérité plus aisément qu'à l'époque dont je parle. Je mettais alors tout mon soin à obtenir des expériences dont les détails ne permissent pas même la supposition d'une fraude. Et ce fut difficile dans le commencement, car madame Blavatsky était une expérimentatrice excitable et intraitable; d'ailleurs elle n'était elle-même que l'instrument récepteur des faveurs des Frères, dans la production des phénomènes un peu importants. Peut-être, pensais-je, les Frères ne se faisaient-ils pas une idée exacte de ce qui se passait dans l'esprit des Européens au sujet de miracles comme ceux dont nous nous occupions, et par conséquent n'apercevaient-ils pas assez la nécessité de rendre les phénomènes parfaits et inattaquables jusque dans leurs plus petits détails. Je savais bien qu'ils ne brûlaient pas d'envie de convaincre la foule; mais cependant ils aidaient puissamment madame Blavatsky à produire les phénomènes dont le but était certainement de frapper l'esprit de ceux qui appartenaient au monde ordinaire; et il me semblait que dans ces circonstances ils pouvaient tout aussi bien faire en sorte de ne laisser aucune porte ouverte au moindre soupçon de tromperie.

Je demandai donc un jour à madame Blavatsky

s'il lui serait possible d'envoyer à un des Frères une lettre dans laquelle j'exposerais mes vues. Sachant combien les Frères sont généralement inabordables, je croyais peu à la possibilité de ce que je demandais. Mais comme elle me répondit qu'elle allait toujours essayer, j'écrivis une lettre adressée « au Frère inconnu » et je la lui donnai pour voir ce qui en résulterait. Ce fut une heureuse inspiration que j'eus là ; car de ce petit commencement sortit la correspondance la plus intéressante dont j'aie jamais été privilégié, — correspondance qui, je le dis avec joie, promet de durer, et qui, bien plus que les phénomènes dont je n'ai pourtant pas encore décrit les plus étonnants, est la raison d'être de ce petit volume.

Lorsque j'écrivis la lettre dont je parle, j'avais dans l'idée que le plus concluant de tous les phénomènes désirables, ce serait d'obtenir, dans l'Inde, un exemplaire du *Times* de Londres, à la date du jour. Je me disais qu'avec une semblable pièce à conviction en main, j'amènerais tout habitant de Simla capable de lier deux idées de suite à croire que l'agent occulte peut produire des résultats défiant l'analyse de la science ordinaire. Je regrette de n'avoir pas gardé copie de cette lettre ni des suivantes, car elles auraient servi à éclaircir le texte des réponses, mais je ne prévoyais pas sur le moment les développements auxquels mes lettres donneraient lieu. Après tout, l'intérêt de cette correspondance gît tout entier dans les lettres que j'ai reçues : les miennes n'ont pas ici une grande valeur.

Pendant un ou deux jours j'ignorai ce qu'il était advenu de ma lettre, mais madame Blavatsky m'informa alors que j'allais avoir une réponse. J'appris, dans la suite, qu'elle n'avait pu d'abord trouver un Frère qui voulût recevoir ma communication. Ceux à qui elle s'était adressée en premier lieu avaient refusé de se déranger pour cela. Enfin son télégraphe psychologique lui avait transmis une réponse favorable venant d'un Frère avec lequel elle n'avait pas été en relation depuis quelque temps. Il voulait bien accepter la lettre et y répondre.

Au reçu de cette nouvelle, je regrettai de n'en avoir pas écrit plus long, considérant toute la portée de la concession qui m'était faite. Je me remis à écrire sans attendre la première réponse.

Un jour ou deux après, je trouvai, un soir, sur mon bureau, la lettre que m'envoyait mon nouveau correspondant. C'était un natif du Punjab, d'après ce que j'appris plus tard, que les études occultes avaient attiré dès sa plus tendre enfance. Grâce à un de ses parents qui était lui-même un occultiste, il fut envoyé en Europe pour y être élevé dans la science occidentale, et depuis, il s'était fait initier complètement dans la science supérieure de l'Orient. D'après le point de vue vaniteux auquel se placent généralement les Européens, cela leur paraîtra un étrange renversement de l'ordre des choses, mais je n'ai pas besoin de m'arrêter ici pour examiner cette considération. Je connais mon correspondant sous le nom de Kout-Houmi Lal Sing. C'est son « nom mystique, d'origine thibétaine »; les occultistes, à ce qu'il paraît, prennent de nouveaux noms au moment de leur initiation; pratique qui, sans doute, a donné naissance à des coutumes équivalentes qu'on rencontre çà et là dans les cérémonies de l'Église catholique romaine.

La lettre commençait, *in medias res*, au sujet du phénomène que j'avais proposé. D'après Kout-Houmi, « précisément parce que l'expérience du journal de Londres fermerait la bouche aux sceptiques, » elle était inadmissible. « Sous quelque aspect que vous le considériez, le monde en est encore à son premier degré d'affranchissement.... par conséquent il n'est pas préparé. Certainement nous agissons à l'aide de lois naturelles et non pas surnaturelles. Mais comme d'un côté, la science, telle qu'elle est présentement, serait incapable de rendre compte des merveilles produites en son nom, que d'un autre côté, les masses ignorantes considéreraient le phénomène comme un miracle, l'esprit de ceux qui en seraient témoins perdrait son équilibre, et le résultat serait déplorable. Il le serait surtout, croyez-moi, pour vous-même qui avez émis l'idée, et pour la femme dévouée qui se précipite si imprudemment vers la large porte ouverte sur le chemin conduisant à la notoriété. Vous vous apercevriez bientôt que cette porte, amicalement ouverte par vos mains, n'est qu'une trappe, — et fatale pour elle. Sûrement ce n'est pas votre but..... Si nous accédions à vos désirs, savez-vous quelles conséquences suivraient le succès? L'ombre impitoyable qui poursuit toutes les innovations humaines est là, menaçante, et cependant peu nombreux sont ceux qui surveillent son approche et ont conscience des dangers qu'elle peut causer. Savez-vous ce qui les attendrait, ceux qui oseraient offrir au monde l'innovation d'un prodige que l'ignorance humaine, si elle y croyait, ne manquerait pas d'attribuer à ces intelligences de ténèbres dont les deux tiers de votre race ont encore peur aujourd'hui ?... Pour qu'une tentative du genre que vous proposez réussisse, l'effet doit en être calculé à

l'avance et basé sur une profonde connaissance de
la foule qui vous entoure. Le succès dépend entièrement des conditions morales et sociales de cette
foule, et de sa manière d'envisager ces questions
mystérieuses, les plus vastes que l'esprit humain
puisse remuer, — les pouvoirs déifiques renfermés
dans l'homme et les possibilités contenues dans la
nature. Combien y en a-t-il, même parmi vos meilleurs amis, parmi ceux qui vous environnent, à
s'occuper de ces problèmes abstrus, autrement que
d'une manière superficielle ? Vous pouvez les compter sur vos cinq doigts. Notre siècle se vante d'avoir
délivré le génie, si longtemps emprisonné dans le
tabernacle étroit du dogmatisme et de l'intolérance,
— génie de la science, de la sagesse et de la libre-
pensée. Vous prétendez qu'à leur tour, le préjugé
ignorant et la bigoterie religieuse, renfermés dans
leur bouteille, comme le méchant *Djinn* de la lé-
gende, et scellés par les Salomons de la science,
gisent au fond de la mer et ne remonteront jamais
à la surface pour se répandre de nouveau et régner
sur le monde comme dans les jours anciens : l'esprit n'a plus d'entraves, dites-vous, et il est prêt à
accepter toute vérité démontrée. Êtes-vous sûr que
ce soit vraiment ainsi, mon respectable ami ? La
science expérimentale ne date pas exactement

de 1662, lorsque Bacon, Robert Boyle et l'évêque de Chester transformèrent, par charte royale, leur *invisible collège* en une Société pour l'encouragement de la science expérimentale. Bien des siècles avant que la Société royale fût devenue une réalité sur le « Plan prophétique », certains hommes appartenant à chaque génération, poussés par leur amour inné de l'inconnu et leur passion pour l'étude de la nature, en avaient étudié et approfondi les secrets plus avant que leurs contemporains ne l'avaient fait. *Roma ante Romulum fuit* est un axiome que l'on nous enseigne dans vos écoles anglaises...... Le *Vril* de la *Coming Race* appartenait en commun à des races aujourd'hui éteintes. L'existence de ces ancêtres gigantesques est encore mise en question, — quoique dans les Himavats, sur votre propre territoire, nous ayons une caverne pleine des squelettes de ces géants, — et quand vous rencontrez leurs immenses charpentes, vous les regardez invariablement comme des bizarreries de la nature. De même faites-vous pour le *Vril*, ou *Akas*, ainsi que nous l'appelons; vous le considérez comme une impossibilité, un mythe. Comment la science pourra-t-elle rendre compte de nos phénomènes, sans avoir une connaissance parfaite de l'*Akas*, de ses combinaisons et de ses propriétés?

Certainement vos hommes de science sont disposés à la conviction ; mais il faut que les faits leur aient été démontrés, soient devenus leur propriété, et se soient pliés facilement à leurs modes d'investigation, avant qu'ils les admettent comme des faits. Si vous jetez seulement les yeux sur la préface de *Micrographia*, vous y verrez que les rapports intimes des objets ont moins d'importance pour Hookes que leur action extérieure sur les sens ; Newton d'ailleurs trouva en lui le plus grand adversaire de ses belles théories. Les modernes Hookes sont nombreux. Semblables à cet homme, qui était instruit, mais ignorant, vos savants d'aujourd'hui sont beaucoup moins occupés à tirer de l'enchaînement des faits physiques la clef qui les mettrait en possession des forces occultes de la nature, qu'à construire une classification commode d'expériences scientifiques ; de sorte que, pour eux, la qualité essentielle d'une hypothèse n'est pas d'être *vraie*, mais d'être *plausible*.

« C'est assez pour la science, du moins pour ce que nous en connaissons. Quant à la nature humaine en général, elle est la même aujourd'hui qu'il y a un million d'années. Les caractéristiques de votre époque sont : le préjugé basé sur l'égoïsme, le refus général d'abandonner l'ordre établi pour embrasser de nouveaux modes de vie et de pensée, — or l'étude occulte demande cela et bien autre chose encore, — enfin l'orgueil et la résistance opiniâtre à la vérité, lorsque celle-ci touche aux idées préconçues. ... Quel serait donc le résultat des phénomènes les plus stupéfiants, en supposant que nous consentions à les produire? S'ils réussissaient, le danger croîtrait proportionnellement au succès. Il ne nous resterait bientôt plus d'autre choix, dans cette lutte sans fin avec le préjugé et l'ignorance, que celui d'aller toujours *crescendo* ou de succomber, victimes nous-mêmes de nos propres armes. On demanderait preuves sur preuves, et il nous faudrait les fournir, chaque phénomène devant être plus merveilleux que le précédent. Vous dites journellement: On ne peut croire, à moins d'être témoin oculaire. Est-ce que la vie d'un homme suffirait pour satisfaire le monde entier des sceptiques? Il serait facile d'augmenter le nombre des croyants à Simla, par centaines et par milliers. Mais, et les centaines de millions de ceux qu'il est impossible de rendre témoins oculaires? Un jour viendrait où les ignorants, ne pouvant s'en prendre aux opérateurs invisibles, feraient tomber leur rage sur les agents travaillant devant eux; les classes supérieures et bien élevées continueraient à nier suivant leur habitude et vous déchireraient comme jadis. Ainsi que bien d'autres, vous nous blâmez de notre grand secret. L'expérience des siècles passés nous a instruits sur la nature humaine, — certes, les siècles nous ont enseignés. Nous savons que tant que la science aura à apprendre quelque chose, tant qu'une ombre de dogmatisme religieux restera accrochée au cœur des multitudes, les préjugés du monde devront être conquis pas à pas, et non d'un seul bond. L'antiquité profonde eut plus d'un Socrate, de même, le gouffre de l'avenir donnera naissance à plus d'un martyr. La science, affranchie, détourna dédaigneusement sa face de Copernic lorsqu'il renouvela les théories d'Aristarchus Samius, qui « affirmait que la terre se mouvait circulairement autour de son centre », des années avant que l'Église eût songé à sacrifier Galilée comme holocauste à la Bible. Le fameux mathématicien de la cour d'Edouard VI, Robert Recorde, mourut de faim dans une geôle, abandonné de ses collègues qui riaient de son *Castle of knowledge*, et traitaient ses découvertes de vains rêves...... C'est de l'histoire ancienne, direz-vous. Parfaitement, mais les chroniques de notre époque moderne ne diffèrent guère de celles d'autrefois. Rappelez-vous seulement les persécutions récentes de médiums en Angleterre, les sorcières et les sorciers brûlés comme tels dans l'Amérique du Sud, en Russie et sur les frontières d'Espagne, et vous serez persuadé que le salut des véritables dépositaires de la science occulte repose entièrement sur le scepticisme de la foule : les charlatans et les jongleurs sont les remparts naturels des adeptes. Nous assurons la sécurité du public en gardant secrètes les armes redoutables qui pourraient, autrement, se retourner contre lui, et qui, comme on vous l'a dit, deviennent des instruments de mort dans les mains du pervers et de l'égoïste. »

Le reste de la lettre contenant des choses qui me sont personnelles, n'a pas besoin d'être reproduit ici. En citant les lettres de Kout-Houmi, je laisserai naturellement de côté tout ce qui me concernera et n'aura aucune importance au point de vue de la discussion publique. Le lecteur se souviendra, cependant, que dans aucun cas, je ne *change* une seule syllabe [1] des passages cités. Il est important de faire cette déclaration, car plus mes lecteurs connaîtront l'Inde, moins ils voudront croire,

---

1. Nous ne disons pas que nous ne changeons pas une syllabe, mais en tout cas, nous faisons notre possible pour suivre le texte mot par mot, surtout dans certains passages présentant en anglais plusieurs sens à l'esprit du lecteur. — (*Note du traducteur*).

excepté en face de mon assurance formelle, que les lettres de Kout-Houmi publiées dans ce livre ont été écrites par un natif de l'Inde. C'est un fait cependant qui est hors de doute.

Dans la réponse à la lettre dont je viens de citer une grande partie, je soutenais, si ma mémoire est fidèle, que l'esprit des Européens était moins intraitable que Kout-Houmi le représentait. Voici sa seconde lettre :

« Nous ne nous entendrons pas, dans notre correspondance, tant qu'il n'aura pas été d'abord établi que la science occulte a des méthodes d'investigation à elle propres, aussi déterminées et aussi arbitraires que celles de son antithèse, la science physique. Si celle-ci a ses formules, celle-là possède également les siennes, et celui qui voudrait franchir les frontières du monde invisible ne pourrait pas plus indiquer comment il s'y prendra, que le voyageur qui pénètre dans les souterrains de L'Hassa, la ville bénie, ne pourrait montrer le chemin à son guide. Les mystères ont toujours été et seront toujours hors de l'atteinte du public ordinaire, du moins jusqu'à ce jour tant désiré où notre philosophie religieuse deviendra universelle. Il n'y a jamais eu plus qu'une minorité à peine appréciable d'hommes possédant le secret de la nature, bien que des multitudes entières aient eu des preuves expérimentales à ce sujet. L'adepte est la rare efflorescence de toute une génération de chercheurs; c'est un homme qui a obéi aux impulsions secrètes de son âme, sans s'arrêter aux prudentes considérations de la sagacité ou de la science humaines. Votre désir est d'entrer en relations directement avec l'un de nous, sans avoir recours à madame Blavatsky ni à aucun intermédiaire. Vous voudriez, ainsi que je le comprends, obtenir de cette façon des communications, soit au moyen de lettres comme celle-ci, soit de vive voix, afin que l'un de nous vous dirige dans l'organisation et surtout dans l'instruction de la Société. Vous voudriez tout cela, et cependant, comme vous le dites vous-même, vous n'avez pas trouvé de raisons suffisantes, jusqu'ici, pour abandonner votre genre de vie qui est entièrement opposé à ces modes de communication. Ce n'est pas raisonnable. Celui qui veut porter haut l'étendard du mysticisme et proclamer que son règne est proche doit donner l'exemple aux autres. Il doit être le premier à changer sa manière de vivre, et regardant l'étude des mystères occultes comme le degré supérieur de la science humaine, il doit le publier à haute voix en dépit de la science exacte et de l'opposition de la société. « Le royaume des cieux s'obtient par la force, » disent les mystiques chrétiens. Ce n'est que l'arme au bras, et prêt à vaincre ou à périr, que le mystique moderne peut espérer d'atteindre le but de son entreprise.

» Je crois que ma première réponse résolvait la plupart des questions contenues dans votre seconde et même votre troisième lettre. Ayant déjà exprimé l'opinion que le monde n'était généralement pas mûr pour les démonstrations occultes trop bouleversantes, il ne me reste maintenant qu'à m'occuper des individus isolés qui cherchent, comme vous-même, à soulever le voile de la matière et à pénétrer dans le monde des causes premières, — nous n'avons besoin que de considérer votre cas et celui de M***. »

Je dois expliquer ici qu'un de mes amis de Simla, s'étant profondément intéressé à mes recherches, après avoir lu la première lettre de Kout-Houmi, s'était adressé également à mon correspondant. Se trouvant placé dans de meilleures conditions que moi pour cela, il avait été jusqu'à proposer de faire un sacrifice complet de toutes ses autres occupations et de se retirer dans n'importe qu'elle retraite éloignée que l'on voudrait lui indiquer, afin de pouvoir s'y livrer à l'étude comme élève en occultisme ; lorsqu'il en aurait appris assez, il serait retourné dans le monde, armé des pouvoirs nécessaires pour démontrer les avantages réels du développement spirituel et les erreurs du matérialisme, et il aurait alors consacré sa vie à combattre l'incrédulité moderne, et à conduire les hommes à la pratique raisonnée d'une vie meilleure, je résume la lettre de Kout-Houmi :

« Ce monsieur m'a fait l'honneur de s'adresser à moi nominalement, me soumettant quelques questions, et m'indiquant dans quelles conditions il voulait travailler sérieusement pour nous. Mais vos motifs d'action et vos aspirations étant d'un caractère diamétralement opposé, et partant, conduisant à des résultats différents, je dois répondre à chacun de vous séparément.

» La première considération qui peut nous déterminer à accepter ou à rejeter votre offre, s'appuie sur les motifs qui vous font rechercher notre enseignement et, jusqu'à un certain point, notre direction ; cette dernière étant sans réserves, si je vous comprends bien, et par conséquent, restant une question à part. Quels sont donc les motifs qui vous poussent ? Je vais essayer d'en tracer un aperçu général, laissant les détails pour plus tard. Ce sont : 1° Le désir de vous assurer d'une manière positive et irrécusable qu'il y a réellement dans la nature des forces sur lesquelles la science ne sait rien ; 2° L'espoir de vous les approprier quelque jour — le plus tôt le mieux, car vous n'aimez pas attendre — afin qu'elles vous permettent : (a) de démontrer leur existence à quelques esprits d'élite parmi les Occidentaux ; (b) de regarder la vie future comme une réalité objective bâtie sur le roc de la science et non sur celui de la foi ; et (c) finalement — celui-ci est peut-être le principal de vos motifs, quoique le plus voilé et le plus réservé, de savoir toute la vérité sur nos loges et nous-mêmes, de vous assurer, en somme, d'une manière positive que les *Frères*, dont vous entendez tant parler et apercevez si peu, sont des entités réelles et non les fantômes d'un cerveau dérangé par l'hallucination. Voilà, sous leur meilleur jour, vos motifs tels qu'ils m'apparaissent. Je vous répondrai dans le même sens, et j'espère que vous ne prendrez pas ma franchise en mauvaise part, et que vous ne l'attribuerez pas à d'autres sentiments que ceux de l'amitié.

» Ces motifs donc, quelque sincères et dignes de considération qu'ils semblent au point de vue du monde, sont pour nous des motifs *égoïstes*. (Il faut que vous me pardonniez ce qui est à vos yeux une crudité de langage, si vous désirez véritablement, comme vous le dites, apprendre la vérité, et vous laisser instruire par nous qui appartenons à un monde différent de celui où vous vous mouvez.) Il sont donc égoïstes parce que, comme vous devez le savoir, l'objet principal de la Société Théosophique n'est pas tant de satisfaire les aspirations individuelles que de rendre service aux hommes nos frères, et le terme « égoïste », qui peut choquer votre oreille, a pour nous un sens spécial qui ne saurait exister pour vous ; par conséquent ne l'acceptez pas autrement que dans le premier sens. Peut-être apprécierez-vous mieux ce que je veux dire quand je vous aurai fait comprendre que les plus hautes aspirations en faveur du bien-être de l'humanité ont pour nous une teinte d'égoïsme, s'il demeure dans l'esprit du philanthrope, même à son insu, une légère ombre de désir de bénéfice personnel, ou une tendance à commettre l'injustice. Vous n'avez discuté l'idée d'une fraternité universelle que pour la condamner, et vous avez songé à refondre la Société Théosophique sur le principe d'un collège pour l'étude spéciale de l'occultisme.....

» Laissons les motifs personnels et analysons les conditions dans lesquelles vous voudriez nous aider à faire le bien. Les voici d'une manière approximative : d'abord il sera fondé par vos soins bienveillants une Société Théosophique anglo-indienne, indépendante, dans la direction de laquelle nos deux représentants actuels n'auront aucune voix [1]; secondement, l'un de nous prendra le nouveau corps « sous son patronage », sera « en libre et directe communication avec ses chefs » et leur fournira « des preuves palpables afin de démontrer qu'il possède une science supérieure des forces de la nature et des attributs de l'âme humaine, suffisante pour inspirer la confiance nécessaire en une direction occulte. » J'ai copié vos propres paroles afin de pouvoir établir la situation d'une façon exacte.

» A votre point de vue, ces conditions semblent raisonnables et de nature à ne soulever aucune ob-

[1]. En l'absence de ma lettre, dont celle-ci est la réponse, le lecteur pourrait croire que je m'étais montré animé de sentiments peu fraternels envers les représentants dont on parle, c'est-à-dire madame Blavastky et le colonel Olcott. Tel n'est certes pas le cas : mais, sensiblement affecté des fautes qui avaient été commises jusqu'à ce moment dans la conduite de la Société Théosophique, M*** et moi avions pensé que nous obtiendrions de meilleurs résultats sur le public en recommençant les opérations *de novo*, et en prenant nous-mêmes la direction des mesures à employer pour propager l'étude de l'occultisme dans la société moderne. Nous avions toujours conservé l'amitié la plus vive en même temps que la plus pure estime envers les personnes sus-mentionnées.

jection ; un grand nombre de vos compatriotes, d'ailleurs, — sinon d'Européens — partageront cette opinion. Qu'y a-t-il de plus naturel, direz-vous, que de demander à ce que le professeur désireux de répandre la science et l'élève disposé à l'aider soient mis en présence, et que l'un prouve à l'autre, expérimentalement, que son instruction est vraiment correcte ? Homme du monde, y vivant, et sympathisant avec lui, vous avez sans doute raison. Mais ne blâmez point ceux qui sont d'un autre monde que le vôtre, qui n'ont pas été élevés dans vos modes de raisonnement, et qui trouvent parfois pénible d'avoir à les employer et à les apprécier, s'ils ne répondent pas d'aussi bon cœur que vous voudriez à des propositions qui vous semblent cependant en valoir la peine. Notre règlement renferme la plus importante des objections que je pourrais vous faire. C'est vrai, nous avons nos écoles et nos professeurs, nos néophytes et nos *shaberons* (adeptes supérieurs), et notre porte est ouverte à tout homme de bien qui y frappe. Le nouvel arrivant est toujours le bienvenu ; seulement nous n'allons pas vers lui ; c'est lui qui vient à nous. De plus, s'il n'a pas atteint, dans le sentier de l'occultisme, ce point d'où tout retour est impossible, en s'engageant irrévocablement dans notre association, jamais nous ne le visitons, ni même ne passons le seuil de sa porte sous une forme visible, excepté dans certains cas d'une importance capitale.

» Se trouve-t-il quelqu'un parmi vous tellement épris de l'amour de la science et des pouvoirs qu'elle confère qu'il soit prêt à quitter votre monde pour venir dans le nôtre ? Qu'il vienne alors ; mais qu'il n'espère pas retourner d'où il sort avant que le sceau des mystères ait fermé ses lèvres pour jamais, d'une manière qui prévient toute chance de faiblesse ou d'indiscrétion future. Qu'il vienne par tous les moyens, comme l'élève va à son maître, et sans poser de conditions ; ou qu'il attende, comme bien d'autres, et se contente des miettes qui tomberont sur son chemin.

» Supposons que vous ayez entrepris de venir à nous, comme deux de vos compatriotes l'ont déjà fait, — comme madame B*** l'a fait également, et comme monsieur O*** veut le faire ; — supposons donc que vous ayez entrepris d'abandonner tout pour la vérité ; de gravir pendant des années le chemin pénible et escarpé, sans vous laisser abattre par les obstacles, sans plier sous le choc des tentations ; de garder fidèlement dans votre cœur les secrets que l'on vous confie pour vous éprouver ; de

8.

travailler de toutes vos forces et avec désintéressement à répandre la vérité et à encourager les hommes à rectifier leur manière de vivre et de penser; croiriez-vous que ce serait juste si, après tous vos efforts, nous accordions à madame B*** et à M. O***, qui seraient des *profanes* dans ce cas, ce que vous demandez actuellement pour vous-même? La première des personnes que je viens de citer a déjà donné les trois quarts de sa vie, l'autre, six des plus belles années de sa virilité et tous les deux continueront leur labeur jusqu'à la fin de leur existence; travaillant toujours pour la récompense qu'ils ont méritée, néanmoins ils ne la demandent jamais, ni ne murmurent lorsqu'ils sont frustrés dans leur attente. Lors même qu'ils ne pourraient pas accomplir tout ce qu'ils accomplissent, ce serait une injustice flagrante d'oublier les services importants qu'ils rendent sur le champ de la Théosophie. L'ingratitude n'est pas un de nos vices, et je ne m'imagine pas que vous voudriez nous la conseiller.

» Ni l'une ni l'autre de ces personnes n'ont le moindre désir de s'immiscer dans la direction de la branche anglo-indienne projetée, ni d'y donner des ordres. Mais si la nouvelle Société se forme, elle doit être, de fait, une branche de la Société mère, quoique portant un titre distinctif, de même que la Société Théosophique Britannique de Londres, et doit contribuer au développement de son action par tous les moyens possibles, principalement en propageant son idée primordiale de la Fraternité universelle.

« Quelque imparfaits qu'aient été les quelques phénomènes dont vous avez été témoin, il y en a cependant, vous l'avouez, qui sont inattaquables. « Les coups sur la table, lorsque personne ne la touche » et les « sons de clochette dans l'air », dites-vous, ont toujours paru satisfaisants, etc. etc... De là vous concluez que de bons phénomènes probatoires « peuvent être facilement multipliés *ad infinitum* ». Ils le peuvent sûrement partout où nous trouvons certaines conditions magnétiques et autres offertes constamment, et lorsque nous n'avons pas à agir à l'aide d'un corps faible de femme où la plupart du temps circule, pourrions-nous dire, un violent cyclone vital. Mais tout imparfaite que soit notre aide visible, elle est cependant la meilleure que nous ayons pour le moment, et les phénomènes à la production desquels elle a contribué ont étonné et confondu pendant un demi-siècle des hommes qui sont l'élite de l'époque sous le rapport de l'intelligence... »

Deux ou trois billets de Kout-Houmi que je reçus ensuite avaient rapport à un incident que je m'en vais raconter ; comme phénomène probatoire il est plus complet pour moi que tous ceux que j'ai déjà décrits. Il est bon de noter en passant que, bien que les journaux indiens relatèrent sur le moment les circonstances de cet incident, la joyeuse bande des railleurs qui avaient inondé la presse de leurs naïfs commentaires lors du phénomène de la broche, se gardèrent bien de discuter « l'incident du coussin ».

Un jour, en compagnie de nos hôtes, nous allâmes luncher sur le sommet d'un monticule des environs. J'avais tout lieu de croire que la nuit précédente j'avais eu de mon correspondant Kout-houmi ce que j'appellerai une communication subjective. Je ne rentrerai dans aucun détail, parce qu'il n'est pas nécessaire de déranger le commun des lecteurs au sujet de semblables impressions. Dans la matinée, après avoir discuté là-dessus, j'avais trouvé sur la table du vestibule un billet de Kout-Houmi par lequel il promettait de me donner sur la montagne quelque chose qui serait un témoignage de sa présence (astrale) près de moi la nuit passée.

Nous arrivâmes à notre destination, et nous

campâmes sur le sommet du monticule. Nous avions commencé notre lunch, quand madame Blavatsky nous dit que Kouthoumi demandait où nous voulions trouver l'objet qu'il allait m'envoyer. Il faut remarquer que jusque-là il n'avait pas été question du tout du phénomène que j'attendais. On suggérera encore, peut-être, que madame Blavatsky *m'amena* à faire le choix que je fis. Le fait est simplement qu'au milieu d'une conversation ayant rapport à tout autre chose, madame Blavatsky prêta soudain l'oreille à sa voix occulte ; elle me communiqua immédiatement la question demandée et n'influença mon choix par aucune remarque. Il n'y eut pas de discussion entre nous, et ma propre réponse toute spontanée, fut : « Dans le coussin, » indiquant en même temps un coussin sur lequel s'appuyait une des dames. Je n'avais pas plutôt prononcé ces mots que ma femme s'écria : « Oh ! non : dans le mien, » ou quelque chose de semblable. Je dis alors : « Très bien ; dans le coussin de ma femme. » Madame Blavatsky demanda à Kout-Houmi, à l'aide de sa méthode spéciale, si cela convenait, et en reçut une réponse affirmative. Ma liberté fut donc absolue, n'étant limitée par aucune condition. Un choix naturel, dans ces circonstances, et après les expériences précédentes, aurait été celui d'un endroit déterminé sur un arbre ou sur le sol ; mais l'idée d'un coussin, clos de toutes parts, me frappa sur le moment, en regardant celui que j'avais choisi en premier lieu. Lorsque j'eus émis cette idée d'*un* coussin, ma femme ne fit que renforcer l'épreuve en indiquant le sien, car elle ne l'avait pas quitté de toute la matinée. C'était le coussin dont elle se servait généralement pour son djampane ; elle l'avait eu sous elle pendant toute la route, et s'y appuyait encore, car elle était couchée dans le djampane qui avait été porté jusqu'au haut du monticule. Le coussin, en velours et en laine brodée, était solidement confectionné, et nous le possédions depuis des années. Quand nous étions à la maison, il restait toujours dans le salon, bien en évidence, sur un coin du sofa ; lorsque ma femme sortait elle le faisait porter dans son djampane, au retour on le remettait à sa place.

Le choix du coussin une fois approuvé, ma femme fut priée de le mettre sous son tapis, ce qu'elle fit elle-même dans son propre djampane. Il y était à peine depuis une minute, quand madame Blavatsky nous dit que nous pouvions nous mettre à l'œuvre pour l'ouvrir. Je me servis d'un canif, et ce fut une besogne qui demanda un certain temps, car le coussin était cousu tout autour très consciencieusement et très solidement, de sorte qu'il était impossible de le déchirer et qu'il fallait le couper pour ainsi dire point par point. Quand un côté fut complètement ouvert nous découvrîmes que les plumes du coussin étaient renfermées dans une enveloppe intérieure, également cousue sur les bords. Il n'y avait rien à trouver entre la première et la seconde enveloppe; nous nous mîmes donc à fendre la seconde. Cela fait, ma femme chercha parmi les plumes.

Elle trouva d'abord un billet plié en trois, à moi adressé et recouvert de l'écriture bien connue de mon correspondant occulte.

Il était ainsi conçu :

« Mon « Cher Frère », — Cette broche n° 2 est placée dans un curieux endroit, simplement pour vous montrer comment un vrai phénomène est facile à produire, et comment il est plus facile encore de suspecter son authenticité. Servez-vous en comme bon vous semblera, même pour prouver que je suis un compère.

» Je vais essayer de supprimer la difficulté dont vous parliez la nuit dernière au sujet de l'échange de nos lettres. D'ici peu un de nos élèves visitera

Lahore et les N. W. P.[1]; on vous enverra une adresse dont vous pourrez toujours vous servir, à moins toutefois que vous ne préfériez correspondre par — coussins. Remarquez, s'il vous plaît, que la présente n'est pas datée, d'une « Loge », mais de la vallée de Kashmire. »

Tandis que je lisais cette note, ma femme, continuant ses recherches au milieu des plumes, découvrit la broche dont il était question : c'était une très vieille broche qu'elle portait souvent et qu'elle avait coutume de laisser sur sa table de toilette lorsqu'elle ne s'en servait pas. Il aurait été impossible d'inventer, parmi les preuves mécaniques, une seule preuve plus irrésistible et plus convaincante que celle qui nous fut fournie dans ces circonstances toutes spéciales pour nous. Toute la force de signification de l'envoi reposait sur mes impressions subjectives de la nuit précédente. Le motif qui avait fait choisir la broche parmi d'autres objets à envoyer ne datait que de là. C'est pourquoi en supposant, hypothèse absurde à tous égards, que madame Blavatsky eût préparé le coussin, elle n'eût pu le faire que lorsque j'eus parlé de mes impressions, le matin un peu après le déjeuner;

---

[1]. North-West-Provinces; pays situé au sud et à l'ouest du Nipâl et traversé par le Gange. — (*Note du traducteur.*)

mais, à partir du moment où elle fut levée, madame Blavatsky n'avait pour ainsi dire pas quitté notre vue : elle était restée assise dans le salon avec ma femme. Et cela, malgré elle, dirai-je ; car elle avait quelque chose à écrire dans sa chambre lorsque ses voix occultes lui avaient dit d'aller s'asseoir au salon avec ma femme toute la matinée. Elle avait obéi, pestant contre l'interruption de son travail, et ne pouvant comprendre le motif de cet ordre. Nous le sûmes plus tard, il avait trait au phénomène projeté. Il fallait que nous n'ayions aucune arrière-pensée au sujet des occupations de madame Blavatsky pendant cette matinée, afin qu'on ne les fît pas entrer comme facteurs dans la discussion de l'incident, au cas où il y aurait matière à discussion. Naturellement, quand bien même on aurait prévu le choix du coussin, il n'aurait pas été nécessaire de tourmenter notre « vieille Dame », ainsi que nous l'appelions généralement. La présence du fameux coussin dans le salon où ma femme s'était trouvée toute la matinée eût été une garantie suffisante. Mais ce fut avec mon entière liberté que je choisis une cache pour la broche, et ni moi, ni personne ne songions auparavant au coussin.

Dans le billet que j'ai cité, il y avait différentes

petites allusions pleines de sens pour nous, et qui se rapportaient d'une manière indirecte à une conversation que nous avions tenue à dîner, la veille au soir. J'y avais parlé des légères irrégularités que l'on rencontrait çà et là dans les longues lettres de Kout-Houmi, malgré leur magnificence de langage et leur vigueur de style, irrégularités qui portaient sur une ou deux expressions qu'un Anglais n'aurait pas employées ; la forme de l'adresse des deux lettres déjà citées, par exemple, avait une certaine teinte d'orientalisme. Quelqu'un m'ayant demandé : « Mais comment aurait-il dû écrire ? » je lui avais dit : « Dans de semblables circonstances, un Anglais aurait probablement écrit, tout simplement : « *Mon cher Frère.* » C'était aussi une allusion à la même conversation lorsqu'il indiquait la vallée de Cachemire et non pas une Loge, comme l'endroit où la lettre avait été écrite ; le soulignement du K en était une autre, car madame Blavatsky nous avait expliqué que l'orthographe du mot « Skepticisme », avec un K, comme l'écrivait Kout-Houmi, n'était pas un américanisme dans cette circonstance, mais une fantaisie philologique.

Tout ne fut pas terminé ce jour-là après la découverte de la broche ; le soir, à la maison, nous étant mis à dîner, il tomba un petit billet de ma serviette lorsque je la dépliai. Ce billet ayant un caractère personnel, je ne le reproduis pas en entier ; mais je ne puis m'empêcher d'en citer une partie concernant le *modus operandi* occulte. Je dois expliquer qu'avant de partir pour le monticule j'avais écrit quelques mots de remerciement au sujet de la promesse qui m'avait été faite dans le billet dont j'ai parlé. J'avais donné mon billet à madame Blavatsky afin qu'elle l'envoyât, par ses procédés occultes, lorsqu'elle en aurait l'occasion. Tandis que ma femme et moi nous allions en avant dans nos djampanes le long du Mall de Simla, elle avait tenu le billet dans sa main, pendant la moitié du chemin environ, sans trouver l'occasion qu'elle attendait. Puis elle s'en était débarrassée, l'occultisme seul sait comment. Nous en avions parlé au pique-nique, et, au moment où j'ouvrais la lettre trouvée dans le coussin, quelqu'un avait suggéré que c'était peut-être la réponse au billet qui venait d'être envoyé. La lettre n'en faisait point mention, ainsi que le lecteur le sait déjà.

Je cite le billet que je reçus à dîner : — « Quelques mots encore. Pourquoi cela vous a-t-il désappointé de ne point recevoir de réponse directe à votre dernier billet ? Il m'est venu dans ma chambre environ une demi-minute après que les courants avaient é'é établis et avaient donné leur plein jeu pour former le DAK [1] du coussin. Votre billet d'ailleurs n'avait pas besoin de réponse..... »

Il nous semblait que notre imagination saisissait davantage ce qui se passait, en entendant parler si familièrement des « courants » employés pour accomplir ce que la science européenne aurait appelé un miracle.

Un miracle pour la science européenne ; et cependant un fait aussi évident que la chambre où nous étions assis. Nous le savions : le phénomène que nous avions vu était une merveilleuse réalité ; la force de pensée d'un homme, alors dans Cachemire, avait saisi un objet matériel sur une table, à Simla, l'avait désagrégé suivant un procédé dont la science occidentale n'a pas encore même rêvé, l'avait fait passer au travers d'autre matière, et lui avait rendu son premier état solide : les particules dispersées reprenant la place qu'elles avaient auparavant et reconstituant l'objet jusque dans les moindres lignes et les moindres marques de sa surface. (La broche portait même en sortant du coussin des marques qu'elle ne portait pas auparavant — les initiales de notre ami.) Nous sa-

---

[1]. Mot hindoustâny qui désigne LA POSTE. — (*Note du traducteur.*)

vions encore que des lettres écrites sur du papier tangible avaient circulé ce jour-là, avec la rapidité de l'électricité, entre nous et notre ami, bien qu'étant séparés par des centaines de milles à travers les montagnes de l'Himalaya. Et nous savions aussi que l'enseignement qui ressortait de ces faits ne pourrait jamais traverser la muraille impénétrable qui entoure le corps des savants occidentaux, muraille bâtie de préjugés et d'obstination, d'ignorance savante et de sottise raffinée. Aussi est-ce avec un sentiment plus pénible qu'on ne saurait croire, que je raconte ce que j'ai à raconter, sachant que mon respect scrupuleux pour les moindres détails et la complète véracité de chacune de mes syllabes ne serviront guère à autre chose qu'à satisfaire ma conscience personnelle : car les savants de l'occident, qui parmi les esprits cultivés avaient eu jusqu'ici la plus grande part de ma sympathie, repousseront sans retour mon témoignage. « Quand bien même quelqu'un sortirait de la tombe, etc... » C'est la vieille histoire. Oui, certes, quand on songe au retentissement que devraient avoir dans l'opinion publique des preuves comme celles qui m'ont été données. Le sourire de l'incrédulité qui est si sot en s'imaginant être si sage, les soupçons qui prétendent être de la perspicacité passeront sur ces pages comme un feu desséchant et en détruiront la signification — pour ceux du moins qui riront en les lisant. Kout-Houmi a raison de déclarer que le monde n'est pas encore mûr pour des preuves de pouvoir occulte trop stupéfiantes, mais il a également raison de s'intéresser aussi amicalement qu'on verra qu'il le fait au petit livre que j'écris, ce livre faisant partie de ces influences qui sapent, pièce par pièce, les fondements du dogmatisme et de la bêtise humaine, où la science qui se croit si libérale a pris à notre époque de si fortes racines.

La lettre suivante de Kout-Houmi — la troisième des longues — me parvint peu après mon retour à Allahabad pour la saison froide. Mais avant qu'elle me parvint je reçus de lui une communication, un télégramme, le jour même de mon arrivée à Allahabad. Ce télégramme de peu d'importance, quant à son contenu, et qui ne renfermait guère autre chose que des remerciements pour quelques lettres que j'avais écrites dans les journaux, n'en fut pas moins pour moi d'un très grand intérêt, car il me fournit plus tard une preuve de nature à convaincre les étrangers que les lettres de Kout-Houmi n'étaient pas l'ouvrage de madame Blavatsky, ainsi qu'on était incliné à le croire, en dépit des nombreuses difficultés mécaniques que supposait cette théorie. Pour moi qui la connaissais intimement, le style seul des lettres eût suffi pour me prouver qu'elle ne les avait pas écrites, et que c'était une absurdité que d'avancer une telle chose. Si l'on objecte que l'auteur d'*Isis Unveiled* a une souplesse de langage qui fait qu'il est difficile de dire dans quel style elle ne peut pas écrire, la réponse est bien simple.

Madame Blavatsky fut si largement aidée par les Frères dans la composition de ce livre qu'il s'y trouve des parties entières qui ne sont réellement pas son ouvrage. Elle ne cache pas ce fait, quoiqu'il soit inutile pour elle de le proclamer dans le monde entier, puisque personne ne le comprendrait, excepté ceux qui ont vu des phénomènes occultes. Ainsi que je le répète, son style est complètement différent de celui des lettres de Kout-Houmi. Mais comme j'ai reçu plusieurs de celles-ci pendant qu'elle était à la maison avec moi, il n'était pas mécaniquement impossible qu'elle en fût l'auteur. Pour revenir au télégramme que je reçus à Allahabad, et qui avait été télégraphié de Jhelum, c'était une réponse à une lettre adressée par moi à Kout-Houmi, et que j'avais envoyée, juste avant mon départ de Simla, à madame Blavatsky, qui était elle-même partie quelques jours auparavant et se trouvait alors à Amritsour. Elle avait reçu la lettre le 27 octobre : je le sus, non seulement par la date du jour où je l'avais mise à la poste, mais d'une manière positive par l'enveloppe qu'elle me retourna à Allahabad sur l'ordre de Kout-Houmi. Je ne voyais pas la raison de ce dernier envoi. A quoi pouvait bien me servir une vieille enveloppe ? Je la jetai ; plus tard, je compris quelle avait été l'intention de Kout-Houmi lorsque madame Blavatsky m'eut fait savoir qu'il fallait que j'obtienne l'original du télégramme de Jhelum. Par l'intermédiaire d'un ami en relation avec l'administration des télégraphes, j'obtins la production de cet original : il contenait environ vingt mots ; j'eus alors l'explication de l'enveloppe retournée. Le message était écrit de la main de Kout-Houmi ; celui-ci répondait, de Jhelum, à une lettre sur laquelle le cachet de distribution de la poste indiquait qu'elle avait été délivrée, à Amritsour, le jour même où le message avait été envoyé.

Madame Blavatsky, à cette date, était sûrement à Amritsour, où elle voyait beaucoup de monde pour son œuvre de la Société Théosophique, et cependant l'écriture de Kout-Houmi se trouvait, il n'y avait pas à le nier, sur un télégramme donné à la même date au bureau de Jhelum. Ainsi donc, bien que quelques-unes des lettres de Kout-Houmi aient passé par les mains de madame Blavatsky, il est prouvé désormais que ce n'était pas elle qui les écrivait, comme il est prouvé que l'écriture n'était pas la sienne.

A ce moment-là Kout-Houmi se trouvait probablement lui-même à Jhelum ou dans les environs, car il était venu passer quelques jours au milieu du monde, dans des circonstances spéciales, pour voir madame Blavatsky, ainsi que l'explique la lettre que je reçus à Allahabad peu après mon retour dans cette ville.

Notre chère « vieille dame » avait été profondément blessée de la conduite de quelques incrédules de Simla avec qui elle s'était rencontrée chez nous ou ailleurs et dont l'esprit, ne pouvant digérer les phénomènes qu'ils avaient vus, s'était tourné à l'hostilité : effet que je suis habitué à présent à voir se produire. Dans l'impossibilité pour eux de trouver l'ombre d'une fraude, mais convaincus néanmoins que, puisqu'ils ne les comprennent pas, les phénomènes sont frauduleux, on voit les gens d'un certain tempérament être animés du même esprit que celui qui inspirait les persécutions aux autorités religieuses, dans l'enfance des sciences physiques. Pour comble de misères, un de ces témoins se trouva contrarié d'une innocente indiscrétion du colonel Olcott qui, dans une lettre adressée à un des journaux de Bombay, citait quelques expressions dont ce monsieur s'était servi pour louer la Société Théosophique et son heureuse influence sur les natifs. L'irritation causée par ces désagréments opéra sur le tempérament excitable de madame Blavatsky un effet difficile à comprendre pour les personnes qui ne la connaissent pas. On saisira maintenant les allusions contenues dans la lettre de Kout-Houmi. Après avoir parlé d'une occupation importante qui l'avait tenu depuis qu'il m'avait écrit la dernière fois, Kout-Houmi continue ainsi :

«... Vous voyez donc bien que nous avons autre chose à faire que de penser aux petites Sociétés ; cependant la Société Théosophique ne doit pas être négligée. Elle a subi une impulsion qui, n'étant pas dirig, pourrait avoir une issue fâcheuse. Rappelez-vous les avalanches de vos Alpes tant admirées ; tout d'abord leurs dimensions sont insignifiantes et leur mouvement peu rapide. Comparaison usée, direz-vous. Mais je n'en trouve pas une meilleure lorsque je songe à l'agglomération graduelle des événements sans importance, prenant des proportions menaçantes pour la destinée de la Société Théosophique. Je ne pouvais me débarrasser de cette idée, l'autre jour, en descendant les défilés de Kolenlun — vous les appelez Karakorum — lorsque j'y fus témoin de la chute d'une avalanche. J'étais allé voir personnellement notre chef..... et me dirigeais vers Lhadak, en me rendant chez moi. Je ne saurais dire quelles furent les pensées qui me vinrent ensuite. Mais au moment où je voulais profiter du calme imposant qui suit généralement ces cataclysmes, pour observer plus nettement la situation présente et les dispositions des *mystiques* de Simla, je fus violemment rappelé à mes sens. Une voix familière, aussi perçante que celle que l'on attribue au paon de Saraswati — laquelle, si l'on en croit la tradition, fit fuir le roi des Nagas — retentit le long des courants : « ....Kout-Houmi, venez vite à mon secours ! » et dans son excitation elle oubliait qu'elle parlait en anglais. Je dois dire que les télégrammes de la « vieille dame » vous frappent comme des pierres lancées par une catapulte.

« Que faire, sinon venir. Des arguments à travers l'espace étaient inutiles pour quelqu'un plongé dans un morne désespoir et dont le moral se trouvait dans un état de chaos complet. Je me déterminai donc à rompre avec une retraite de plusieurs années et à venir passer quelque temps avec elle, pour la réconforter de mon mieux. Mais notre amie n'a pas un tempérament à prendre modèle sur la résignation philosophique de Marc-Aurèle. Les destins n'écrivirent jamais qu'elle pourrait dire : « C'est une chose royale que de faire le bien pour entendre dire du mal de soi. » J'étais venu pour quelques jours, mais je m'aperçois que je ne puis supporter plus longtemps le magnétisme étouffant de mes propres compatriotes. J'ai vu plusieurs de nos vieux et fiers Sikhs chanceler, ivres, sur les dalles de marbre de leur temple sacré. J'ai entendu un vakil [1] parlant anglais déclamer contre *Yog Vidya* et la théosophie, les appelant illusion et mensonge, déclarant que la science anglaise les avait délivrés de ces superstitions dégradantes, et disant qu'on insultait l'Inde en soutenant que les Yogis et les Sunnyasis dégoûtants savaient quelque chose sur les mystères de la nature et qu'un homme vivant pouvait ou avait jamais pu produire des phénomènes. Je m'en retourne demain.

» ..... Je vous ai télégraphié mes remerciements pour l'obligeance que vous avez mise à satisfaire

---

1. Sorte d'avocat. — (*Note du traducteur.*)

mes désirs au sujet de ce dont vous parlez dans votre lettre du 24.

» ...... Reçue à Amritsour le 27 à 2 heures de l'après-midi, j'eus votre lettre cinq minutes plus tard, à trente milles environ de Rawul-Pinder, et je vous en accusai réception, de Jhelum, par fil télégraphique, à 4 heures dans la même après-midi. Nos systèmes de communications rapides [1], et de distribution immédiate ne sont donc pas à dédai-

1. Beaucoup de vieux Indiens et plusieurs livres sur la révolte de l'Inde, parlent de la manière incompréhensible dont les nouvelles d'événements ayant lieu à distance pénétraient quelquefois dans les bazars des natifs avant qu'elles arrivassent aux Européens, dans les mêmes endroits, malgré l'emploi des moyens de communication les plus rapides dont ils pouvaient disposer. L'explication qui m'a été donnée de ce fait est que les Frères, qui à cette époque désiraient conserver le pouvoir britannique parce qu'ils le regardaient comme préférable pour l'Inde à tout autre système de gouvernement venant des natifs, distribuaient rapidement les nouvelles, suivant leurs méthodes particulières, lorsque ces nouvelles étaient de nature à calmer l'excitation populaire et à décourager les nouveaux soulèvements. Le sentiment qui les animait alors est le même que celui qui les anime encore aujourd'hui, et le gouvernement agirait sagement en favorisant le développement de l'influence de la Société Théosophique dans l'Inde. Les soupçons qui furent dirigés dans le principe contre ses fondateurs, quoique mal adressés, étaient cependant assez excusables, mais aujourd'hui que l'on comprend mieux le caractère du mouvement, les fonctionnaires du gouvernement britannique dans l'Inde feraient bien, lorsque l'occasion s'en présente, de montrer de la sympathie pour les promoteurs de la Société, qui ont nécessairement une tâche ingrate à accomplir s'ils sont privés de toute marque de sympathie.

gner du monde occidental, ni même des sceptiques vakils Aryens parlant anglais.

» Je ne puis demander à un associé plus de jugement que vous en montrez pour commencer. Mon frère, vous avez déjà changé d'une manière remarquable votre attitude envers nous. Qui nous empêche de nous entendre parfaitement un jour?... On ne peut pas attendre de votre peuple beaucoup plus qu'une bienveillante neutralité envers le nôtre. Il y a un point de contact si faible entre les deux civilisations que chacun d'eux représente, qu'on pourrait dire qu'elles ne se touchent pas du tout. Et elles s'y refuseraient du reste, s'il ne se trouvait quelques — dirai-je excentriques ? — qui, comme vous, rêvent des rêves meilleurs et plus hardis que les autres, et s'adressant à l'intelligence, réunissent les deux civilisations avec une hardiesse admirable. »

La lettre que j'ai maintenant sous les yeux se composant en grande partie de matières qui me sont personnelles, je suis obligé de n'en citer que quelques passages tirés de ci de là ; mais ces citations seront pleines d'intérêt, parce qu'elles donnent surtout un air de réalité à des sujets que l'on traite généralement dans un vague et pompeux langage. Kout-Houmi me mettait en garde contre la tendance que je pourrais avoir à trop idéaliser les Frères, dans mon admiration pour leurs pouvoirs merveilleux.

« Êtes-vous sûr, dit-il, que l'impression agréable que vous produit notre correspondance ne serait pas détruite en un instant si vous me voyiez? Et lequel de nos saints *shaberons* jouit de la faible éducation universitaire et de la légère connaissance des manières européennes qui m'échurent? »

Kout-Houmi me disait, avec circonspection, qu'il communiquerait avec moi, autant qu'il serait possible, « soit par..... lettres (avec ou sans coussins), soit par des visites personnelles sous une forme astrale. Mais songez, « ajoutait-il, » que Simla est plus élevée qu'Allahabad de 7,000 pieds, et que les difficultés qu'il y a à surmonter dans cette dernière ville sont terribles ». Les esprits ordinaires ne font guère de distinctions de degré dans les phénomènes de *magie*; la petite allusion instructive contenue dans la dernière phrase peut servir à nous faire comprendre que tout magiques qu'apparaissent les phénomènes produits par les Frères (en laissant de côté l'hypothèse stupide de supercherie) ils appartiennent à une magie soumise à des lois déterminées. Dans l'enfance de la chimie on regardait la plupart des corps de la nature comme des éléments; mais le nombre des corps simples diminue avec le progrès des recherches faites dans la loi des combinaisons : ainsi de la magie. Il fut une époque où c'eût été de la magie de courir les nuages dans une corbeille ou d'envoyer des lettres par dessous la mer; cela est cependant devenu une chose commune. Les manifestations de Simla sont magiques pour la plupart des hommes de notre génération, mais la télégraphie psychologique deviendra probablement dans quelques siècles, sinon la propriété du genre humain, du moins un fait scientifique aussi incontestable que le calcul différentiel, et reconnu comme étant au pouvoir de ceux qui auront étudié spécialement cette branche. Que la télégraphie psychologique ou d'autres phénomènes de même genre soient plus facil à produire dans certaines couches de l'atmosphère que dans d'autres, voilà déjà une suggestion qui tend à les faire descendre du royaume de la magie, ou si l'on veut, à les élever vers les régions de la science exacte.

Je puis ici insérer la plus grande partie d'une lettre que Kout-Houmi adressa à cet ami dont j'ai parlé précédemment et qui avait ouvert une correspondance suivie avec lui au sujet du projet qu'il avait formé de se dévouer entièrement, sous certaines conditions, à la poursuite de l'occultisme. Cette lettre jette une grande lumière sur quelques-unes des conceptions métaphysiques des occultistes, et l'on doit se rappeler que leur métaphysique est tout autre chose qu'une spéculation abstraite.

« Cher Monsieur,

« Profitant de mes premiers moments de loisir pour répondre en forme à votre lettre du 17 du mois dernier, je viens vous rapporter le résultat de mon entretien avec nos chefs au sujet de la proposition qu'elle contient, et j'essaierai en même temps de répondre à toutes vos questions.

» Je dois d'abord vous remercier, au nom de toute la section de notre Fraternité qui s'intéresse spécialement à la prospérité de l'Inde, pour une offre d'assistance dont l'importance et la sincérité ne peuvent être mises en doute par personne. Nous faisons remonter l'origine de notre race, à travers les vicissitudes de la civilisation indienne, jusqu'à un passé très lointain, et notre amour pour notre mère patrie est si profond et si passionné qu'il a survécu même à l'effet élargissant et cosmopolisant (pardon si ce mot n'est pas anglais) de nos études sur les lois de la nature. Aussi, je ressens, ainsi que tout patriote Indien, la plus forte reconnaissance pour toute parole ou tout procédé aimable en faveur de notre patrie.

» Vous pouvez vous imaginer dès lors que, puisque nous sommes tous convaincus que la dégradation de l'Inde est due pour une large part à l'étouffement de son antique spiritualité, et que pour relever son noble étendard de science et de morale il ne faut compter que sur une impulsion nationale, chacun de nous est disposé, naturellement et sans se faire prier, à pousser en avant une Société en formation, surtout si son véritable but est de grandir pure de tout mobile égoïste, une Société dont l'objet est de faire revivre l'ancienne science et de réhabiliter notre pays dans l'estime du monde. Tenez-vous-en pour convaincu sans avoir besoin de nouvelles affirmations. Mais vous savez, comme tous ceux qui ont lu l'histoire, que les patriotes peuvent se crever le cœur en vain si les circonstances sont contre eux. Il arrive parfois qu'aucune puissance humaine, pas même la force ni la furie du patriotisme le plus sublime, n'a été capable de faire dévier de sa course fatale une destinée de fer, et que des nations se sont éclipsées dans l'engouffrante noirceur de la ruine, comme des torches plongées dans l'eau. Aussi, nous qui avons le sentiment de la chute de notre pays, sans avoir le pouvoir de le relever immédiatement, ne pouvons-nous pas faire ce que nous voudrions ni pour les affaires générales, ni pour celle-ci en particulier. Et, pleins de bonne volonté, mais n'ayant pas le droit d'aller au-devant de vos avances plus qu'à mi-chemin, nous sommes obligés de dire que l'idée émise par M. Sinnett et vous est en partie impraticable. En un mot, il m'est impossible ainsi qu'à tout autre frère, même à un néophyte avancé, d'accepter le rôle spécial d'inspirateur ou de chef de la branche anglo-indienne. Nous savons que ce serait une bonne chose de vous donner une instruction régulière ainsi qu'à quelques-uns de vos collègues, et de vous montrer les phénomènes accompagnés de leur explication. Car lors même que votre petit groupe serait le seul à être convaincu, encore serait-ce un avantage acquis que d'avoir quelques Anglais, doués de capacités de premier ordre, enrôlés comme étudiants de la psychologie asiatique. Nous sommes au courant de tout cela et de bien d'autres choses ; aussi ne refusons-nous pas de correspondre avec vous, ni de vous aider par toutes sortes de moyens. Ce que nous refusons, c'est de prendre sur nous d'autre responsabilité que celle de cette correspondance périodique et des conseils dont nous vous assistons ; à l'occasion nous vous favoriserons de preuves tangibles, visibles, s'il est possible, de nature à vous convaincre de notre existence et de l'intérêt que nous vous portons. Nous ne voulons pas consentir à vous GUIDER. Bien que nous puissions faire beaucoup, nous ne pouvons que promettre de vous donner la pleine mesure de vos mérites. Méritez beaucoup, et nous nous montrerons honnêtes débiteurs; méritez peu, et vous serez servis en conséquence. Ce n'est pas là un simple texte emprunté à un cahier d'écolier, bien qu'il semble tel : c'est l'énoncé, sous sa forme vulgaire, de la loi de notre ordre, que nous ne pouvons outrepasser. N'étant pas accoutumés à la manière de penser et d'agir des Occidentaux, spécialement des Anglais, si nous nous mêlions d'une organisation de la sorte, vous trouveriez à chaque instant toutes vos habitudes et toutes vos traditions heurtées, sinon par les nouvelles aspirations elles-mêmes, du moins par leurs modes de réalisation tels que nous vous les suggérerions. Vous ne marcheriez même pas ensemble pendant le chemin que vous pouvez faire par vous-mêmes. J'ai demandé à M. Sinnett de rédiger un plan incorporant vos idées communes, pour être soumis à nos chefs; c'est là, je crois, le plus court moyen d'arriver à une entente mutuelle. « Guidée par nous, votre branche ne vivrait pas, car vous n'êtes pas des hommes à être guidés du tout dans le sens du mot. Aussi la Société serait-elle un avortement, une banqueroute; elle semblerait aussi étrange qu'une Daumont parisienne trainée par un attelage de yaks ou de chameaux indiens. Vous nous demandez de vous enseigner la vraie science — l'aspect occulte du côté invisible de la nature; et vous croyez que cela peut se faire aussi facilement que se dire. Vous ne semblez pas comprendre qu'il y a de terribles difficultés dans la manière de communiquer même les rudiments de NOTRE science à ceux qui ont été élevés d'après les méthodes à vous familières. Vous ne semblez pas voir que plus vous possédez celles-ci, moins vous êtes capables de comprendre instinctivement celle-là; car un homme ne peut penser qu'en faisant glisser son raisonnement dans ses ornières d'usage, et, à moins qu'il n'ait le courage de les combler et de s'en faire de nouvelles, il doit forcément voyager sur les vieilles lignes. Permettez-moi quelques exemples. Conformément à la science exacte, vous ne reconnaissez qu'une seule force cosmique, et ne voyez pas de différence entre l'énergie dépensée par un voyageur qui écarte les broussailles obstruant sa route et celle de somme égale, qu'emploie un expérimentateur scientifique pour mettre une pendule en mouvement. Nous en jugeons autrement, car nous savons qu'il y a un monde de différence entre les deux. L'un dissipe et éparpille inutilement la force, l'autre la concentre et l'enrichit. Et ici veuillez comprendre que je ne m'occupe pas de l'utilité relative des deux actions, comme on pourrait l'imaginer, mais seulement du fait que dans un de ces cas il n'y a que de la force brute dépensée sans que l'on ait transformé cette énergie grossière en une forme potentielle plus élevée dans la dynamique spirituelle; ce qui a lieu justement dans l'autre cas. Ne me considérez pas, s'il vous plaît, comme vaguement métaphysique. L'idée que je voudrais communiquer est que l'intellection supérieure dans un cerveau scientifiquement occupé a pour résultat l'évolution d'une forme sublimée d'énergie spirituelle, qui, dans l'action cosmique, peut produire des effets illimités; tandis que le cerveau qui agit automatiquement ne détient ou n'amasse en lui-même qu'un certain quantum de force brute qui ne peut produire aucun bénéfice, ni pour l'individu, ni pour l'humanité. Le cerveau humain est un générateur inépuisable de force cosmique de la qualité la plus raffinée, qu'il tire de l'énergie inférieure de la nature brute : l'adepte complet a fait de lui-même un centre rayonnant de virtualités dont naîtront corrélations sur corrélations à travers les âges à venir. Telle est la clef du mystérieux pouvoir qu'il possède de projeter et de matérialiser dans le monde visible les formes que son imagination a construites dans l'invisible avec la matière cosmique inerte. L'adepte ne crée rien de nouveau ; il ne fait qu'employer en les manipulant les matériaux que la nature a en magasin autour de lui, la matière première qui durant les éternités a passé à travers toutes les formes. Il n'a qu'à choisir celle dont il a besoin, et la rappeler à l'existence objective. Ceci ne semblerait-il pas à l'un de vos SAVANTS biologistes le rêve d'un fou ?

» Vous dites qu'il y a peu de branches de la science avec lesquelles vous ne soyez plus ou moins familiarisé, et que vous pensez faire une certaine somme de bien que de longues années d'études vous ont mis en mesure d'accomplir. Je n'en doute pas ; mais veuillez me permettre de vous esquisser encore plus clairement la différence de nature qui existe entre les sciences physiques (appelées exactes souvent par pure flatterie), et les sciences métaphysiques. Ces dernières, vous le savez, étant impossibles à démontrer devant les auditoires ordinaires, sont classées par M. Tyndall avec les fictions de la poésie. Par contre, la science réaliste du fait est complètement prosaïque. Pour nous, pauvres philanthropes inconnus, un fait quelconque de l'une ou l'autre de ces sciences, n'est intéressant que par le degré de sa virtualité à produire des résultats moraux, et le taux de son utilité pour le genre humain. Est-il une chose plus indifférente à tout et à tous, plus étroitement limitée aux égoïstes besoins de son propre développement, que cette science matérialiste du fait, dans son isolement orgueilleux? Et puis-je demander... ce qu'ont à faire avec la philanthropie les lois de Faraday, de Tyndall ou autres, dans leurs relations abstraites avec l'humanité considérée comme un tout intelligent? En quoi se soucient-elles de l'HOMME, atome isolé de ce grand et harmonieux ensemble, bien qu'elles puissent parfois lui être utiles? La force cosmique est quelque chose d'éternel et d'incessant; la matière est indestructive; — et là s'arrêtent les faits scientifiques. Doutez-en, vous êtes un ignoramus; niez-les, vous êtes un fou dangereux ou un bigot; prétendez progresser d'après ces théories, vous êtes un impertinent charlatan. Et encore personne, dans le monde des expérimentateurs, n'a jamais eu l'idée de tirer de ces faits scientifiques la conclusion suivante : la nature préfère, consciemment, que la matière soit indestructible sous la forme organisée plutôt que sous la forme inorganique, et elle travaille lentement, mais incessamment, à la réalisation de ce but : — l'évolution de la vie consciente hors de la matière inerte. — De là, leur ignorance sur la dispersion ou la concentration de l'énergie cosmique sous son aspect métaphysique, de là, leurs divisions au sujet des théories de Darwin, de là, leur incertitude sur le degré de vie consciente qu'il y a dans chaque élément, et de là, nécessairement, leur refus méprisant, lorsqu'il s'agit d'accepter un phénomène produit en dehors des conditions établies par eux ainsi que l'idée, juste cependant, qu'il y a des mondes de force semi-intelligentes, sinon intellectuelles, à l'œuvre dans les coins cachés de la nature. Pour vous donner un autre exemple instructif, — nous voyons une vaste différence entre les qualités des sommes égales d'énergie dépensées par deux hommes, dont nous supposerons que l'un se rend tranquillement à son ouvrage quotidien, pendant que l'autre est en route pour aller dénoncer un de ses semblables au poste de police ; tandis que les savants n'en voient aucune. Ils ne voient pas non plus de différence spécifique, — et nous en voyons une, —

entre l'énergie du vent en mouvement et celle d'une roue qui tourne. Et pourquoi ces différences ? Parce que chaque pensée de l'homme passe, au moment où elle est développée, dans le monde intérieur où elle devient une entité active par son association, ce que nous pourrions appeler sa fusion avec un ÉLÉMENTAL, c'est-à-dire avec l'une des forces semi-intelligentes des règnes de la nature. Elle survit comme intelligence active, — créature engendrée par l'esprit, — pendant un temps plus ou moins long, suivant l'intensité originelle de l'action cérébrale qui lui a donné naissance. Ainsi une bonne pensée est perpétuée comme un pouvoir activement bienveillant ; une mauvaise, comme un démon malfaisant. Et de la sorte, l'homme peuple continuellement son courant dans l'espace d'un monde à lui, où se pressent les enfants de ses fantaisies, de ses désirs, de ses impulsions et de ses passions ; ce courant réagit en proportion de son intensité dynamique sur toute organisation sensitive ou nerveuse qui se trouve en contact avec lui. Le bouddhiste l'appelle son SHANDHA, l'Hindou lui donne le nom de KARMA. L'adepte involue consciemment ces formes : les autres hommes les laissent échapper sans en avoir conscience. L'adepte, pour réussir et conserver son pouvoir, doit habiter dans la solitude et plus ou moins dans l'intérieur même de son âme. Encore moins la science exacte peut-elle comprendre que si, d'un côté, la fourmi qui bâtit, l'abeille qui travaille, l'oiseau qui fait son nid accumulent chacun à leur humble manière autant d'énergie cosmique dans sa forme potentielle qu'un Haydn, un Platon, ou un laboureur retournant son sillon le font à la leur; d'un autre côté, le chasseur qui tue du gibier pour son plaisir ou son profit, et le positiviste qui applique son intelligence à prouver que $+\times+=-$, dépensent et gaspillent l'énergie tout autant qu'un tigre qui s'élance sur sa proie. Tous ceux-ci volent la nature au lieu de l'enrichir, et tous s'en trouveront responsables en proportion de leur intelligence.

» La science exacte expérimentale n'a rien à faire avec la moralité, la vertu et la philanthropie, — aussi ne peut-elle prétendre à notre appui que le jour où elle s'alliera avec la métaphysique. Comme elle n'est qu'une froide classification de faits extérieurs à l'homme, et existant avant et après lui, son domaine d'utilité ne s'étend pour nous que jusqu'à la limite de ces faits; et elle s'inquiète peu des conclusions et des résultats que l'humanité pourra tirer des matériaux acquis par sa méthode.

Aussi, notre sphère étant extérieure à la sienne, — comme la route d'Uranus est extérieure à celle de la Terre, — nous refusons catégoriquement de lui présenter notre tête à couper. Pour elle, la chaleur n'est qu'un mode de mouvement et le mouvement développe la chaleur ; mais elle en est encore à découvrir pourquoi le mouvement mécanique de la roue qui tourne doit avoir une plus haute valeur métaphysique que la chaleur en laquelle il se transforme graduellement. Allez donc soutenir devant des hommes de science cette conception philosophique et transcendante (par conséquent absurde) des Théosophes du moyen âge, à savoir que le travail progressif de l'homme, aidé de ses découvertes incessantes, aboutira un jour à un procédé qui, semblable à celui de l'énergie du soleil — en sa qualité de moteur direct — extraira les aliments nutritifs de la matière inorganique ! Si le soleil grand-père nourricier de notre système planétaire, faisait demain, « *dans des conditions rigoureuses d'observation,* » éclore d'un caillou des poulets de granit, ils (les hommes de science) accepteraient le fait comme scientifique, et ne dépenseraient pas une pensée à regretter que les poulets ne soient pas vivants pour nourrir les pauvres et les meurt-de-faim. Mais qu'un SHABERON traverse l'Himalaya dans un temps de famine et multiplie les sacs de riz pour la multitude en péril, — ainsi qu'il pourrait le faire, — il est probable que vos magistrats et vos receveurs le logeraient dans un cachot pour lui faire avouer le grenier qu'il a dévalisé. Voilà la science exacte et notre monde réaliste. Vous-même, bien que vous vous disiez frappé de l'immense ignorance du monde sur toutes choses, bien que vous définissiez très justement la science comme « une collection de quelques faits palpables maladroitement généralisés, un jargon technique inventé pour cacher l'ignorance de l'homme sur tout ce qui s'étend au delà de ces faits, » bien que vous parliez de votre foi aux possibilités infinies de la nature, cependant vous continuez à dépenser votre vie dans un travail qui ne sert qu'à cette même science exacte...

» Parmi les nombreuses questions que vous touchez, nous discuterons d'abord, si vous le voulez bien, celle qui traite du tort qu'auraient eu selon vous LES FRÈRES de « ne pas avoir laissé quelque empreinte dans l'histoire du monde ». Vous pensez qu'ils auraient dû être capables, avec les avantages extraordinaires qu'ils possédaient, « de réunir dans leurs écoles un nombre considérable des esprits les plus éclairés de chaque race. »

10.

Comment savez-vous qu'ils n'ont pas laissé d'empreinte? Avez-vous connaissance de leurs efforts, de leurs succès et de leurs insuccès? Avez-vous quelque tribunal devant lequel les assigner? Comment ferait votre monde pour réunir des documents sur la conduite d'hommes qui ont soigneusement tenu fermées toutes les portes par lesquelles la curiosité eût pu les espionner? La première condition de leur succès était de n'être jamais surveillés, ni entravés. Les faits qu'ils ont accomplis, ils les connaissent; tous ceux qu'il était donné au monde d'apercevoir n'étaient que des résultats dont les causes étaient cachées aux regards. Pour expliquer ces résultats, les hommes, à différentes époques, ont inventé des théories d'interventions divines, de providences spéciales, de destins, d'influences bénignes ou hostiles d'étoiles. Il n'y a pas une époque, durant ou avant la soi-disant période historique, où nos prédécesseurs n'aient pas moulé les événements et FAIT L'HISTOIRE dont les faits furent ensuite invariablement déformés par les historiens pour satisfaire les préjugés contemporains. Êtes-vous bien sûrs que les figures héroïques qui apparaissent dans cette succession de drames n'aient pas été plus d'une fois rien autre chose que leurs marionnettes? Nous n'avons ja-

mais prétendu être capables d'entraîner des nations
en masse à telle ou telle crise en dépit de l'impulsion générale qui provient des relations cosmiques
de l'univers. Les cycles doivent parcourir leurs
révolutions. Des périodes de lumière et d'obscurité
mentales et morales se succèdent comme le jour
succède à la nuit. Les grands et les petits yugas [1]
doivent s'accomplir suivant l'ordre établi; et
nous qui sommes emportés sur la puissante vague,
nous ne pouvons que modifier et diriger quelques-
uns de ses courants secondaires. Si nous avions les
pouvoirs du Dieu personnel qu'on a imaginé, et si
les lois universelles et immuables n'étaient que des
jouets, alors, en vérité, nous aurions créé des conditions d'existence qui auraient fait de cette terre
une Arcadie pour des âmes sublimes. Mais, ayant
à compter avec une loi immuable dont nous
sommes nous-mêmes des créatures, nous avons dû
faire ce que nous pouvions, et rester reconnaissants. Il fut des temps où « un nombre considérable d'esprits éclairés » étaient enseignés dans nos
écoles. Il y a eu de semblables époques dans l'Inde,

1. Les yugas, ou yougs, sont des époques de l'âge du monde, calculées d'une manière précise et variant, chacune, d'après la chronologie brahmanique, de 432,000 à 1,728,000 années. Voir le Bulletin de la Société scientifique d'études psychologiques : 15 juillet 1883. — (*Note du traducteur.*)

dans la Perse, dans l'Égypte, dans la Grèce et à Rome. Mais, comme je le faisais remarquer à M. Sinnett, l'adepte est l'efflorescence de son époque, et le nombre de ceux qui apparaissent dans un siècle est comparativement restreint. La terre est le champ de bataille des forces morales aussi bien que des forces physiques, et l'impétuosité de la passion animale, aiguillonnée par les grossières énergies du groupe inférieur des agents de l'éther, tend toujours à éteindre la spiritualité. Pourrait-il en être autrement pour des hommes qui ont conservé un lien de parenté si étroit avec le règne inférieur dont ils ont évolué? Il est vrai également que notre nombre diminue à l'heure présente; mais cela tient à ce que, comme je l'ai dit, appartenant à la race humaine, nous sommes soumis à l'impulsion cyclique et impuissants à la faire revenir sur elle-même. Pouvez-vous faire remonter vers leurs sources le Gange ou le Brahmapoutra? Pouvez-vous même les endiguer de manière à empêcher leurs flots amoncelés de franchir leurs rives? Non; mais vous pouvez dériver une partie du courant dans des canaux et utiliser ses pouvoirs hydrauliques pour le bien du genre humain. De même nous, qui ne pouvons empêcher le monde de suivre sa direction déterminée, nous sommes cependant capables de détourner une partie de sa force d'impulsion pour l'employer utilement. Considérez-nous comme des demi-dieux et mon explication ne vous satisfera pas ; mais regardez-nous comme de simples mortels — un peu plus sages peut-être que les autres par suite de nos études spéciales, — et ce que j'ai dit servira de réponse à votre objection.

« — Quel bien, dites-vous, avons-nous à retirer, » mon compagnon et moi (les deux sont insépa- » rables) de ces sciences occultes ? » Quand les natifs verront que les Anglais et même les hauts fonctionnaires s'intéressent, dans l'Inde, à la science et aux philosophies de leurs ancêtres, ils se mettront eux-mêmes à les étudier ouvertement. Et quand ils seront arrivés à comprendre que les vieux phénomènes DIVINS n'étaient pas des miracles, mais des résultats scientifiques, la superstition s'évanouira. Ainsi le plus grand mal qui maintenant retarde la renaissance de la civilisation indienne disparaîtra avec le temps. L'éducation actuelle tend à les rendre matérialistes et à arracher en eux la spiritualité. En leur faisant apprécier et comprendre les écrits et les enseignements de leurs ancêtres, l'éducation deviendra pour eux un bienfait au lieu d'une malédiction qu'elle est souvent maintenant. Aujourd'hui les natifs ignorants, aussi bien que ceux qui sont instruits, regardent la religion chrétienne et la science moderne que représentent les Anglais, comme la cause du préjugé qui empêche ceux-ci d'essayer de les comprendre, eux ou leurs traditions. Les deux peuples se haïssent mutuellement et se défient l'un de l'autre. Changez d'attitude envers la vieille philosophie, alors les princes et les gens riches de la nation commenceront à subventionner des écoles normales pour l'éducation des pundits ; les vieux manuscrits ensevelis jusqu'ici hors de l'atteinte des Européens reverront la lumière, et vous aurez la clef d'un grand nombre de mystères cachés durant des siècles à l'entendement populaire et que vos sanscritistes sceptiques ne veulent pas se donner la peine de comprendre, tandis que vos missionnaires religieux ne l'*osent* pas. La science y aurait beaucoup à gagner, l'humanité tout. Sous l'action stimulante de la Société Théosophique anglo-indienne, nous pourrions avec le temps voir un nouvel âge d'or pour la littérature sanscrite.....

» Si nous tournons nos regards vers Ceylan, nous y voyons les prêtres les plus lettrés se réunir, sous la conduite de la Société Théosophique, pour une nouvelle exégèse de la philosophie bouddhiste ;

à Galles, le 15 septembre, une école laïque de théosophie pour l'enseignement de la jeunesse cingalaise s'est ouverte avec une liste de plus de trois cents écoliers, exemple qui va être bientôt imité sur trois autres points de l'île. S'il est vrai que la Société Théosophique, « telle qu'elle est constituée à présent, » ne possède pas « une vitalité réelle », et si malgré ses modestes moyens elle a déjà rendu des services aussi pratiques, quels résultats beaucoup plus importants ne sommes-nous pas en droit d'attendre d'un corps organisé sur les bases meilleures que vous pourriez proposer ?

» Les mêmes causes qui tendent à matérialiser l'esprit indien affectent aussi toute la pensée occidentale. L'éducation intronise le scepticisme et emprisonne la spiritualité. Vous feriez un bien immense en aidant à donner aux nations de l'Ouest une base assurée sur laquelle elles puissent reconstruire leur foi qui tombe en poussière. Ce qu'il leur faut, c'est l'évidence, que seule fournit la psychologie asiatique : en la leur procurant vous apporteriez la paix à des milliers d'esprits. L'ère de la foi aveugle est finie : nous sommes dans celle des recherches. Mais les recherches qui ne font que démasquer l'erreur, sans découvrir de terrain sur lequel l'âme puisse bâtir, ne produiront que des iconoclastes. L'iconoclasie, par sa nature destructive même, ne peut rien donner : elle fait seulement table rase. La pure négation ne saurait satisfaire l'homme, et l'agnosticisme n'est qu'une halte temporaire. C'est le moment de guider l'impulsion récurrente qui bientôt poussera le siècle à l'extrême athéisme, ou le ramènera au sacerdotalisme extrême si on ne le dirige vers la primitive philosophie des Ariens, la seule qui satisfasse l'âme. Celui-là comprendra la poussée des faits, qui observe ce qui se passe aujourd'hui, d'un côté parmi les catholiques qui, comme les termites éphémères, se hâtent de pondre leurs miracles, de l'autre, parmi les libres-penseurs qui se convertissent en masse à l'agnosticisme. Le siècle se rue dans une orgie de phénomènes. Les mêmes merveilles que les spirites citent en opposition aux dogmes d'expiation et de perdition éternels, servent aux catholiques qui accourent les contempler pour affermir leur foi aux miracles. Les sceptiques se moquent des uns et des autres. Tous sont aveugles, et il n'y a personne pour les conduire. Vous et vos collègues pouvez aider à fournir des matériaux pour la construction d'une philosophie religieuse dont le monde entier a besoin ; philosophie qui soit imprenable pour les assaillants de la science, étant elle-même la fin de la science absolue; RELIGION réellement digne de ce nom, puisqu'elle repose sur les relations de l'homme physique avec l'homme psychique, et de ceux-ci avec tout ce qu'il y a au-dessus et au-dessous d'eux. Cela ne mérite-t-il pas un léger sacrifice ? Et si, après réflexion, vous vous décidiez à entrer dans cette nouvelle carrière, faites en sorte que l'on sache que votre Société n'est pas une boutique à miracles, ni un club à banquets, et qu'elle ne s'adonne pas spécialement à l'étude du phénoménalisme. Son but capital doit être d'extirper les superstitions et le scepticisme qui ont cours et de faire couler des sources anciennes, longtemps scellées, les preuves qui montrent à l'homme : qu'il peut façonner lui-même sa future destinée; qu'il peut tenir pour certaine la possibilité pour lui de vivre d'une vie future, pourvu qu'il le veuille ; enfin, que tous les *phénomènes* ne sont que des manifestations de la loi naturelle que doit essayer de comprendre tout être intelligent. »

Je n'ai encore rien dit des circonstances dans lesquelles ces diverses lettres me tombèrent entre les mains : en comparaison de l'importance intrinsèques des idées qu'elles renferment, les circonstances phénoménales dans lesquelles quelques-unes d'entre elles me furent données n'ont qu'un intérêt secondaire pour les lecteurs qui apprécient surtout leur philosophie. Cependant toute parcelle d'évidence qui sert à montrer la nature des pouvoirs exercés par les adeptes est digne d'attention, bien que l'explication de ces pouvoirs soit encore cachée au monde. Le fait de leur existence ne peut être établi que par l'accumulation des preuves, tant que nous serons incapables de démontrer leur possibilité par l'analyse *a priori* des capacités latentes dans l'homme.

Mon ami à qui la dernière lettre était adressée écrivit une longue réponse, et subséquemment une lettre additionnelle à Kout-Houmi; il m'envoya cette réponse en me priant de la lire, de la cacheter, et de la donner ou de l'envoyer à madame Blavatsky pour qu'elle la transmît. Vers cette époque, nous attendions madame Blavatsky chez moi, à Allahabad; elle venait d'Amritsour et de Lahore, où, comme je l'ai déjà indiqué, elle était restée quelque temps après notre départ de Simla pour la saison. Je fis comme on le désirait, et donnai ma lettre à madame Blavatsky, après avoir gommé et cacheté l'enveloppe solide dans laquelle elle avait été envoyée. Le même soir, quelques heures après, en rentrant chez moi pour dîner, je trouvai que la lettre était partie et revenue. Madame Blavatsky me raconta que, causant dans sa chambre avec un visiteur, elle maniait un crayon bleu sur son bureau sans prendre garde à ce qu'elle faisait, quand elle remarqua tout à coup que le papier sur lequel elle griffonnait était ma lettre, dont le destinataire avait dûment pris possession, par sa méthode ordinaire, une heure ou deux auparavant. Elle s'aperçut que, tandis qu'elle parlait de quelque autre chose, elle avait écrit inconsciemment sur l'enveloppe les mots que celle-ci portait maintenant, « lue et retournée avec remerciments et quelques » commentaires. Veuillez ouvrir. » J'examinai avec soin l'enveloppe : elle était parfaitement intacte, rien n'avait été dérangé. En l'ouvrant, je trouvai la lettre qu'elle contenait quand je l'avais envoyée et une autre que Kout-Houmi m'écrivait et dans laquelle il critiquait la première au moyen d'une série de chiffres au crayon se rapportant à des phrases particulières de la lettre originale. Ceci est un nouvel exemple du passage de la matière à travers la matière, qui, pour les milliers de spirites qui en ont été témoins, est un phénomène de la nature aussi certain que le lever du soleil, et qui se présenta à moi, non seulement dans des séances spirites, mais, comme ce récit l'a déjà montré, en plusieurs circonstances où il n'y avait pas de motifs pour supposer d'autre action que celle d'êtres vivants doués de facultés dont nous possédons tous peut-être les germes à l'état embryonnaire, mais qu'ils ont su développer de manière à leur faire produire des fruits.

Les critiques sceptiques, laissant de côté l'enseignement renfermé dans tous les phénomènes que j'ai précédemment décrits et s'en prenant exclusivement à cet incident de la lettre, diront sans doute que madame Blavatsky a eu longuement le temps d'ouvrir l'enveloppe, par des moyens semblables à ceux que les médiums de profession sont dans l'habitude d'employer pour obtenir du monde des esprits des réponses aux lettres cachetées. Mais, d'abord, la preuve du télégramme de Jhélum et l'évidence qui ressort de toute cette correspondance suffiraient à montrer que les lettres, dans lesquelles je reconnais l'écriture de Kout-Houmi, ne sont en aucun cas l'ouvrage de madame Blavatsky ; ensuite, que l'on veuille bien comparer l'incident que je viens de décrire avec un autre d'un genre exactement semblable qui se présenta peu de temps après dans des circonstances différentes. Kout-Houmi m'avait envoyé une lettre adressée à mon ami, pour que je la lusse et la lui fisse parvenir. Avant d'envoyer cette lettre, j'eus besoin de faire à son sujet une communication à Kout-Houmi. Je lui écrivis une note que j'enfermai dans une enveloppe gommée ordinaire et que je donnai à madame Blavatsky. Elle la mit dans sa poche, alla dans sa chambre qui ouvrait sur le salon, et revint presque instantanément. Certainement elle n'avait pas été absente pendant trente secondes. Elle me dit qu'IL avait pris la lettre de suite. Alors elle me suivit jusqu'à mon cabinet, parla durant quelques minutes à ma femme dans la chambre voisine, et revenant à mon bureau elle s'étendit sur un canapé. Je m'étais mis à mon ouvrage, et dix minutes s'étaient écoulées, peut-être moins, quant tout à coup elle se leva : « Voilà votre lettre, » me dit-elle, en montrant le coussin sur lequel elle avait appuyé sa tête ; là était en effet la lettre que je venais d'écrire, intacte en apparence, mais avec le nom de Kout-Houmi barré sur l'enveloppe et le mien écrit par dessus. Après un examen minutieux je fendis l'enveloppe et y trouvai, sur le feuillet blanc de ma lettre, la réponse demandée, écrite de la main de Kout-Houmi. Maintenant, si l'on met de côté les trente secondes qu'elle avait passées dans sa chambre, madame Blavatsky, durant le court intervalle de temps écoulé entre la remise de la lettre de moi à elle et son retour comme je viens de le décrire, n'avait échappé à ma vue que pendant une minute ou deux dans la chambre de ma femme. Durant tout cet intervalle, personne autre n'était venu dans ma chambre. Quelque expérimentation qu'on eût pu imaginer, jamais on n'eût obtenu de preuve mécanique plus complète et plus absolue du pouvoir anormal qui fut mis en jeu dans ce cas. Le partisan le plus résolu des doctrines généralement admises ne mettra sérieusement en doute la force de cet incident qu'en soutenant que je suis incapable de le décrire correctement. Il n'a d'autres ressources que de se réfugier dans une ironie inepte, ou de déclarer que je dénature les faits. Pour ce qui est de la dernière hypothèse, je ne puis que donner ma parole, — et je le fais, — que mon exposé est rigoureusement exact.

Dans un ou deux cas j'ai reçu de Kout-Houmi des réponses dans mes propres enveloppes restées intactes comme je les lui avais envoyées; mais l'adresse était changée, mes lettres avaient disparu de l'intérieur et ses réponses avaient pris leur place. En deux ou trois circonstances, j'ai trouvé de courts messages, écrits de sa main, sur les parties blanches de certaines lettres que m'envoyaient par la poste d'autres correspondants qui ne se doutaient certainement pas des additions ainsi faites à leurs épîtres.

Naturellement j'ai demandé à Kout-Houmi une explication de ces quelques phénomènes, mais il m'est plus facile de l'interroger qu'à lui de me répondre ; d'un côté, parce que les forces que les adeptes font agir sur la matière pour obtenir des résultats anormaux sont d'une nature si peu connue à la science ordinaire que nous autres, habitants du monde extérieur, nous ne sommes guère préparés à recevoir de telles explications ; d'un autre côté, parce que la manipulation de ces forces touche quelquefois à des secrets d'initiation qu'un occultiste ne doit pas révéler. Cependant je reçus une fois sur le sujet qui nous occupe ce demi-mot d'explication :

« ..... De plus, persuadez-vous bien que mes lettres ne sont pas écrites, mais *empreintes* ou précipitées ; toutes les fautes sont ensuite corrigées. »

On peut croire que je désirais en savoir davantage au sujet de cette précipitation : était-ce un procédé qui suivait la pensée plus rapidement que tous ceux qui nous sont familiers ? Et pour ce qui est des lettres reçues, leur signification pénétrait-elle d'un seul coup l'entendement du destinataire occulte, ou devaient-elles être lues à la manière ordinaire ?

» J'ai naturellement à lire chacun des mots que vous m'écrivez, répondit Kout-Houmi, autrement je ferais un beau gâchis ; et, que je les lise à l'aide de mes yeux physiques ou de mes yeux spirituels, le temps requis pour cette lecture est matériellement le même. Je dois en dire autant de mes réponses, car, que je les précipite, que je les dicte, ou que je les écrive moi-même, la différence de temps que je gagnerais en employant de préférence l'un de ces procédés est bien insignifiante. J'ai à penser chaque mot et chaque phrase, à les photographier avec soin dans mon cerveau, avant qu'ils puissent être reproduits par précipitation. De même que pour fixer sur les plaques chimiques les images formées dans la chambre noire il faut disposer d'abord dans le foyer de l'objectif l'image de l'objet à représenter, — car autrement, comme il arrive souvent dans les mauvaises photographies, les jambes du modèle paraîtraient hors de toute proportion avec sa tête, et ainsi du reste, — de même, nous avons d'abord à disposer nos phrases et à imprimer dans notre esprit chaque lettre qui doit apparaître sur le papier, avant qu'elle soit prête pour la lecture. C'est tout ce que je puis vous dire pour le moment.

Quand la science en connaîtra davantage au sujet des mystères du lithophyle (ou litho-biblion) et saura comment des empreintes de feuilles viennent sur des pierres, alors je pourrai vous faire mieux comprendre notre procédé. Mais vous devez vous souvenir d'une chose : — Nous ne faisons que suivre la nature et la copier servilement dans ses œuvres... »

Dans une autre lettre, Kout-Houmi s'étend plus longuement sur la difficulté de rendre les explications occultes intelligibles aux esprits qui ont été élevés seulement dans la science moderne.

« Ce n'est que par le progrès que l'on fait dans la science des arcanes, en commençant par ses éléments rudimentaires, que l'on est amené graduellement à comprendre ce que nous voulons dire. Seul ce progrès, et pas autre chose, fortifiant et épurant ces mystérieux liens de sympathie qui existent entre les hommes intelligents, — fragments temporairement isolés de l'âme universelle, âme du monde eux-mêmes, — ce progrès arrive à les mettre en plein rapport les uns avec les autres. Une fois ce résultat obtenu, et alors seulement, ces sympathies réveillées serviront à unir l'Homme avec — ce que faute d'un mot scientifique européen plus propre à exprimer mon idée, je suis encore forcé de dépeindre comme une chaîne d'énergie liant le cosmos matériel à l'immatériel, — avec le Passé, le Présent et l'Avenir ; elles aiguiseront ses perceptions et le rendront capable de saisir clairement, non seulement toutes les choses de la matière, mais aussi celles de l'esprit. Je suis irrité d'avoir à me servir de ces trois mots grossiers : présent, passé, avenir. Misérables concepts des phases objectives d'un tout subjectif, ils sont à peu près aussi commodes à employer pour rendre mon idée qu'une hache le serait pour faire un ouvrage délicat de ciselure. Oh ! pauvre ami désabusé, que n'êtes-vous assez avancé DANS LE SENTIER pour que cette simple transmission d'idées ne soit pas étouffée en vous par les restrictions de la matière, pour que l'union de votre esprit avec le nôtre ne soit pas empêchée par l'incapacité qu'il a acquise ! Malheureusement l'esprit des Occidentaux est devenu tellement grossier, par suite de l'hérédité et de ses propres acquisitions, et les phrases même qui servent à exprimer vos pensées modernes ont été si largement mises à contribution par le matérialisme entré dans vos mœurs, qu'il est maintenant presque impossible pour les Occidentaux de comprendre, ou pour nous d'exprimer dans leur langage, quelque chose de ce mécanisme délicat, presque idéal, du cosmos occulte. Tout au plus les Européens peuvent-ils, à force d'étude et de méditation, acquérir cette faculté jusqu'à un certain degré. Et c'est là la barrière qui a jusqu'ici empêché la croyance aux vérités théosophiques d'acquérir de la vogue parmi les nations occidentales et qui a fait rejeter par les philosophes de l'Ouest, comme inutile et fantaisiste, l'étude de la théosophie. Comment vous apprendrais-je à lire et à écrire, ou même à comprendre un langage pour lequel n'ont été encore inventés ni alphabet palpable, ni mots intelligibles pour vous ? Comment pourrait-on expliquer les phénomènes de notre science électrique moderne, par exemple, à un philosophe grec du temps de Ptolémée, rappelé soudainement à la vie, après la lacune de temps infranchissable qui sépare les découvertes de son siècle de celles du nôtre ? Les termes techniques eux-mêmes ne seraient-ils pas pour lui un jargon inintelligible, un abracadabra de sons dénués de signification ? Les instruments et les appareils lui sembleraient-ils autre chose que de miraculeuses monstruosités ? Et supposez pour un instant que j'eusse à vous décrire les raies des espaces colorés qui se trouvent à la suite de ce que vous appelez le spectre visible, raies invisibles

pour tout le monde, sauf pour quelques-uns seulement d'entre nous ; à vous expliquer comment nous pouvons trouver, dans l'espace, chacune des couleurs appelées subjectives ou *accidentelles — et de plus le complément* (pour parler d'une manière mathématique) *de toute autre couleur donnée d'un corps dichromatique* (ce mot seul semble une absurdité), — croyez-vous que vous arriveriez à comprendre leur effet optique, ou même ce que je voudrais dire ? Et puisque vous ne pouvez pas les voir — ces raies — ni les connaître, et que votre science n'a pas encore de nom pour elles, si je venais à vous dire..... : « sans quitter votre pupitre,
» esayez de trouver et de produire devant vos
» yeux tout le spectre solaire décomposé en qua-
» torze couleurs prismatiques (dont sept complé-
» mentaires), car c'est seulement avec l'aide de
» cette lumière occulte que vous pourriez me voir
» à distance comme je vous vois, » — quelle serait votre réponse, je vous le demande ? Qu'auriez-vous à dire ? Ne me répliqueriez-vous pas très probablement que, comme il n'y a jamais eu que sept couleurs primaires (maintenant trois) dont on n'a d'ailleurs jamais vu la décomposition poussée, par un procédé physique connu, plus loin qu'aux sept nuances du prisme, ne répliqueriez-vous pas

que ma proposition est aussi anti-scientifique
qu'absurde? Vous ajouteriez, n'est-ce pas, que la
recherche que je vous propose d'un prétendu
complément n'est pas un compliment flatteur
à l'adresse de vos connaissances en sciences
physiques, et que je ferais bien mieux d'aller
chercher au Thibet mes fabuleux coupes di-
chromatiques et solaires. Car, jusqu'à présent, la
science moderne a été incapable de faire rentrer
dans aucune théorie un phénomène aussi simple
pourtant que les couleurs de tous ces corps di-
chromatiques. Et cependant, la vérité sait bien
que ces couleurs sont assez objectives.

» Vous voyez donc les difficultés insurmontables
que l'on doit éprouver dans la situation où vous
êtes, en cherchant à atteindre, pas même la connaissance absolue, mais les éléments de la science
occulte. Comment pourriez-vous vous faire comprendre, et de fait obéir de ces forces semi-intelligentes qui ne communiquent pas avec nous au
moyen de mots parlés, mais à l'aide des corrélations qui existent entre les vibrations des sons et
celles des couleurs? Car le son, la lumière et la
couleur sont les principaux facteurs qui entrent
dans la formation des intelligences de ce degré, de
ces êtres sur l'existence même desquels vous ne

pouvez vous former aucune idée et auxquels il ne vous est pas même donné de croire : athées et chrétiens, matérialistes et spiritualistes, fournissant tous contre cette croyance leurs arguments respectifs, et la science s'opposant avec plus de force encore à une superstition aussi dégradante.

» Ainsi, parce qu'il est imposible de franchir d'un seul bond les murs d'enceinte et d'atteindre aux pinacles de l'éternité, — parce que nous ne pouvons pas prendre un sauvage au centre de l'Afrique et lui faire comprendre tout de suite les PRINCIPES de Newton ou la SOCIOLOGIE d'Herbert Spencer, parce que nous ne pouvons pas faire qu'un enfant illettré écrive une nouvelle Iliade en vieux grec achaïen, ni qu'un peintre ordinaire peigne des scènes de Saturne ou esquisse les habitants d'Arcturus, — à cause de tout cela on nie même notre existence. Oui, à cause de cela on traite d'imposteurs et de fous ceux qui croient en nous, et l'on repousse comme le rêve d'une imagination désordonnée la science même qui conduit au plus haut point du savoir le plus élevé, qui fait goûter véritablement aux fruits de l'arbre de vie et de sagesse. »

Le passage suivant se trouve dans une autre lettre, mais se rattache assez naturellement à l'extrait que je viens de donner.

« Les vérités et les mystères de l'occultisme constituent vraiment un ensemble de la plus haute importance spirituelle, à la fois profond et utile, pour le monde entier. Aussi ne vous les donnons-nous pas pour augmenter la masse indigeste des théories et des spéculations, mais bien à cause de leur portée pratique au point de vue des intérêts du genre humain. On a jusqu'ici employé dans un sens très élastique et très vague les termes : anti-scientifique, impossible, hallucination, imposture, faisant ainsi passer les phénomènes occultes soit pour quelque chose de mystérieux ou d'anormal, soit pour de la duperie préméditée. Et c'est cela qui a déterminé nos chefs à répandre dans quelques esprits une plus grande lumière sur la question et à montrer que derrière les manifestations de l'occultisme on retrouve des lois, tout comme derrière les phénomènes les plus simples de l'univers physique. Les esprits forts disent : « L'âge des miracles est passé; » nous répondons : « Il n'a jamais existé. » Il faut que ces phénomènes, qui d'ailleurs ont déjà joué leur rôle dans l'histoire universelle, se manifestent, et ILS SE MANIFESTERONT, remportant une victoire complète sur le monde des sceptiques et des bigots. Ils DOIVENT apparaître à la fois en destructeurs et en constructeurs — destructeurs des erreurs pernicieuses du passé, des vieux *credo* et des superstitions qui, comme la plante mexicaine, étouffent presque tout le genre humain sous leurs baisers empoisonnés ; mais constructeurs de nouvelles institutions, d'une vraie et utile fraternité humaine dont tous les membres deviendront des coopérateurs de la nature et travailleront au bien de l'humanité, AVEC et PAR les ESPRITS PLANÉTAIRES supérieurs, les seuls auxquel nous croyions. Des éléments de phénomènes, auxquels on n'avait pas encore pensé, ni même rêvé, commenceront bientôt à se manifester avec une intensité qui augmentera de jour en jour, constamment, et finiront par révéler le secret de leurs mystérieuses opérations. Platon avait raison : les idées régissent le monde. A mesure que les esprits humains, laissant de côté les idées vieilles et usées, en recevront de nouvelles, le monde avancera : de puissantes révolutions naitront de ces idées, les *credo* et même les puissances, renversés par leur force irrésistible, seront réduits en poussière sur leur passage. Quand les temps seront venus, il sera tout aussi impossible de résister à leur influence que d'arrêter la marée qui monte. Mais tout cela arrivera graduellement, et auparavant nous avons un devoir à remplir dans la mesure de nos forces : c'est de balayer dehors les pieuses friperies que nous ont laissées nos ancêtres. Les nouvelles idées doivent être plantées sur des places bien nettes, car elles renferment des questions de la plus haute importance. Ce ne sont pas les phénomènes physiques, mais bien ces idées universelles que nous étudions : car pour comprendre les uns, nous avons d'abord à saisir les autres. Elles nous révèlent la vraie situation de l'homme dans l'univers par rapport à ses naissances antérieures et futures, à son origine et à ses destinées dernières ; les relations du mortel à l'immortel, du temporaire à l'éternel, du fini à l'infini ; idées plus larges, plus grandes, plus vastes, reconnaissant le règne éternel de la loi immuable qui ne change ni ne peut changer, en présence de laquelle il n'y a qu'un ÉTERNEL MAINTENANT: tandis que pour les mortels non initiés, le temps est passé ou futur, comparé à leur existence finie sur cette tache grossière de boue. Ce sont là les problèmes que nous étudions, et que beaucoup ont résolu..... Mais je suis un homme et j'ai besoin de repos. Je n'ai pas pris de sommeil depuis plus de soixante heures. »

Voici quelques lignes écrites, de la main de Kout-Houmi, dans une lettre qui ne m'était pas adressée. Elles se trouveront à leur place dans cette série d'extraits.

« Quoi qu'il en soit, nous sommes contents de vivre comme nous le faisons, sans être connus, ni dérangés par une civilisation qui s'appuie si exclusivement sur l'intelligence. La résurrection de notre ancien art et de notre puissante civilisation d'autrefois ne nous inquiète en aucune façon, car nous savons qu'ils reviendront, — comme le plésiosaure et le mégathérium, — à l'époque marquée, et sous une forme perfectionnée. Nous avons la faiblesse de croire à des cycles périodiques et d'espérer hâter la résurrection de ce qui est passé et fini. Nous ne pourrions l'empêcher, quand bien même nous le voudrions. La nouvelle civilisation ne sera que l'enfant de l'ancienne, et nous n'avons qu'à laisser la loi éternelle suivre son cours pour voir nos morts sortir de leurs tombeaux ; cependant nous avons certainement le désir de presser le retour de l'heureux événement. Ne craignez rien : bien que « nous nous attachions superstitieusement aux reliques du passé » notre science ne disparaitra pas de la vue de l'homme ; elle est « le don des dieux » et la relique la plus précieuse de toutes. Les gardiens de la lumière sacrée n'ont pas traversé tant de siècles en sécurité pour venir échouer sur les rochers du scepticisme moderne. Nos pilotes sont des marins trop expérimentés pour que nous ayons à craindre un tel désastre. Nous trouverons toujours des volontaires pour remplacer les sentinelles fatiguées, et le monde, si mauvais soit-il, dans la période transitoire de son état actuel, peut encore, de temps en temps, nous fournir quelques hommes. »

Je reviens à ma propre correspondance. Dans la dernière lettre que j'aie reçue de Kout-Houmi, avant de quitter l'Inde pour faire dans mon pays le voyage durant lequel j'écris ces pages, je lis :

« J'espère au moins que vous comprendrez que nous (ou la plupart d'entre nous) sommes loin d'être les momies sans cœur et desséchées moralement que certaines gens sont disposés à nous croire. Mejnour est très bien où il est, — caractère idéal d'une histoire saisissante, et vraie à plusieurs égards. Croyez-moi, peu d'entre nous voudraient jouer dans la vie le rôle d'une fleur desséchée entre les feuilles d'un livre de poésie solennelle. Nous ne sommes peut-être pas tout à fait « ces jeunes gens », pour citer l'irrespectueuse expression qu'emploie X*** en parlant de nous, cependant aucun de ceux qui sont de *notre* rang ne ressemble à l'austère héros du roman de Bulwer. Il est vrai que les facilités d'observation que notre condition assure à quelques-uns d'entre nous leur donnent des vues certainement plus larges, des sentiments d'humanité plus prononcés, plus impartiaux et plus vastes envers tout le genre humain et même tous les êtres vivants, bien loin de concentrer leurs affections et de les limiter à une race de prédilection ; — car pour répondre à Addison, nous pourrions soutenir à raison que c'est « l'œuvre propre de la *magie* d'humaniser nos natures par la compassion ». Cependant il est donné à bien peu d'entre nous (excepté à ceux qui ont atteint la négation finale de Moksha) de s'affranchir assez de l'influence de notre lien terrestre pour être plus ou moins insensibles aux plaisirs, aux émotions et aux intérêts, d'un caractère élevé, qui appartiennent à l'humanité. D'ailleurs, plus grand sera le progrès vers la délivrance, plus s'affaiblira cette sensibilité partielle, jusqu'à ce que, pour couronner l'œuvre, tous les sentiments personnels humains, purement individuels, liens du sang et de l'amitié, patriotisme et prédilection de race, arrivent à se fondre en un sentiment universel, le seul vrai et saint, le seul qui ne soit pas égoïste et qui soit éternel, — l'amour, un immense amour pour l'humanité tout entière. Car c'est l'humanité, mon cher ami, qui est le grand orphelin, l'unique deshérité sur cette terre. Et c'est le devoir de tout homme capable d'une impulsion généreuse de faire quelque chose, si peu que ce soit, pour son bien-être. Cela me rappelle la vieille fable de la guerre entre le corps et les membres ; ici aussi, chaque membre de ce grand ORPHELIN de père et de mère ne s'occupe égoïstement que de lui-même. Le corps privé de soins souffre éternellement, que les membres soient en guerre ou bien en paix. Sa douleur et son agonie ne cessent jamais. Et qui peut le blâmer, — ce que font pourtant vos philosophes matérialistes, — si, dans son isolement et son abandon perpétuel, il a donné naissance à des dieux vers lesquels « il crie toujours aide, sans être » jamais entendu. » Aussi —

» Puisqu'il n'y a d'espoir pour l'homme qu'en l'homme,
» Je ne voudrais pas entendre un cri que je puisse empêcher. »

» Pourtant j'avoue que pour ma part je ne suis pas exempt de quelques attachements terrestres. Je suis encore attiré vers certains hommes plutôt que vers d'autres, et la philosophie que prêche notre grand Patron,

« ...... le Sauveur du monde,
Qui enseigna le Nirvana et la Loi, »

n'a jamais tué en moi ni les préférences individuelles de l'amitié, ni l'amour de mes proches parents, ni l'ardent sentiment de patriotisme que je ressens pour le pays où j'ai reçu ma dernière individualité matérielle. »

J'avais demandé à Kout-Houmi jusqu'à quel point je pouvais prendre la liberté d'user de ses lettres pour la préparation de ce volume; voici ce qu'il me dit, quelques lignes après le passage que je viens de citer : —

« Je ne m'oppose pas à ce que vous fassiez usage de tout ce que j'ai écrit à vous ou à M***, m'en rapportant entièrement à votre tact et à votre jugement sur ce qui doit être imprimé et sur la manière de le présenter. Je dois seulement vous demander..... », ici il indique une lettre qu'il désire tenir secrète, « ... Quant au reste, je l'abandonne à la dent meurtrière de la critique. »

ENSEIGNEMENTS

DE LA

PHILOSOPHIE OCCULTE

Comme nous l'avons affirmé déjà plus d'une fois, la philosophie occulte, dans les différents pays et à travers les différentes époques, est toujours restée la même quant au fond. En divers temps et en divers lieux elle a fait fleurir pour l'usage de la foule les mythologies les plus variées ; mais sous chaque religion populaire, la science religieuse de la minorité initiée est demeurée identique. Il est évident que notre conception occidentale de ce qui est bien en pareille matière sera outragée à la seule idée d'une religion conservée comme la propriété d'un petit nombre, tandis que l'on sert au vulgaire une RELIGION FAUSSE, comme dirait la phraséologie moderne. Cependant, avant de nous laisser aller à désapprouver formellement les anciens conservateurs de la vérité, il est peut-être bon de déterminer jusqu'à quel point, dans l'opinion des gens intelligents, il convient de faire bénéficier la foule d'un enseignement dont la nature même est trop raffinée et trop subtile pour la compréhension ordinaire ; il faut aussi savoir si le sentiment en question n'est pas dû à l'habitude prise de regarder la religion comme une chose qu'il est important de professer, indépendamment de la comprendre. Il est évident que si un homme assure son bonheur éternel en déclarant simplement, sans y rien comprendre, qu'il possède la vraie foi, parmi toutes celles qui auraient pu lui échoir à la loterie de la naissance et de la destinée, — dès lors le souverain devoir des personnes convaincues d'en posséder une pareille serait de le proclamer sur les toits. Mais dans l'hypothèse contraire, c'est-à-dire s'il n'est d'aucun profit pour un homme de marmotter des formules sans attacher de sens aux mots, et si les intelligences grossières ne peuvent recevoir que de grossières esquisses d'idées religieuses, l'ancienne politique de réserve est plus facile à défendre qu'il ne semble à première vue. Certainement les relations entre la foule et les initiés paraissent susceptibles de modifications dans le monde européen d'aujourd'hui. La foule, dans le sens du public en général, y compris les plus belles intelligences de l'époque, est au moins aussi capable de saisir les idées métaphysiques que des gens appartenant spécialement à quelque classe que ce soit. Ces intelligences d'élite dominent la pensée publique, au point qu'aucune grande idée ne peut triompher parmi les nations européennes sans leur intervention, et celle-ci ne peut s'obtenir que sur le marché public de la concurrence intellectuelle. Il s'ensuit que la simple notion d'une science ésotérique supérieure à celle qui est ouvertement offerte au monde scientifique ordinaire apparaît à l'esprit moderne comme une absurdité. En combattant ici ce sentiment, très naturel d'ailleurs, nous ne faisons que demander aux occidentaux de ne pas être illogiques dans son application, c'est-à-dire de ne pas prétendre que, parce qu'il ne viendrait jamais à l'esprit d'un Européen moderne de faire un secret d'une nouvelle vérité qu'il aurait acquise et de ne la confier qu'à une confrérie choisie sous la garantie du serment, aucune idée de ce genre n'ait pu se présenter à un prêtre égyptien, ou à un géant intellectuel appartenant à la civilisation qui couvrit l'Inde, suivant quelques hypothèses non dénuées de fondement, avant que l'Égypte eût commencé à devenir un centre de sciences et d'arts. Le système de société secrète était certainement aussi naturel pour un homme de science dans l'antiquité, que le système de vulgarisation employé à notre époque dans notre pays. Cette différence ne dépend pas seulement du temps et de la mode ; elle a sa raison d'être dans la distinction essentielle qui existe entre les recherches dans lesquelles sont engagés aujourd'hui les hommes de science, et celles qui les intéressaient autrefois. Nous appartenons à une époque de progrès matériel ; et le mot d'ordre du progrès matériel a toujours été la publicité. Les initiés de l'ancienne psychologie appartenaient à l'âge spirituel ; et le mot d'ordre du développement subjectif a toujours été le secret. Quant à savoir si dans les deux cas le mot d'ordre est dicté par les nécessités de la situation, c'est là une question qu'il est permis de discuter. Quoi qu'il en soit, ces réflexions suffisent à montrer qu'il serait peu sage de dogmatiser avec trop de confiance sur le caractère d'une philosophie et de philosophes qui ont trouvé bon de garder leur sagesse pour eux et de fournir à la foule une religion plus proche de son entendement que des vérités éternelles.

Il est impossible de se faire une opinion sur l'époque et la date à laquelle la philosophie occulte commença à prendre la forme que nous lui trouvons aujourd'hui. On peut conjecturer avec raison que les deux ou trois derniers milliers d'années ne se sont pas écoulés sans que les initiés dévoués qui l'ont conservée et transmise pendant ce temps aient contribué de quelque manière à son développement; cependant, comme le perfectionnement des initiés appartenant aux époques les plus reculées dont s'occupe l'histoire semble avoir été déjà aussi avancé et presque aussi prodigieux que celui des initiés actuels, nous devons assigner une antiquité excessivement reculée aux premières origines de la science occulte sur cette terre. Pour tout dire, on ne peut soulever la question sans se trouver en face de certaines considérations de nature à suggérer des conclusions absolument stupéfiantes.

Mais en dehors de toute considération archéologique, on a remarqué « qu'une philosophie si profonde, un code de morale si anoblissant, des résultats pratiques si concluants et si uniformément évidents, ne sont pas le fruit d'une seule génération, ni même d'une seule époque. Il faut que les faits se soient accumulés sur les faits, les déductions sur les déductions, qu'une science en ait engendré une autre, et que des myriades d'intelligences humaines des plus brillantes aient réfléchi sur les lois de la nature, avant que cette ancienne doctrine ait pris une forme compacte.

L'identité de la doctrine fondamentale des vieilles religions ressort de ces faits : qu'un système d'initiation régnait autrefois et qu'il y avait des castes sacerdotales secrètes chargées de garder des mots ayant une puissance mystique, et que ces prêtres, qui commandaient aux forces de la nature, produisaient en public des phénomènes indiquant une association avec des êtres extra-humains. L'accès aux mystères était défendu avec le même soin jaloux chez toutes les nations, et partout la peine de mort était infligée à tout initié, de n'importe quel degré, qui divulguait les secrets confiés. » L'ouvrage que nous venons de citer montre que tel fut le cas, parmi les mages chaldéens et les hiérophantes égyptiens, pour les mystères éleusiniens et les mystères bachiques. Le livre indien de cérémonies brahmaniques, l'*Agrushada Parikshai*, renferme la même loi, et elle semble avoir été adoptée également par les Esséniens, les Gnostiques et les Théurges néo-platoniciens. Les francs-maçons ont copié le vieux formulaire, bien que sa raison d'être ait cessé en même temps qu'est morte parmi eux la philosophie occulte qui a participé, plus qu'on ne le croit, à la formation de leurs symboles et de leurs cérémonies. On peut retrouver la preuve de l'identité dont il est question dans les vœux, les formules, les rites et les doctrines des diverses religions anciennes; enfin elle est affirmée en ces termes par des gens qui, je crois, ont qualité pour en parler : « Non seulement le souvenir de ces rites est toujours conservé dans l'Inde, mais encore l'association secrète y est toujours vivante, et aussi active que jamais. »

Comme j'ai maintenant à faire, à l'appui des vues ci-dessus exprimées, quelques citations du grand ouvrage de madame Blavatsky, ISIS UNVEILED, je dois donner sur l'origine de ce livre certaines explications que le lecteur, s'il a suivi mon récit des expériences occultes dans les pages précédentes, sera mieux à même de comprendre qu'il ne l'eût été auparavant. J'ai montré comment, au milieu des événements les plus ordinaires de sa vie quotidienne, madame Blavatsky, au moyen du système de télégraphie psychologique qu'emploient les initiés, est constamment en communication avec ses FRÈRES supérieurs en occultisme. Une fois cet état de faits bien compris, on saisira facilement qu'en composant un ouvrage comme ISIS, qui renferme une explication complète de tout ce qui peut être dit au monde extérieur sur l'occultisme, elle n'ait pas été abandonnée exclusivement à ses propres ressources. La vérité (et madame Bla-

12.

vatsky serait la dernière personne du monde à vouloir qu'elle soit déguisée) est que le secours occulte qu'elle a reçu des Frères, durant tout le temps qu'elle a mis à composer son livre, a été si continu et si abondant qu'on doit la considérer moins comme l'auteur d'Isis que comme un des *collaborateurs* qui ont réellement produit cette œuvre. Il faut croire qu'elle se mit à l'ouvrage sans se douter aucunement de la grandeur de la tâche qu'elle entreprenait. Elle commença à écrire sous la dictée, — les passages ainsi écrits ne sont pas restés au commencement dans les volumes complets, — pour satisfaire au désir de ses amis occultes, et sans savoir si le travail dans lequel elle était engagée deviendrait un article de journal, un essai pour une revue, ou une œuvre de dimensions plus larges. L'ouvrage cependant grossissait peu à peu. Naturellement, avant d'être bien loin, elle comprit ce dont il s'agissait pour elle et, une fois lancée dans sa tâche, elle y mit à son tour beaucoup du sien. Mais les Frères semblent avoir toujours travaillé avec elle, non seulement en dictant à travers son cerveau comme dans le principe, mais quelquefois en employant de ces méthodes de PRÉCIPITATION dont j'ai eu moi-même le privilège d'obtenir quelques exemples; une partie considérable du manuscrit lui-même a été produite, pendant son sommeil, dans des écritures autres que la sienne. Quelquefois, en se levant le matin, elle trouvait jusqu'à trente feuilles volantes ajoutées au manuscrit qu'elle avait laissé sur sa table pendant la nuit. En fait, le livre d'Isis, indépendamment de la nature de son contenu, est un PHÉNOMÈNE au même titre que ceux que j'ai décrits jusqu'ici. Cela explique les défauts du livre, qui frappent généralement le lecteur, ainsi que son importance extraordinaire pour ceux qui désirent explorer aussi loin que possible les mystères de l'occultisme. Les pouvoirs déifiques dont jouissent les Frères ne sauraient préserver une œuvre littéraire, production commune de plusieurs esprits, — même tels que les leurs, — de la confusion qui naît inévitablement d'un tel mode de composition. Indépendamment de la confusion qu'on remarque dans son arrangement, on rencontre dans le livre une diversité de styles hétérogènes qui lui enlève de sa valeur littéraire et peut même choquer et embarrasser l'esprit des lecteurs ordinaires. Mais cette irrégularité est plutôt un avantage pour ceux qui en possèdent la clef. Elle donne au lecteur avisé l'explication de quelques imperfections qui se présentent dans différentes parties du livre ; en outre, elle lui permet de reconnaître, pour ainsi dire, la voix des divers auteurs, à mesure qu'ils prennent la parole.

Le livre a été écrit — je parle de sa production matérielle — à New-York, où madame Blavatsky était entièrement dépourvue des ouvrages indispensables à consulter. Néamoins il abonde en indications de livres de toutes sortes dont plusieurs sont remarquables par leur extrême rareté et il est rempli de citations dont l'exactitude peut être facilement vérifiée dans nos grandes bibliothèques européennes, car des renvois indiquent les numéros des pages où sont pris les passages cités.

Je puis maintenant donner quelques extraits d'Isis, dont l'objet est de montrer sous la multiplicité des religions anciennes l'unité de la philosophie ésotérique et de faire remarquer à ceux qui veulent étudier cette philosophie l'importance du bouddhisme pur; de tous les systèmes offerts au monde, ce dernier nous semble présenter la philosophie occulte dans sa forme la moins altérée. Mais le lecteur doit bien se garder de croire que le bouddhisme, tel qu'il est expliqué par des écrivains qui ne sont pas occultistes, est un exposé des doctrines occultes. Par exemple, l'une des idées principales du bouddhisme, celle de NIRVANA, équivaudrait d'après l'interprétation des savants occidentaux à celle d'annihilation. Ils peuvent avoir raison de dire que l'explication de Nirvana donnée par le bouddhisme exotérique conduit à cette conclusion; mais telle n'est pas, en tous cas, la doctrine occulte.

« Nirvâna, est-il dit dans Isis, signifie la certitude de l'immortalité individuelle en Esprit, non en Ame; celle-ci étant une émanation finie, ses particules, composées de sensations humaines, de passions et d'aspirations vers quelque forme objective d'existence, doivent nécessairement se désintégrer avant que l'esprit immortel renfermé dans le Moi soit tout à fait affranchi et, par conséquent, assuré contre toute transmigration nouvelle. Et comment l'homme pourrait-il atteindre cet état, aussi longtemps que l'Upadana, ce désir de vivre et de vivre encore, n'aura pas disparu de l'Être sentant, de l'Ahancara revêtu, pourtant, d'un corps éthéré ? C'est l'Upadana ou désir intense qui produit la VOLONTÉ ; c'est la VOLONTÉ qui développe la FORCE, et c'est cette dernière qui engendre la MATIÈRE, c'est-à-dire un objet ayant une forme. Ainsi le Moi désincarné, rien que parce qu'il a en lui ce désir qui ne meurt pas, fournit inconsciemment des conditions à ses propres générations successives sous diverses formes ; ces dernières dépendent de son état mental, et de son Karma, c'est-à-dire des bonnes ou mauvaises actions de sa précédente existence, de ce qu'on appelle communément ses mérites ou ses démérites. » Ce passage qui suggère un monde de pensées métaphysiques vient à l'appui de ce que nous disions sur la portée de la philosophie bouddhiste au point de vue occulte. L'Occident se méprend tellement sur la signification de Nirvana que l'on fera bien d'examiner encore les explications suivantes :

» Annihilation, dans la philosophie bouddhiste, ne signifie qu'une dispersion de la matière, sous quelque forme ou semblant de forme qu'elle puisse être ; car tout ce qui porte une forme a été créé, et doit donc tôt ou tard périr, c'est-à-dire changer de forme ; par conséquent tout ce qui possède une forme étant temporaire bien qu'apparaissant permanent, n'est qu'une illusion, Maya ; l'éternité n'ayant ni commencement, ni fin, la durée plus ou moins prolongée d'une forme particulière passe, pour ainsi dire, aussi instantanément qu'un éclair. Avant que nous ayons eu le temps d'en saisir l'aspect, celle-ci a disparu et s'est évanouie pour toujours ; ainsi notre corps astral même, pur éther, n'est qu'une illusion de la matière tant qu'il conserve sa configuration terrestre. Celle-ci change, disent les bouddhistes, suivant les mérites et les démérites de chacun durant sa vie passée, et c'est là la métempsycose. Quand l'ENTITÉ spirituelle se débarrasse pour jamais de toutes ses particules de matière, alors seulement elle entre dans l'éternel et inaltérable NIRVANA. Elle existe en esprit, en RIEN; comme forme, comme dimension, comme apparence, elle est complètement ANNIHILÉE et par conséquent ne mourra plus; car l'esprit seul n'est pas MAYA : il est l'unique RÉALITÉ dans un univers illusoire de formes toujours changeantes..... Il est tout simplement absurde d'accuser la philosophie bouddhiste de rejeter un être suprême — Dieu, et l'immortalité de l'âme; de l'accuser d'athéisme, en un mot; en se basant sur ce que Nirvana signifie ANNIHILATION et que *Svabhâvât n'est PAS une personne, mais rien.* Le En (ou Ayim) de l'En-Soph juif, signifie aussi NIHIL OU RIEN, ce qui n'est pas (quoad nos); et jamais personne ne s'est avisé de reprocher aux Juifs leur athéisme. Dans les deux cas le vrai sens du terme RIEN comporte l'idée que Dieu *n'est pas quelque chose,* n'est pas un être concret ou visible, et que l'on ne peut convenablement lui appliquer le nom d'AUCUN objet qui nous soit connu sur terre. »

Et dans un autre passage : « Nirvana est le monde de la cause dans lequel disparaissent tous les effets trompeurs ou illusions de nos sens. Nirvana est la plus haute sphère où l'on puisse atteindre. »

Les secrètes doctrines des Mages, des Bouddhistes pré-védiques, des hiérophantes du Thoth ou Hermès égyptien furent identiques dès l'origine, — ainsi qu'il est établi dans Isis, — et cette identité s'applique également aux doctrines secrètes des adeptes de tous les âges et de toutes les nationalités, y compris les cabalistes chaldéens et les Naziréens juifs. « Quand nous employons le mot Bouddhistes, nous ne prétendons pas indiquer par là le Bouddhisme exotérique institué par les disciples de Gautama-Bouddha, ni la moderne religion bouddhiste; mais la philosophie secrète de Çakyamouni, qui dans son essence est certainement identique à celle de l'ancienne sagesse du sanctuaire, — du Brahmanisme pré-védique. On en trouve la preuve directe dans ce que l'on appelle le schisme de Zoroastre : car ce ne fut pas un schisme, à proprement parler, mais simplement une exposition publique d'une partie des vérités religieuses strictement monothéistes qui jusque-là avaient été enseignées seulement dans les sanctuaires, et que

Zoroastre avait apprises des Brahmanes. Zoroastre, qui institua le culte du soleil, ne peut pas être appelé le fondateur du système dualistique ; il ne fut pas le premier à professer l'unité de Dieu, car il n'enseignait que ce qu'il avait appris lui-même des Brahmanes. En outre, il est prouvé par Max Müller que Zarathrusta et ses disciples, les Zoroastriens, avaient été établis dans l'Inde avant d'immigrer en Perse. « Il est aussi facile, dit-il, de prouver que
» les disciples de Zoroastre et leurs ancêtres sont
» venus de l'Inde durant la période Védique, que
» de prouver que les habitants de Massilia sont
» partis de la Grèce... Beaucoup de leurs dieux
» paraissent n'être que des imitations et des mo-
» difications des dieux du Véda. »

« Si maintenant nous pouvons prouver que tous ces dieux, tant ceux de Zoroastre que ceux du VÉDA, ne sont qu'autant de modifications des pouvoirs occultes de la nature, fidèles serviteurs des adeptes de la sagesse secrète — la magie, — nous serons sur un terrain solide : or nous n'avons, pour le prouver, qu'à considérer la CABALE et les plus vieilles traditions de la *religion des sages*, de la philosophie des vieux sanctuaires.

« Ainsi, tant que nous ne parlons pas du culte EXOTÉRIQUE, que nous disions que la cabale et le gnosticisme procèdent du masdéanisme ou du zoroastrianisme, c'est la même chose. Nous pouvons soutenir pareillement, en nous faisant l'écho de King, l'auteur des *Gnostiques*, et de plusieurs autres archéologues, que les deux premières sectes procèdent du Bouddhisme, la plus simple et la plus satisfaisante des philosophies, qui a donné naissance à l'une des plus pures religions du monde..... Mais parmi les esséniens ou les néoplatoniciens, comme parmi les innombrables sectes qui, à peine nées, périrent dans la lutte, nous rencontrons les mêmes doctrines, identiques toujours, en substance et en esprit, sinon en forme. Aussi pouvons-nous entendre par Bouddhisme cette religion qui signifie littéralement la doctrine de la sagesse, et dont l'origine est de beaucoup antérieure à la philosophie métaphysique de Siddhârta Çakyamouni. »

Bien que le christianisme moderne se soit largement écarté de sa philosophie originelle, l'identité de cette dernière avec les philosophies primitives de toutes les religions est établie dans Isis au cours d'une discussion intéressante.

« Luc, qui était médecin, est désigné dans les textes syriaques comme Asaia, l'esséen ou l'essène. Les écrits de Josèphe et de Philon le Juif

nous ont suffisamment fait connaître cette secte pour qu'il ne nous reste dans l'esprit aucun doute sur le Réformateur nazaréen : après avoir été instruit au désert où habitaient ses maîtres et avoir été dûment initié aux mystères, il préféra la vie libre et indépendante d'un NAZARIA errant et se sépara d'eux, ou s'INAZARÉNISA, pour devenir un thérapeute voyageur, un NAZARIA, un guérisseur... Dans ses discours et ses prédications, Jésus parlait toujours en paraboles et employait des métaphores pour son auditoire. C'était encore là une coutume des esséniens et des nazaréens ; les galiléens, qui habitaient dans les villes et les villages, ne furent jamais connus pour employer ce langage allégorique. Quelques-uns mêmes de ses disciples, galiléens comme lui, se trouvèrent surpris de le voir employer avec le peuple cette manière de parler. « Pourquoi leur parlez-vous en paraboles ? » demandaient-ils souvent. « Parce qu'il vous est
» donné de connaître les mystères du royaume des
» Cieux ; mais cela ne leur est point donné ; »
voilà bien la réponse d'un initié. « Aussi je leur
» parle en paraboles, parce qu'en voyant ils ne
» voient point et qu'en entendant ils n'entendent
» point, et ne comprennent point. » De plus, nous trouvons Jésus exprimant ses pensées..... en sen-

tences purement pythagoriciennes, quand, dans le *Sermon sur la montagne*, il dit : « Ne donnez
» point les choses saintes aux chiens, et ne jetez
» point vos perles devant les pourceaux, de peur
» qu'ils ne les foulent aux pieds et que, se re-
» tournant, ils ne vous déchirent. » Le professeur A. Wilder, éditeur du livre de Taylor les MYSTÈRES D'ÉLEUSIS, observe une même disposition chez Jésus et chez Paul, à diviser leurs doctrines en ésotériques et en exotériques — les mystères du royaume de Dieu pour les apôtres, et les paraboles pour la multitude. « Nous prêchons la sa-
» gesse, dit Paul, parmi ceux qui SONT PARFAITS
» (c'est-à-dire initiés). » Dans les mystères éleusiniens et autres, les participants étaient toujours divisés en deux classes, les NÉOPHYTES et les PARFAITS..... Le récit de l'apôtre Paul, dans sa deuxième ÉPITRE AUX CORINTHIENS, a frappé plusieurs savants versés dans les descriptions classiques des rites secrets de l'initiation, comme une allusion indubitable à l'EPOPTEIA finale : « Je connais un
» homme qui — FUT-CE DANS SON CORPS OU EN DE-
» HORS DE SON CORPS, je l'ignore ; Dieu le sait — fut
» ravi dans le paradis et entendit des choses inef-
» fables qu'il N'EST PAS PERMIS A UN HOMME DE RÉ-
» PÉTER. » Je ne sache pas que ces paroles aient été

souvent regardées par les commentateurs comme une allusion aux visions béatifiques d'un voyant initié ; mais le sens de la phrase n'est pas équivoque. L'allusion à ces choses qu'il n'est pas permis de répéter, et toujours pour la même raison, se retrouve à diverses reprises dans Platon, Proclus, Jamblique, Hérodote et autres classiques. « Nous prêchons la SAGESSE, seulement parmi » ceux qui sont PARFAITS, dit Paul ; » la traduction de cette phrase est évidemment : Nous ne parlons des doctrines ésotériques, plus profondes ou finales, des mystères (qui sont appelés *sagesse*) que parmi les INITIÉS. Quant au paradis dans lequel fut ravi l'homme, — qui était certainement Paul lui-même, — le mot chrétien de paradis a remplacé celui d'élysée. »

Le grand but de la philosophie occulte est de montrer ce que l'homme a été, est, et sera. Isis dit : « Ce qui survit comme une individualité à la mort corporelle est l'âme actuelle, que Platon, dans le Timée et le Gorgias, appelle l'âme mortelle ; car suivant la doctrine hermétique, elle rejette ses parties les plus matérielles à chaque changement progressif pour une sphère supérieure.... L'esprit astral est le duplicata fidèle du corps sous son rapport physique et spirituel. Le Divin, l'esprit supérieur immortel, ne peut être ni puni, ni récompensé : soutenir une telle doctrine serait une absurdité et un blasphème; car cet Esprit n'est pas seulement une flamme allumée à la source centrale de la lumière inextinguible ; de fait, son essence est identique à celle de cette lumière, et il en fait partie. Il assure l'immortalité à l'être astral individuel en proportion de la bonne volonté de celui-ci à recevoir ce don. Aussi longtemps que l'homme double — c'est-à-dire l'homme de chair et d'esprit — reste dans les limites de la loi de persistance spirituelle, aussi longtemps que l'étincelle divine demeure en lui, quelque faible que soit sa lueur, il est sur la route de l'immortalité. Mais ceux qui se livrent à une existence matérielle, fermant la porte au divin rayonnement que répandait leur esprit au commencement de leur pèlerinage terrestre, et étouffant la voix de leur conscience, cette fidèle sentinelle qui garde dans l'âme le foyer de la lumière, — ceux-là, ayant abandonné derrière eux la conscience et l'esprit, et ayant franchi les frontières de la matière, devront nécessairement en suivre les lois. »

Plus loin : « La doctrine secrète enseigne que l'homme, s'il gagne l'immortalité, restera pour toujours la trinité qu'il est durant sa vie, et cela à travers toutes les sphères. Le corps astral, qui dans cette existence est recouvert d'une grossière enveloppe physique, devient à son tour, une fois débarrassé de cette enveloppe par la mort corporelle, le vêtement d'un autre corps plus éthéré. Celui-ci commence à se développer dès l'instant de la mort et atteint sa perfection au moment où le corps astral de la forme terrestre se sépare définitivement de lui [1]. »

Celui qui lit les passages cités, à la lumière des explications que j'ai données, sera à même d'entreprendre la lecture d'Isis, pour peu qu'il s'y sente porté, de manière à en comprendre le sens et à trouver sa route vers les riches filons du métal précieux enseveli dans ses pages. Mais ni dans Isis, ni dans aucun des livres qui ont été écrits ou pourront être écrits d'ici longtemps sur la philosophie occulte, on ne doit s'attendre à trouver toute servie une exposition franche et claire des mystères de la naissance, de la mort et de la vie future. Lorsqu'on poursuit des études de ce genre on se sent tout d'abord irrité de la difficulté que l'on a à saisir les véritables opinions des occultistes touchant la condition, la nature et la *mise en scène*

---

1. Des révélations ultérieures des mahatmas permettent de comprendre le détail de ce *processus* mystérieux. Nous renvoyons surtout le lecteur à *Esoteric Buddhism*. — (*Note du traducteur.*)

générale de la vie à venir. Les religions que nous connaissons ont des vues très précises sur ces sujets ; quelques-unes même en ont de très pratiques lorsqu'elles assurent que certaines personnes, commissionnées par les églises pour accomplir cette tâche, peuvent lancer les âmes, au moment de leur départ, sur la bonne ou la mauvaise voie, suivant la rétribution reçue. Des théories de ce genre ont peut-être le mérite d'être simples et intelligibles, mais leurs enseignements ne satisfont pas complètement l'esprit. Celui qui se livre à l'étude de la philosophie occulte comprendra, dès ses premières investigations, que dans le sentier de la science on ne rencontre pas une seule conception de nature à outrager la plus pure idéalisation de Dieu et de la vie à venir que l'on ait pu se faire. Il s'apercevra bientôt que le champ d'idées qu'il explore confond l'entendement humain par sa sublimité et sa profondeur. Mais ce champ d'idées restera vague, et l'investigateur cherchera en vain des notions explicites sur tel ou tel point, jusqu'à ce que, par degrés, il en soit venu à comprendre que la vérité absolue sur l'origine et les destinées de l'âme humaine est sans doute trop subtile et trop complexe pour qu'on puisse l'exprimer dans un langage positif. Il est donné à l'esprit

purifié des occultistes avancés de saisir des idées
parfaitement claires ; en consacrant avec constance
toutes leurs facultés à poursuivre et à s'assimiler
ces idées, ils arrivent à la longue à s'en rendre
maîtres, avec l'aide de certains pouvoirs intellectuels spécialement développés à cette intention ;
mais il ne s'ensuit pas du tout qu'avec la meilleure
volonté du monde de telles personnes doivent être
capables de rédiger un *credo* occulte résumant
toute la théorie de l'univers dans une douzaine
de lignes. L'étude de l'occultisme, même chez
les gens du monde engagés dans leurs occupations ordinaires, doit finalement élargir et puri-
fier l'entendement, au point de fournir, pour ainsi
dire, à l'esprit une pierre de touche qui lui permette de découvrir l'absurdité dans toute hypothèse religieuse erronée ; mais l'édifice parfait de la
croyance occulte ne peut se tracer tout d'un coup,
dans l'esprit des architectes intellectuels. Et c'est,
j'imagine, à leur conviction très nette sur ce point
qu'il faut attribuer la répugnance qu'ont les occultistes à essayer même de donner une explication
catégorique de leurs doctrines. Ils savent que les
plants réellement viables de la science ne sortent,
pour ainsi dire, que d'un germe déposé dans l'esprit
de l'homme, et ne doivent pas dans l'état de crois-

sance achevée se transplanter sur le sol étranger d'un entendement inexercé. Ils sont tout disposés à fournir la semence, mais c'est à chaque homme de faire pousser lui-même son arbre de science. De même qu'on ne fait pas un adepte, mais qu'il se fait lui-même, ainsi, à un autre degré du même ordre d'idées, la personne qui aspire simplement à comprendre l'adepte et sa manière de voir doit développer cette compréhension en elle-même, en déduisant des notions rudimentaires leurs conclusions légitimes.

Les considérations que je viens d'émettre expliquent jusqu'à un certain point la réserve de l'occultisme; de plus, elles détruisent tout ce qui pourrait à première vue embarrasser l'esprit de celui qui entreprend la lecture d'Isis. Si, comme je l'ai affirmé, de grandes parties du livre sont l'œuvre de vrais adeptes qui savent par eux-mêmes toute la vérité au sujet de plusieurs des mystères qui y sont discutés, pourquoi ces adeptes n'ont-ils pas dit clairement ce qu'ils voulaient dire, au lieu de battre le buisson, et de fournir des arguments tirés de telle ou telle source connue, de l'évidence littéraire ou historique, et de spéculations abstraites sur les harmonies de la nature? A cela je répondrai d'abord qu'ils ne pouvaient guère écrire : « Nous savons que tel et tel est le fait, » sans qu'on leur demandât : « Comment le savez-vous? » — Or il leur serait manifestement impossible de répondre à cette question sans entrer dans des détails dont la révélation n'est « PAS PERMISE », comme dirait un écrivain biblique, ou sans proposer de garantir leurs affirmations par des manifestations de pouvoirs qu'il leur serait absolument impraticable de garder toujours en main pour satisfaire à son tour chaque lecteur du livre. En second lieu, j'imagine que, suivant leur invariable principe, d'après lequel ils aiment mieux encourager les développements spontanés qu'enseigner eux-mêmes, ils ont voulu, dans Isis, produire plutôt un effet sur l'esprit du lecteur que décharger une provision de faits accumulés à l'avance. Ils y ont montré que la Théosophie, c'est-à-dire la philosophie occulte, n'est pas un candidat nouveau à l'attention du monde, mais qu'elle vient apporter des vérités qui étaient reconnues dès la première enfance du genre humain. L'enchaînement historique sur lequel s'appuie cette appréciation s'y déroule distinctement à travers les évolutions successives des écoles philosophiques : plan immense que les dimensions de cet ouvrage ne me permettent pas de suivre. De plus, l'idée principale du volume est illustrée d'une riche moisson de phénomènes occultes attribués aux divers thaumaturges. Les auteurs d'Isis n'ont voulu en dire que ce que dirait un écrivain non adepte, qui aurait sous la main toute la littérature du sujet, et dont l'intelligence serait éclairée sur la question qu'il traite.

Mais, si vous songez à la position élevée des auteurs ou inspirateurs d'Isis, vous comprendrez que les arguments qu'ils développent ont une autre valeur que celle qu'ils leur fournissent en s'appuyant sur des considérations relativement vulgaires. Les adeptes, pour soutenir une thèse particulière, ne peuvent que donner des preuves exotériques; mais par le fait qu'ils la soutiennent, cette thèse doit avoir une signification immense pour le lecteur qui est arrivé par des voies indirectes à comprendre toute l'autorité de leur parole.

CONCLUSION

Je ne puis laisser paraître une seconde édition de ce livre sans relater au moins quelques-uns des faits dont j'ai été témoin depuis sa préparation. Les plus importants de ces faits se rapportent à des fragments d'instruction que m'ont donnés les frères sur la cosmologie, dont leur vue intérieure leur permet d'approfondir les mystères. Mais si je voulais exposer le peu que j'ai appris, relativement, sur ce sujet, il me faudrait composer un ouvrage sérieux que je ne puis entreprendre à présent [1]. Dans ce livre j'ai pour but de réunir des faits et non d'analyser un système de philosophie. Ceux qui étudient l'exotérisme peuvent arriver à s'en former un, auquel cependant il manquera toujours ce que les frères ne révèlent que directement. Quoique presque tout ce qui existe en fait de littérature occulte soit d'une forme peu attrayante et

---

[1] Cet ouvrage, qui a déjà eu plusieurs éditions, est intitulé : *Bouddhisme ésotérique*. Nous avons l'intention de le traduire d'ici peu ; car c'est un ouvrage UNIQUE dans la littérature occulte. — (*Note du traducteur.*)

ait été rendu obscur à dessein, à l'aide d'une symbologie compliquée, on en retirera beaucoup de renseignements si l'on distille la masse avec une patience suffisante. La preuve en a été donnée par quelques chercheurs intelligents qui s'étaient livrés à cette littérature. Il reste à voir si les maîtres de la philosophie occulte consentiront enfin à exprimer dans un langage clair ce qui a rapport à la constitution spirituelle de l'homme. Bien qu'ils conservent encore certaines réticences que l'observateur ordinaire ne comprend pas, ils sont certainement beaucoup plus communicatifs actuellement qu'ils ne l'ont été pendant bien longtemps.

Mais il faut tout d'abord arracher autant que possible cette incrédulité tenace qui est incrustée dans l'esprit des occidentaux et qui les empêche de croire qu'il existe des personnes, douées de facultés anormales, qu'on peut regarder comme les maîtres de la *vraie* philosophie — distincte de toutes les spéculations qui ont tourmenté le monde. Je me suis déjà étendu pleinement sur les phénomènes qui prouvent l'existence de ces facultés, mais je dois insister sur les motifs qui me font accorder une si grande importance à ces phénomènes. Pour celui qui sait les apprécier, ce sont les lettres de créance de l'enseignement spirituel que nous donnent leurs auteurs. Tout d'abord, des phénomènes anormaux, accomplis par la volonté d'hommes vivants, sont *par eux-mêmes* excessivement intéressants pour quiconque est doué d'un amour honnête pour la science. Ils découvrent des horizons scientifiques nouveaux. On peut assurer, avec la certitude qui nous fait dire que le soleil se lèvera demain, que la poussée progressive des découvertes scientifiques avançant avec lenteur dans le sillon tracé, finira, probablement avant peu, par apporter au monde une partie de ces connaissances supérieures dont jouissent déjà les maîtres de l'occultisme. L'investigation exotérique fournira des facultés qui étendront le domaine de la science et lui permettront de comprendre plus facilement quelques-uns des phénomènes que j'ai décrits dans cet ouvrage. Il me semble très intéressant, en attendant, de jeter un coup d'œil anticipé sur des découvertes que nous retrouverions probablement l'objet de toute l'attention d'une génération future, si nous pouvions réellement, comme le suppose Tennyson :

« — Dormir pendant la durée des longues guerres,
Et nous réveiller à la science agrandie,
A la connaissance de ces secrets du cerveau et des étoiles,
Qui sont aussi étranges que des contes de fée. »

Mais la leçon que l'on retire des phénomènes occultes est bien plus importante que leur intérêt au point de vue scientifique, car ils placent leurs auteurs dans une position intellectuelle supérieure à celle du reste du genre humain. Ils nous apprennent que ces hommes ont dépassé de beaucoup leurs contemporains par une compréhension de la nature dont on n'a aucun exemple; qu'ils ont acquis le pouvoir de connaître les événements par d'autres moyens que celui des sens physiques; que, tandis que leur corps est à une place, leurs perceptions peuvent être à une autre, et qu'ils ont par conséquent résolu le grand problème de savoir si le moi de l'homme est distinct de son enveloppe périssable. Tous les autres professeurs nous enseigneront les probabilités que l'on a émises au sujet de l'âme ou de l'esprit : eux nous montrent le fait lui-même ; si ce n'est pas là une question sublime à étudier, je ne sais ce qui le sera. Mais nous ne pouvons lire la poésie avant d'avoir appris l'alphabet, et celui qui trouve que les syllabes *b-a ba*, et ainsi de suite, sont insupportablement triviales et ennuyeuses et ne veut pas se plier à la folie de l'épellation, ne sera certainement jamais capable de lire les *Idylls of the King*.

Je reviens donc des nuages et continue patiemment mon exposé de phénomènes, en rapportant les incidents qui ont confirmé, depuis mon retour aux Indes, les expériences et les conclusions que j'ai consignées dans les précédents chapitres de ce livre.

Le premier incident fut comme un aimable salut de bienvenue de la part de mon ami Kout-Houmi. Je lui avais écrit (par l'intermédiaire de madame Blavatsky) un peu avant de quitter Londres, et j'espérais qu'une lettre de lui m'attendrait à Bombay. Mais je ne trouvai aucune lettre lorsque j'arrivai au quartier général de la Société Théosophique, où je devais m'arrêter quelques jours avant de retourner à ma destination. J'arrivai tard dans la nuit et il n'advint alors rien de remarquable. Le matin suivant, après le déjeuner, j'allai m'asseoir, pour causer avec madame Blavatsky, dans la chambre que l'on m'avait préparée. Nous étions à des côtés différents d'une grande table carrée qui se trouvait au milieu de la chambre éclairée par la pleine lumière du jour. Personne autre que nous n'était dans la chambre. Soudain, une lettre épaisse tomba sur la table devant moi, à ma droite, madame Blavatsky étant assise à ma gauche. La lettre sortait *de rien* pour ainsi dire ; elle fut matérialisée ou réagrégée dans l'air, devant mes yeux. C'était la réponse attendue de Kout-Houmi : lettre profondément intéressante, contenant, d'une part, des renseignements privés et des explications sur ce que j'avais demandé, et, d'autre part, d'immenses révélations de philosophie occulte, un peu obscures, mais qui furent continuées plus tard. Je prévois naturellement que quelques lecteurs (avec un sourire de satisfaction) vont lancer les mots de « fils de fer, ressorts, appareils dissimulés », et ainsi de suite. D'abord, quiconque eût été présent, eût reconnu l'absurdité grotesque de cette suggestion ; ensuite, il est inutile de discuter, chaque fois, des objections de cette sorte *ab initio*. Il n'y avait pas plus de fils, ni de ressorts autour de la chambre dont je parle qu'autour des montagnes aériennes de Simla, sur lesquelles quelques-uns de nos premiers phénomènes furent produits. J'ajouterai que, quelques mois plus tard, dans un dak bungalow [1] du nord de l'Inde, une lettre occulte tomba devant un de mes amis, un légiste bengalien, qui était devenu membre actif de la Société Théosophique ; et plus tard encore, au quartier général de la Société Théosophique à Bombay, six ou sept personnes virent une lettre

---

1. Expression hindoustanie anglicisée, qui signifie *bureau de poste*. — (*Note du traducteur.*)

tomber, en plein air, suivant la promesse qui en avait été faite. Pendant quelque temps je n'eus d'autres phénomènes que cet envoi de Kout-Houmi, ainsi que je l'ai décrit ; et malgré la continuation de ma correspondance, on ne me fit pas espérer d'autres manifestations de pouvoir anormal. Les autorités supérieures du monde occulte avaient alors prohibé les manifestations de ce genre plus strictement qu'ils ne l'avaient fait l'été précédent à Simla. Le résultat des manifestations qui avaient été accordées, ne leur avait pas paru satisfaisant. Elles avaient donné naissance à de longues discussions pleines d'acrimonie et à des sentiments d'animosité ; le bon effet qu'elles avaient produit sur les quelques personnes qui les avaient appréciées était contre-balancé par leur mauvaise influence sur le progrès du mouvement théosophique. Lors donc que je vins à Simla, au mois d'août de l'année 1881, je ne m'attendais à aucun incident de nature anormale. Aussi n'ai-je pas une multitude d'anecdotes à rapporter, capables de soutenir la comparaison avec celles qu'il m'a été permis de rassembler l'année précédente. Cependant le progrès d'une certaine entreprise dont je m'occupai à cette époque — l'établissement à Simla d'une branche de la Société Théosophique —

n'en fut pas moins accompagné de petits incidents de nature phénoménale. Lorsque je formai cette Société, un grand nombre de lettres circulèrent entre Kout-Houmi et nous, qui ne furent *pas* toujours transmises par l'intermédiaire de madame Blavatsky. Dans un cas, par exemple, M. Hume, qui avait été nommé pour la première année président de la nouvelle Société — la Société Théosophique éclectique de Simla, ainsi que nous l'avions appelée — trouva un billet de Kout-Houmi à l'intérieur d'une lettre venue, par la poste, d'une personne complètement étrangère aux études occultes et qui lui écrivait pour des affaires de municipalité. Moi-même, en m'habillant pour une soirée, j'ai trouvé, dans la poche de mon habit, une lettre que j'attendais, et une autre, en une occasion différente, le matin sous mon oreiller. Un jour que je venais de recevoir, par la malle d'Angleterre, une lettre que je pensais devoir intéresser madame Blavatsky, j'allai la lui lire dans son cabinet. Pendant ma lecture, quelques lignes commentant ce que je lisais se tracèrent sur une feuille de papier blanc qui était devant elle. Aussitôt qu'elle vit l'écriture se former elle m'appela en me montrant le papier. J'y reconnus la main de Kout-Houmi: c'était également sa pensée, car le commentaire signifiait, « ne vous l'avais-je pas dit ? » et se rapportait à quelque chose qu'il avait dit effectivement dans une lettre antérieure.

Il n'est pas mauvais, en passant, d'avertir le lecteur que pendant toute la durée de cette visite que me fit madame Blavatsky à Simla, le colonel Olcott (depuis plusieurs mois auparavant, ainsi que plusieurs mois après) se trouvait à Ceylan, où il faisait avec succès une tournée de conférences en faveur de la Société Théosophique, au sujet de quelques-uns des phénomènes qui avaient eu lieu à Simla en 1880, lors de son passage et de celui de madame Blavatsky. Des gens incrédules et mal intentionnés, voyant qu'il serait absurde de soutenir que certains phénomènes opérés par madame Blavatsky sont dus à sa propre fraude, répètent à satiété que c'est le colonel Olcott qui doit tenir les ficelles. Quelques journaux critiquant la première édition de ce livre, ont même suggéré que le colonel Olcott écrivait les lettres que j'attribuais naïvement à Kout-Houmi, et que madame Blavatsky ne faisait qu'organiser leur présentation. Mais puisque, pendant tout l'automne de 1881, alors que le colonel Olcott était à Ceylan et moi à Simla, les lettres continuèrent à m'arriver, alternant parfois tous les deux jours avec les lettres que j'écrivais, mes critiques sauront désormais que leur hypothèse a vécu.

Pour moi-même — et je pense qu'il en sera ainsi pour ceux de mes lecteurs qui apprécient ces faits, — le plus intéressant des phénomènes dont je fus témoin à Simla en 1881, fut le suivant. Pendant la période en question, je fus mis en relation avec un autre frère que Kout-Houmi. Il arriva que ce dernier dut, pour le progrès de son développement intérieur, se retirer durant trois mois dans une reclusion absolue, non-seulement en ce qui concernait son corps, — celui-ci, dans le cas d'un adepte, pouvant être relégué dans le coin de la terre le plus éloigné sans que cela arrête l'activité de son commerce ASTRAL avec le genre humain, — mais en ce qui concernait son moi puissant tout entier qui avait eu des rapports avec nous. Dans ces circonstances, un des frères avec qui Kout-Houmi était particulièrement associé, accepta, avec un peu de répugnance tout d'abord, de s'occuper de la Société éclectique de Simla et de continuer pendant l'absence de Kout-Houmi notre instruction en philosophie occulte. Le changement qui s'opéra dans le caractère de notre correspondance, lorsque notre nouveau maître s'occupa de nous, fut excessivement remarquable. Toutes les lettres qui venaient de Kout-Houmi avaient toujours conservé un style d'une douceur pleine de suavité. Il aurait écrit une demi-page d'explications plutôt que de risquer une phrase qui aurait pu blesser la sensibilité de quelqu'un par une brièveté trop négligée. Son écriture était également très lisible et très régulière. Notre nouveau maître nous traita d'une façon toute différente : il se déclara complètement inaccoutumé à notre langue, et nous écrivit des lettres dont nous avions parfois bien de la peine à déchiffrer l'écriture inégale. Il n'y allait pas par quatre chemins. Quelquefois, lorsque nous lui envoyions un de nos essais sur quelques idées occultes qui nous étaient venues, pour lui demander s'il était bon, il nous le retournait avec une grosse ligne rouge en travers et le mot « NON » écrit en marge. Un jour, l'un de nous lui avait demandé : « Pouvez-vous éclaircir mes idées sur tel et tel point ? » Nous trouvâmes dans la marge cette annotation : » Comment puis-je éclaircir ce que vous n'avez pas ? » et le reste sur ce ton. Mais nous n'en faisions pas moins des progrès sous la direction de M..., et notre correspondance, qui avait commencé, de son côté, par des notes brèves, griffonnées sur des morceaux de gros papier thibétain, en vint, par degrés, à prendre quelquefois la forme de lettres de dimensions considérables. Malgré ces procédés rudes et cassants, qui formaient un constraste si amusant avec la politesse affable de Kout-Houmi, notre attachement à notre nouveau maître grandissait en nous à mesure que nous sentions qu'il nous considérait comme ses élèves avec plus de bonne volonté que dans le commencement. Je suis sûr que quelques-uns de mes lecteurs comprendront ce que je veux dire ici par *attachement*. Je me sers à dessein d'un mot incolore afin de ne point faire parade de sentiments qui ne seraient généralement pas compris; mais je puis leur certifier que lorsqu'on a été longtemps en relations — ne fût-ce que par lettres — avec un personnage qui, tout en étant un homme comme nous, par son rang dans la création, est tellement élevé au-dessus de ses semblables qu'il possède des attributs que la foule appellerait divins, il naît en vous des sentiments qui sont trop profonds pour qu'on les décrive à la légère.

Ce fut M... qui récemment me gratifia d'une petite manifestation dont l'importance repose sur le fait que madame Blavatsky fut étrangère à sa production, car elle se trouvait alors à huit cents milles plus loin. Pendant les trois premiers mois de ses relations avec moi, M... fut strict sur le principe qu'il avait adopté lorsqu'il consentit à correspondre avec la Société éclectique de Simla, en l'absence de Kout-Houmi. Il voulait bien nous écrire, mais il ne devait accomplir aucune sorte de phénomène. Le présent ouvrage, ayant à compter surtout avec les phénomènes, je ne saurais trop souvent rappeler à l'esprit des lecteurs que tous ces incidents arrivèrent à divers intervalles durant une longue période de temps, et que les adeptes, en règle générale, ne produisent leurs merveilles aux yeux du monde extérieur qu'avec la plus grande répugnance. Lorsqu'ils nous en accordent par exception, les critiques ordinaires viennent nous dire : « Mais pourquoi les Frères n'ont-ils pas fait ceci et cela ? l'incident aurait été bien plus convaincant. » Je répète que, lorsque les Frères produisent des phénomènes anormaux, ils n'ont *pas* l'intention d'essayer de prouver leur existence à un jury d'Anglais intelligents. Ils la manifestent simplement à ceux qui sont naturellement attirés vers le mysticisme et les choses spirituelles. Ce n'est pas trop s'avancer que de dire qu'ils *évitent* toujours scrupuleusement de délivrer des preuves directes, pour satisfaire les esprits vulgaires. Aujourd'hui, ils préfèrent certainement que les Philistins grossiers et matériels d'un monde sensuel et égoïste continuent à considérer leur existence comme un mythe. Ils se révèlent donc par des signes et des enseignements que peuvent seules comprendre les personnes qui sont douées d'une sorte de vue spirituelle et de secrètes affinités. Ils ont certainement permis la publication de ce livre, — je n'en aurais pas écrit une page si un mot de Kout-Houmi l'eût désapprouvé, — et les manifestations phénoménales qui y sont rapportées ont, en général, la valeur de preuves absolues et irrésistibles, *pour moi*, et par conséquent pour tous ceux qui sont capables de comprendre que je dis l'exacte vérité. Mais les Frères, j'imagine, savent fort bien que, pour immense que soit cette révélation, on peut la faire passer sans danger devant les yeux de la foule, précisément parce que le gros du public que l'on ne veut pas convaincre, la rejettera infailliblement. Le cas me rappelle ce farceur qui s'était imaginé de se tenir sur le pont de Waterloo avec une centaine de vraies pièces en or sur un plateau, les offrant pour un schelling chaque, et qui avait parié qu'il resterait ainsi pendant une heure sans se débarrasser de sa marchandise. Il comptait sur la bêtise des passants qui se croiraient trop malins pour se laisser prendre. Il en est ainsi de ce livre. Il contient une exposition authentique de vérités absolues qui révolutionneraient le monde, si seulement on voulait y croire ; et cette exposition se présente sous des garanties impeccables. Mais le gros du genre humain est aveuglé par sa vanité et son incapacité de s'assimiler des idées supra-matérielles ; aussi mon livre n'affectera-t-il personne, sinon ceux-là mêmes dont l'intelligence est déjà disposée pour en tirer profit.

Cette dernière classe de lecteurs apprécieront facilement la manière dont les phénomènes que j'ai eu à enregistrer ont ainsi suivi pas à pas mes convictions croissantes, les confirmant à mesure que je les formais par déduction, plutôt qu'ils ne les ont provoquées et renforcées du premier coup. Ce fut précisément le cas dans les récents phénomènes dont M... m'a gratifié une ou deux fois, par amitié et bienveillance, alors que toute idée d'affermir ma croyance dans les Frères était depuis longtemps hors de saison. M... voulut me donner la satisfaction de le voir (dans son corps astral bien entendu) ; il eût arrangé les conditions nécessaires à cette entrevue, à Bombay, le jour que j'y vins au mois de janvier pour chercher ma femme qui revenait d'Angleterre, si les conditions atmosphériques, ou autres, eussent été alors favorables. Malheureusement pour moi elles ne le furent pas.

Les Frères ne peuvent pas *opérer de miracles,* ainsi que me l'écrivait M... dans un des billets que je reçus ce jour-là et le matin suivant, avant mon départ du quartier général de la Société Théosophique, où j'étais descendu. Le spectateur ordinaire ne voit pour ainsi dire pas de différence entre un miracle et un des phénomènes produits par les Frères; cependant ces derniers sont des résultats accomplis par une certaine manipulation de forces soumises à des lois naturelles et qui se brisent parfois contre des obstacles insurmontables.

Mais il fut possible à M... de se montrer à un membre de la Société éclectique de Simla qui se trouvait par hasard à Bombay un jour ou deux avant mon arrivée. L'apparition resta parfaitement visible pendant quelques instants et mon ami reconnut distinctement la figure de M... dont il avait vu un portrait auparavant. L'apparition passa ensuite par la porte ouverte d'une chambre intérieure où elle s'était formée et disparut dans une direction par où il n'y avait pas de sortie; mon ami qui s'était élancé à sa poursuite ne l'aperçut plus lorsqu'il entra dans la chambre. En deux ou trois autres occasions, M... s'était précédemment montré dans sa forme astrale à quelques personnes, dans les environs du quartier général de la Société; car la présence continuelle de madame Blavatsky et d'une ou deux autres personnes possédant un magnétisme supérieur et sympathique, la pureté de vie de tous ceux qui y résident habituellement, et les influences que les Frères eux-mêmes y répandent constamment, rendent la production des phénomènes beaucoup plus facile dans cet endroit que partout ailleurs.

Cela me ramène aux incidents qui eurent lieu récemment, comme je l'ai dit, dans ma maison à Allahabad, alors que madame Blavatsky se trouvait elle-même à Bombay, à huit cents milles plus loin. Le colonel Olcott, qui se rendait à Calcutta, s'était arrêté chez nous pour un jour ou deux en passant. Il était accompagné d'un jeune natif qui aspirait à se faire recevoir par les Frères comme *chéla*, ou disciple; le magnétisme ainsi fourni établissait donc dans la maison des conditions qui y rendaient certaines manifestations possibles pendant quelque temps. Un soir, en rentrant un peu avant dîner, je trouvai deux ou trois télégrammes qui avaient été soigneusement cachetés dans des enveloppes, comme on le fait toujours au bureau du télégraphe. Les messages traitaient d'affaires ; mais dans une des enveloppes était un billet plié de M... Le simple fait d'un

14.

billet transfusé par un moyen occulte dans une enveloppe fermée était déjà un phénomène (comme tous ceux du même genre dont j'ai parlé précédemment) ; mais je ne m'y arrêterai pas, car celui qui avait été accompli et dont la lettre m'informait était encore bien plus étonnant. On me disait de chercher dans mon cabinet un fragment de bas-relief en plâtre qui venait d'y être transporté instantanément, de Bombay. L'instinct me conduisit tout de suite à l'endroit où je pensais devoir trouver l'objet apporté : au tiroir de mon secrétaire, exclusivement consacré à la correspondance occulte. Là, en effet, je trouvai le coin brisé d'une plaque de plâtre, avec la signature de M... marquée dessus. Je télégraphiai aussitôt à Bombay pour demander s'il venait d'arriver quelque chose de spécial, et le lendemain je reçus avis que M... avait brisé un portrait en plâtre, et en avait emporté un morceau. Un peu plus tard on m'envoya de Bombay un procès-verbal, signé par sept personnes, dont je donne les points principaux :

« A sept heures du soir environ, les personnes suivantes (ici sont énumérées cinq personnes, y compris madame Blavatsky) prenaient le thé sous la vérandah, chez madame Blavatsky, en face la porte pratiquée dans le grillage rouge qui sépare son premier cabinet de la longue vérandah. Les deux battants de la porte étaient ouverts en grand, et la table en étant environ à deux pieds, chacun de nous pouvait voir distinctement tout ce qu'il y avait dans la chambre. Nous étions assis depuis cinq ou sept minutes, lorsque madame Blavatsky tressaillit. Nous commençâmes à prêter notre attention à ce qui allait se passer. Alors elle regarda autour d'elle, disant : « Que va-t-il faire ? » et répéta cela deux ou trois fois sans prendre garde à nous, ni nous adresser la parole. Soudain, nous entendîmes tous un coup — un choc violent, comme si quelque chose se brisait en tombant — derrière la porte du cabinet de madame Blavatsky où il n'y avait pas âme qui vive à ce moment-là. Un coup encore plus fort se fit entendre et nous nous précipitâmes tous dans la chambre. Elle était vide et silencieuse ; mais juste derrière la portière de coton rouge, où nous avions entendu le bruit, nous trouvâmes un moulage de plâtre représentant un portrait, gisant sur le sol, brisé en plusieurs morceaux. Après avoir soigneusement ramassé les fragments et jusqu'aux plus petits débris, nous examinâmes le clou qui suspendait le moulage depuis bientôt seize mois : il tenait au mur aussi solidement que jamais. La boucle en fil de fer du portrait était parfaitement intacte et n'était pas même déformée. Nous étalâmes les morceaux sur la table et essayâmes de les arranger, espérant pouvoir les recoller ; car madame Blavatsky paraissait très ennuyée de perdre ce médaillon qui était l'œuvre d'un de ses amis de New-York. Nous trouvâmes qu'une pièce, à peu près carrée et d'environ deux pouces, manquait au coin droit du moulage. Nous retournâmes pour la chercher dans la chambre ; mais en vain. Peu après, madame Blavatsky s'étant levée soudainement, alla s'enfermer dans sa chambre. Au bout d'une minute elle y appela M. X... et lui montra un petit morceau de papier, que chacun de nous put voir et lire ensuite. C'était la même écriture que celle des communications dont quelques-uns d'entre nous avaient été gratifiés précédemment ; nous reconnaissions les initiales qui nous étaient familières. Le billet nous informait que le morceau manquant avait été emporté à Allahabad par le Frère que M. Sinnett appelle « l'Illustre »[1], et ajoutait que madame Bla-

---

[1]. *Mon illustre ami*, était l'expression dont je me servais dans le principe pour m'adresser au Frère que j'ai nommé ici M... ; elle fut abrégée dans la suite ainsi que l'indique le pseudonyme du procès-verbal. Il est parfois difficile de savoir comment appeler les Frères, même quand on connaît leurs vrais noms. Moins on emploie ceux-ci, mieux cela vaut ; pour plusieurs raisons, parmi lesquelles on peut

vatsky devait réunir et conserver avec soin ceux qui restaient. »

Le compte rendu entre ensuite dans quelques nouveaux détails, qui n'ont pas d'importance pour le lecteur, et est signé par quatre natifs, amis de madame Blavatsky, qui étaient avec elle au moment où le médaillon fut brisé. Un post-scriptum y est ajouté, signé par trois autres personnes qui déclarent qu'étant arrivées peu de temps après la chute du portrait, elles trouvèrent le reste de la compagnie occupée à en arranger les fragments sur la table.

On comprendra naturellement, mais il faut que je l'établisse explicitement, que le soir auquel se rapporte le récit précédent fut le même que celui où je trouvai, à Allahabad, la note de M... dans l'intérieur de mon télégramme et le morceau perdu du moulage dans mon tiroir. Il ne semble pas s'être écoulé de temps appréciable entre le bris du plâtre à Bombay et la remise du morceau à Allahabad. En effet, bien que je n'aie pas noté la mi-

---

ranger la profonde contrariété qu'éprouvent leurs vrais disciples quand de tels noms deviennent d'un usage fréquent et irrespectueux parmi les railleurs. Je regrette à présent que le nom de Kout-Houmi, si ardemment vénéré par tous ceux qui ont réellement ressenti son influence, ait pu jamais apparaître en toutes lettres dans le texte de ce livre.

nute exacte à laquelle je trouvai le fragment, qui d'ailleurs était peut-être déjà dans mon tiroir avant que je vinsse à la maison, il était certainement entre sept et huit heures, probablement sept heures et demie ou huit heures moins un quart. Or, comme il y a à peu près une demi-heure de différence entre les longitudes de Bombay et d'Allahabad, sept heures pour Bombay doivent correspondre à peu près à sept heures et demie pour Allahabad. Évidemment donc le morceau de plâtre, pesant deux ou trois onces, fut réellement apporté de Bombay à Allahabad pour ainsi dire instantanément. C'était bien le morceau enlevé au moulage qui avait été brisé à Bombay : la preuve m'en fut donnée quelques jours plus tard ; les pièces qui étaient restées dans cette ville me furent envoyées, soigneusement empaquetées, et je pus reconstruire le moulage dans son entier, car les échancrures de mon fragment correspondaient exactement à celles du coin brisé.

Le lecteur malin — de la classe des gens qui ne se seraient jamais laissé *mettre dedans* par l'homme qui vendait des pièces d'or sur le pont de Waterloo — rira de toute cette histoire. Un morceau de plâtre envoyé en un clin d'œil à une distance de huit cents milles à travers l'Inde, par la puissance de la volonté de quelqu'un qui se trouve, Dieu sait où, à ce moment... probablement dans le Thibet! Le lecteur malin, n'étant pas capable d'en faire autant, est convaincu que nul autre ne le peut et que le fait n'a jamais eu lieu. Plutôt croire que les sept témoins de Bombay et l'auteur du présent livre débitent un paquet de mensonges que d'admettre qu'il y ait au monde des êtres vivants connaissant les secrets de la nature et pouvant en employer les forces, tandis que les malins, qui puisent leurs inspirations dans le *Times* ou qui appartiennent au type *Jolly Bank-holiday, three-penny'bus young man* ne savent rien là-dessus. Quelques-uns de mes amis, critiquant la première édition de ce livre, ont trouvé que j'avais eu tort de ne pas adopter un ton plus respectueux et plus conciliant envers le scepticisme scientifique lorsque je me présente au monde avec des allégations du genre de celles que contiennent ces pages. Mais je ne vois pas pourquoi je serais hypocrite. Beaucoup de gens intelligents se débarrassent aujourd'hui, et sans hésiter, des entraves de matérialisme forgées par la science moderne et la superstition étouffante des prêtres; ils ont décidé que l'Église avec toutes ses momeries ne réussirait pas à les rendre irréligieux, que la science avec toute sa suffisance ne les aveuglerait pas sur les possibilités de la nature. Voilà ceux qui comprendront mon récit et la sublimité des révélations qu'il incarne. Mais tous ceux qui sont devenus les esclaves du dogme ou dont la science moderne a matérialisé l'intelligence ont nécessairement perdu quelques facultés et ne pourront pas saisir des faits qui ne cadrent pas avec leurs idées préconçues. Ils diront que les faits en question n'existent pas, lorsque c'est leur propre jugement qui fait défaut ; ils ne ménageront pas dans leurs pensées et dans leurs paroles les personnes possédant une intuition supérieure, et qui ne les jugent pas capables de croire ou d'apprécier. Aussi me semble-t-il que le moment est venu de montrer à ces vulgaires railleurs que pour ceux de leurs contemporains qui sont plus éclairés qu'eux, ils font l'effet d'un troupeau de Béotiens parmi lesquels le plus instruit et celui qui l'est moins, le savant orthodoxe et le petit employé, ne diffèrent que par le niveau et non par la catégorie.

Le lendemain matin de l'événement dont je viens de parler, B... R..., le jeune natif aspirant au *chélaat*, qui accompagnait le colonel Olcott et demeurait chez moi, me remit un billet de Kout-

Houmi qu'il avait trouvé le matin sous son oreiller. Un autre que j'avais écrit à Kout-Houmi et donné, la veille, à B... R..., avait été pris, me dit-il, le soir avant qu'il s'endormît. Le billet de Kout-Houmi était court ; il me disait entre autres choses : « Il nous est aussi strictement défendu de forcer les phénomènes en présence des difficultés, magnétiques ou autres, qu'à un caissier de banque de dépenser l'argent qui lui a été confié. Ce qui vient d'être fait à une telle distance du quartier général aurait été impossible sans le magnétisme qu'ont apporté O... et B... R... avec eux, et je ne pouvais pas faire davantage. » Comme je ne saisissais pas toute la portée de ces derniers mots et que j'avais été frappé par un passage précédent dans lequel Kout-Houmi me disait : « Il nous est facile de donner des preuves phénoménales quand nous avons les conditions nécessaires, » je lui écrivis le lendemain une ou deux suggestions, afin de profiter encore des conditions dans lesquelles se trouvait ma maison par suite de l'introduction d'un magnétisme efficace et différent de celui de madame Blavatsky qui, elle, avait été soupçonnée de m'en imposer, malgré l'absurdité d'une semblable supposition. Je donnai ma lettre à B... R... dans la soirée du 13 mars (l'incident du plâtre avait eu

15

lieu le 11), et le matin du 14 je recevais quelques mots de Kout-Houmi ; il me disait simplement que ce que je proposais était impossible et qu'il m'en écrirait plus long par Bombay. Lorsqu'il le fit, les facilités du moment étaient épuisées et l'on me prévenait que l'on ne pouvait acquiescer à mes suggestions. Mais l'importance de toutes ces explications repose sur ce fait que j'échangeai des lettres avec Kout-Houmi dans un moment où madame Blavatsky était à l'autre extrémité de l'Inde.

Le récit que j'ai fait plus haut, et dans lequel j'ai raconté comment un morceau de plâtre fut transporté instantanément de Bombay à Allahabad, sert pour ainsi dire de prélude à toute une série d'incidents remarquables que je vais rapporter. L'histoire a déjà été présentée au public indien tout au long, dans le *Psychic Notes*[1], revue périodique publiée temporairement à Calcutta, dans le but spécial de rendre compte des incidents se rapportant à la *médiumnité* spiritualiste de M. Eglinton, qui resta quelques mois à Calcutta pendant la dernière saison d'hiver. L'incident ne s'adressait pas au public ; mais plutôt aux spiritualistes qui, tout en étant beaucoup plus aptes à comprendre l'occultisme

---

1. Newton et Cⁱᵉ Calcutta.

que les gens qui sont encore enveloppés dans les ténèbres de l'incrédulité orthodoxe lorsqu'il s'agit de phénomènes supra-matériels, sont néanmoins considérablement enclins à donner une solution spiritualiste à *tous* ces phénomènes. C'est ainsi que beaucoup de spiritualistes[1] dans l'Inde en étaient venus à supposer que nous qui croyions aux Frères étions en quelque façon induits en erreur par une médiumnité extraordinaire de la part de madame Blavatsky. Les *esprits-guides* qui parlaient par l'intermédiaire de M. Eglinton confirmèrent d'abord cette manière de voir ; mais en dernier lieu, il survint un changement très remarquable dans leur langage. Un peu avant que M. Eglinton partît de Calcutta, ils déclarèrent qu'ils connaissaient très bien la Fraternité, ils nommèrent « l'Illustre » par cette désignation et ajoutèrent qu'ils avaient reçu l'ordre de travailler désormais de concert avec les Frères. Telle était la situation lorsque M. Eglinton quitta l'Inde à bord du vapeur le *Vega*, qui partit de Calcutta le 16 mars, je crois. Quelques jours plus tard, le matin du 24, je reçus à Allahabad

1. Nous croyons devoir répéter que les mots *spiritualiste, spiritualisme*, en Angleterre, correspondent à peu près aux mots *spirite, spiritisme* en français. — (*Note du traducteur.*)

une lettre de Kout-Houmi dans laquelle il me disait qu'il allait visiter M. Eglinton à bord du *Vega* en pleine mer, pour le convaincre entièrement de l'existence des Frères, et s'il réussissait dans son dessein, notifier immédiatement le fait à certains amis de M. Eglinton à Calcutta. La lettre, qui avait été écrite un jour ou deux auparavant, mentionnait la nuit du 21 au 22 comme le moment où la visite astrale aurait lieu. L'explication complète de toutes les circonstances au milieu desquelles ce programme étonnant fut rempli demandera un peu de temps; mais on en suivra plus facilement le récit si je commence par esquisser en peu de mots ce qui arriva. La visite en question fut rendue comme il avait été promis ; et ce ne fut pas tout; une lettre que M. Eglinton écrivit en mer le 24 pour décrire cette visite, et dans laquelle il formulait clairement et catégoriquement sa croyance dans les Frères, fut transportée instantanément, le même soir, à Bombay. Elle tomba devant plusieurs témoins (*de rien*, comme la première lettre que j'avais reçue à mon retour dans l'Inde). Ceux-ci en prirent connaissance, ils y joignirent des cartes sur lesquelles ils écrivirent quelque chose; puis le tout fut enlevé et s'en vint tomber quelques instants après au milieu des amis de M. Eglinton, à

Calcutta! On leur avait dit auparavant qu'ils recevraient à ce moment un envoi des frères. L'authenticité de toute la série de ces incidents est confirmée par des témoignages et des documents; et lorsqu'on les a examinés on est obligé d'admettre, à moins d'avoir perdu la raison, que les divers phénomènes, tels que je viens de les décrire, ont été réellement accomplis, malgré les déclarations de la science qui va crier à l'impossibilité.

Pour les détails ayant rapport à cette suite d'incidents je renvoie mes lecteurs au compte rendu publié dans le *Psychic Notes* du 30 mars, par madame Gordon, femme du colonel W. Gordon, de Calcutta, et appuyé de sa signature.

Madame Gordon explique dans la première partie de son exposé, que je condense afin d'être bref, que le colonel Olcott venait d'arriver à Calcutta pour rendre visite au colonel Gordon et à elle-même. Ils avaient reçu une lettre de madame Blavatsky.

« La lettre datée du 19, de Bombay, nous prévenait qu'il allait se passer quelque chose. Madame Blavatsky exprimait l'espoir qu'on ne demanderait pas son assistance, car elle avait été assez maltraitée au sujet des phénomènes. Avant que cette lettre eût été apportée par le facteur, le colonel Olcott m'avait dit que, durant la nuit, son *Chohan* (maître) lui avait annoncé que K. H. était allé au *Véga* et avait vu Eglinton. Ceci se passait le jeudi 23, vers huit heures du matin. Quelques heures après, un télégramme de Bombay, daté, le 22, à 21 heures 9 minutes, c'est-à-dire mercredi à 9 heures 9 minutes du soir, m'arriva de madame Blavatsky ; il était rédigé en ces termes : « K. H. vient de partir pour le VÉGA. » Cette dépêche avait été mise à *la poste* à Calcutta comme ayant éprouvé du retard, ce qui explique pourquoi je ne la reçus que jeudi à midi. Elle confirmait, comme on le voit, le message donné la nuit précédente au colonel Olcott.

» Alors nous eûmes l'espoir de recevoir par moyens occultes la lettre de M. Eglinton. Le même jeudi, un peu plus tard, nous reçûmes un télégramme par lequel on nous priait de fixer une heure pour une séance; nous désignâmes le vendredi 24, à 9 heures (heure de Madras). A l'heure dite, nous nous assîmes tous trois (le colonel Olcott, le colonel Gordon et moi) dans la chambre qui avait été occupée par M. Eglinton. Nous avions beaucoup de lumière et nos chaises étaient disposées de manière à former un triangle dont le sommet serait vers le nord. Au bout de quelques minutes le colonel Olcott vit par la fenêtre ouverte les deux Frères qui nous sont le mieux connus, et nous en prévint; il les vit passer à une autre fenêtre dont les battants étaient fermés. Il vit l'un d'eux indiquer de la main un point dans l'air au-dessus de ma tête; au même moment je sentis quelque chose tomber perpendiculairement sur mon épaule et je vis un objet choir à mes pieds *dans la direction* de ces deux messieurs. Je savais que ce devait être la lettre, mais j'étais alors si désireuse d'apercevoir les Frères que je ne ramassai pas ce qui était tombé. Le colonel Olcott et le colonel Gordon virent et entendirent tous deux la lettre tomber. Le colonel Olcott avait détourné un instant ses yeux de la fenêtre pour regarder ce que le Frère montrait : il remarqua que l'endroit d'où la lettre tomba était à environ deux pieds du plafond. Quand nous regardâmes de nouveau, les deux Frères s'étaient évanouis.

» Il n'y a pas de vérandah à l'extérieur, et la fenêtre est à plusieurs pieds du sol.

» Je me retournai alors pour ramasser ce qui était tombé

sur moi; je trouvai une lettre dont l'écriture était de M. Eglinton, datée du 24 sur le *Véga*; plus un message de madame Blavatsky, daté de Bombay le 24, écrit sur le dos de trois de ses cartes de visite; enfin une carte plus large, comme celles dont M. Eglinton avait un paquet et dont il se servait à ses séances. Cette dernière carte était couverte de l'écriture bien connue de K. H. et de quelques mots écrits par l'autre frère, le Directeur du colonel Olcott, qui avait été vu à la fenêtre avec K. H. Ces cartes et la lettre étaient cousues ensemble avec un bout de fil de soie bleu. Nous ouvrîmes la lettre avec soin, en fendant un de ses côtés, car quelqu'un avait tracé au crayon trois croix latines sur la fermeture et nous voulions les conserver intactes pour la constatation d'identité. La lettre était conçue en ces termes :

« — » S. S. VÉGA,

» Vendredi, 24 mars 1882.

» Ma chère madame Gordon. — Enfin l'heure de votre
» triomphe est venue ! Après les nombreuses batailles que
» nous nous sommes livrées à table au sujet de l'exis-
» tence de K. H. et malgré mon scepticisme obstiné au sujet
» des pouvoirs merveilleux attribués aux Frères, je suis forcé
» maintenant de *croire complètement* qu'ils sont réellement
» des personnes vivantes et distinctes, et désormais ma
» croyance en eux sera *ferme et inaltérable*[1], en propor-
» tion de mon scepticisme. Il ne m'est pas permis de
» vous dire tout ce que je sais, mais K. H. *m'est apparu* en
» personne il y a deux jours et ce qu'il m'a dit m'a stupéfié.
» Peut-être madame B. vous a-t-elle déjà fait part du fait
» de l'apparition de K. H. « L'ILLUSTRE » ne sait pas s'il
» pourra rapporter cette lettre à madame B. ; en tout cas il va
» essayer, malgré les nombreuses difficultés qu'il a à sur-

[1]. La lettre d'Eglinton que nous publions plus loin montrera jusqu'à quel point les croyances de *médiums* sont *fermes et inébranlables*. — (*Note du traducteur.*)

» monter. S'il ne réussit pas, je la mettrai à la poste au
» prochain port. Je vais la lire à madame B... et la prier de
» marquer l'enveloppe ; mais *quoi qu'il arrive*, K. H. vous
» recommande de garder cette lettre dans le plus profond
» secret jusqu'à ce que vous ayez de ses nouvelles par
» Madame. Une tempête d'opposition s'élèvera certainement,
» et elle a eu à subir tant d'ennuis qu'il serait fâcheux
» qu'il lui en arrivât encore. » Suivent quelques remarques
au sujet de sa santé et des inquiétudes qui le ramènent
chez lui, et la lettre finit.

« Voici le billet écrit sur les trois cartes de visite de
» madame Blavatsky. » — Quartier général, 24 mars. Ces
» cartes et leur contenu sont pour prévenir mes douteurs
» que la lettre attachée ici et adressée à madame Gordon
» par M. Eglinton vient de m'être apportée du *Véga*, avec
» une autre lettre que M. Eglinton m'envoie et que je
» garde. K. H. me dit qu'il a vu M. Eglinton et a eu avec lui
» un entretien assez long et assez convaincant pour que
» celui-ci demeure pour le reste de ses jours complètement
» certain de l'existence des Frères en tant qu'êtres vivants.
» M. Eglinton m'écrit : « La lettre ci-incluse doit être
» envoyée à madame G. par votre intermédiaire. Vous la
» recevrez quelque part que vous soyez, et la lui enverrez
» de la manière ordinaire. Vous apprendrez avec satisfac-
» tion que je suis complètement converti à la croyance aux
» Frères, et je présume que K. H. vous a déjà dit comment
» il m'est apparu il y a deux nuits, » etc. etc. « K. H. *m'a
» tout dit*. Il ne tient pas cependant à ce que j'envoie la
» lettre de la *manière ordinaire,* car le but serait manqué,
» mais il m'ordonne de vous écrire ceci et de vous l'envoyer
» sans retard, afin que ma lettre vous trouve tous à Howrah
» ce soir 24. Je le fais.... » H. P. Blavatsky. »

« L'écriture de ces cartes et leur signature nous étaient
familières. L'écriture qui se trouvait sur la grande carte
(celle du paquet de M. Eglinton) fut reconnue tout de suite
comme celle de Kout-Houmi. Le colonel Gordon et moi
connaissons son écriture aussi bien que la nôtre ; elle

diffère tellement de toutes celles que j'ai vues, que je la retrouverais au milieu de mille autres. Voici ce qu'il écrivait : « William Eglinton croyait que la manifestation
» ne pouvait se produire qu'à l'aide de H. P. B. comme
» *médium* et que le pouvoir s'épuiserait à Bombay. Nous en
» avons décidé autrement. C'est une preuve pour tous que
» l'esprit d'un *homme vivant* a en lui autant (et souvent
» plus) de virtualité qu'une *âme* désincarnée. Il désirait
» *mettre à l'épreuve* madame Blavatsky, il doutait souvent ;
» il y a deux nuits il a eu la preuve désirée et il ne doutera
» plus. Mais c'est un bon jeune homme, loyal, honnête et
» franc comme l'or, une fois convaincu....
» Cette carte a été prise dans son paquet aujourd'hui.
» Que cela soit une nouvelle preuve de son étonnante mé-
» diumnité..... K. H. »

« Ces lignes étaient écrites à l'encre bleue, et au travers étaient tracés à l'encre rouge quelques mots de l'autre Frère (le Chohan ou directeur du colonel Olcott).

» Je ne publie pas cet étonnant et intéressant phénomène avec l'espoir qu'il soit admis par ceux qui ne sont pas familiarisés avec les phénomènes du spiritualisme. Mais j'écris pour les millions de spiritualistes qui existent, et afin qu'il y ait un compte rendu d'une expérience aussi pleine d'intérêt. Qui sait s'il ne passera pas à une génération assez éclairée pour accepter ces merveilles ? »

Un post-scriptum ajoute que, depuis la rédaction de ce procès-verbal, on a reçu de Bombay une déclaration signée par les sept témoins qui ont vu la lettre arriver du *Vega*.

Comme je le disais en commençant, le récit de ce phénomène s'adresse plutôt aux spiritualistes qu'aux autres personnes, car pour celui qui étudie sérieusement des phénomènes de cette sorte, toute

15.

la signification de celui-ci repose sur son caractère absolument antimédianimique. Outre la lettre même de M. Eglinton par laquelle, lui, médium expérimenté, déclare être entièrement convaincu de n'avoir pas eu affaire, dans son entrevue avec son visiteur occulte, à des esprits comme ceux avec lesquels il a affaire ordinairement, le triple aspect de l'incident nous permet de le considérer comme étranger à toute médiumnité venant de M. Eglinton ou de madame Blavatsky [1].

Certainement il y a eu des cas où, sous l'influence de la médiumnité, les agents des séances spiritualistes ordinaires ont transporté des lettres d'un point à l'autre de la moitié de la surface du globe. Tout récemment, — ceci est concluant et parfaitement authentique, — une lettre inachevée fut ainsi transportée de Londres à Calcutta, fait qui a attiré l'attention de toutes les personnes adonnées à l'étude de ces sujets importants et qui lisent ce qui se publie continuellement sur la question. Mais tous les spiritualistes reconnaîtront que le transport d'une lettre, d'un navire en mer, à Bombay, puis

---

1. Nous renvoyons le lecteur à la fin du volume, où il trouvera une lettre récente du médium Eglinton répudiant sa première croyance. Si le fait raconté de cette seconde manière est vrai, il est évident que cette lettre prouve d'une manière indubitable l'existence de Kout-Houmi. — (*Note du traducteur.*)

de Bombay à Calcutta, en vue d'un but arrêté et d'accord avec un plan arrangé et annoncé d'avance, est une chose tout à fait en dehors de ce que l'on connaît sur la médiumnité.

Les efforts qui ont été faits et la dépense de force qu'a dû requérir l'accomplissement du fait merveilleux qui vient d'être rapporté seront-ils suivis d'un effet satisfaisant et proportionné sur le monde spirite ? On a beaucoup écrit ces temps-ci en Angleterre sur l'antagonisme entre le spiritualisme et la théosophie, et on a été jusqu'à déclarer que les deux cultes sont incompatibles. Or, les phénomènes du spiritualisme sont des faits, et rien ne peut être incompatible avec un fait. Mais la théosophie met en scène, pour expliquer ces faits, de nouvelles interprétations, et ces interprétations sont parfois mal reçues des spiritualistes, habitués aux leurs depuis un certain nombre d'années. Aussi voyons-nous de temps en temps des spiritualistes prendre une attitude de résistance contre le nouvel enseignement, et ne vouloir pas admettre du tout qu'il y ait des hommes possédant des titres suffisants pour délivrer cet enseignement. C'est ce dernier point qui est la grande question à résoudre avant d'avancer dans la région des subtilités métaphysiques. Une fois que les spiritualistes auront admis que les Frères existent et qu'ils sauront quels ils sont, un grand pas aura été fait. Il ne faut pas s'attendre à ce que le monde spiritualiste consente tout d'un coup à laisser revoir ses conclusions par l'occultisme. Ce n'est que par une longue suite de relations avec les Frères qu'on arrive à se convaincre qu'il leur est *impossible* de se tromper sur les choses spirituelles.

Les spiritualistes sont libres de penser, au premier abord, que les Frères sont dans l'erreur ; mais c'est indigne de la position élevée qu'ils occupent par rapport à la foule des béotiens que de nier l'évidence de nos phénomènes ; que de garder en face de l'occultisme l'attitude que le grossier sceptique, genre paysan lancastrien, garde en face du spiritualisme lui-même. Aussi espéré-je que la lumière qui jaillit des phénomènes liés à l'histoire de la lettre écrite à bord du *Véga* ne sillonnera pas en vain les ténèbres ; et que le monde spiritualiste reconnaîtra que le Frère puissant à qui j'ai dédié ce livre est un homme bien vivant, possédant les facultés et les pouvoirs anormaux que les spiritualistes n'avaient accordés jusqu'ici qu'à des êtres appartenant à un monde supérieur au nôtre.

Je suis heureux de dire que, quant à moi, je le connais pour être un homme vivant, non seulement en raison de toutes les circonstances détaillées dans ce volume, mais parce que je puis maintenant réaliser dans mon esprit ses traits et sa physionomie à l'aide de deux portraits qui m'ont été donnés dans des conditions remarquables. Depuis longtemps je désirais posséder un portrait de mon ami révéré, et il m'avait à moitié promis de m'en donner un, un jour ou l'autre. Quand on demande son portrait à un adepte, ce que l'on désire n'est pas une photographie : c'est une peinture produite par un certain procédé occulte dont je n'ai pas encore eu l'occasion de parler, mais avec lequel j'étais familiarisé depuis longtemps par les récits que l'on m'en avait faits. Le colonel Olcott, par exemple, m'avait raconté une des circonstances dans lesquelles se formèrent ses premières convictions sur la réalité du pouvoir occulte, il y a longtemps de cela, à New-York, avant qu'il entrât dans *le sentier*. Madame Blavatsky lui avait dit de choisir un morceau de papier, facile à reconnaître, afin d'obtenir sur ce papier un portrait précipité. Nous ne pouvons évidemment avec la seule lumière de nos connaissances former aucune théorie sur les détails du procédé employé; mais un adepte peut précipiter de la couleur de manière à composer un tableau, par le même moyen que celui qu'il emploie, et dont j'ai eu tant d'exemples, pour précipiter de l'écriture dans des enveloppes fermées et sur les pages non coupées d'une brochure. Dans le cas dont je parle, le colonel Olcott prit chez lui une feuille de papier à lettre, venant d'un club de New-York et portant le cachet de ce club, et la donna à madame Blavatsky. Celle-ci la plaça entre des feuilles de papier buvard sur sa table à écrire, passa ses mains sur le tout, et quelques instants après rendit le papier marqué à son propriétaire : il y avait dessus une peinture représentant un fakir indien dans l'état de *samadhi*[1]. Quant à l'exécution de ce dessin, le colonel Olcott l'ayant montré à des artistes, ceux-ci le comparèrent aux œuvres des vieux maîtres pour lesquels ils avaient un culte spécial et affirmèrent que c'était une curiosité artistique unique et sans prix. Je désirais donc ardemment posséder un portrait de Kout-Houmi, naturellement une peinture précipitée, et il paraît que peu de temps avant une visite que madame Blavatsky me rendit dernièrement à Allahabad on lui parla de la possibilité qu'il y aurait d'accéder à mon désir. En effet, le jour où elle arriva, elle me pria de marquer une feuille épaisse

---

1. De méditation extatique. — (*Note du traducteur*)

de papier blanc et de la lui donner. Elle la placerait dans son album, et il y avait, disait-elle, de fortes raisons pour espérer qu'un certain *chéla*, ou élève de Kout-Houmi, avancé en développement, mais pas jusqu'à être un véritable adepte, voudrait bien faire ce qu'il fallait pour produire le portrait.

Il n'arriva rien ce jour-là, ni la nuit suivante. L'album demeura sur la table du salon où nous le visitions de temps en temps. Le lendemain matin ma femme l'examina, et ma feuille de papier était encore blanche. L'album était toujours exposé aux regards de tous sur la table du salon. A onze heures et demie nous vînmes déjeûner : la salle à manger, comme cela a lieu fréquemment dans les bungalows indiens, n'était séparée du salon que par une ouverture cintrée dont les rideaux étaient relevés. Pendant que nous déjeunions, madame Blavatsky nous avertit soudain, par les signes qui sont familiers à tous ceux qui la connaissent, qu'un de ses amis occultes était proche : c'était le *chéla* dont j'ai déjà parlé. Elle se leva, croyant qu'on lui dirait d'aller dans sa chambre ; mais le visiteur astral, d'après son dire, lui ayant fait signe de retourner, elle revint à la table. Après le déjeuner nous regardâmes dans l'album, et, sur ma feuille de papier marquée, que ma femme avait vue blanche une heure ou deux auparavant, se trouvait, précipité, un portrait de profil. Le visage même avait été laissé en blanc, sauf quelques touches dans l'intérieur de l'espace qu'il occupait, mais le reste du papier tout alentour était couvert d'un estompage bleu. Malgré le clair du procédé employé, le tracé de la face était parfaitement arrêté et l'expression avait autant de vie qu'en aurait eu une peinture achevée.

D'abord, madame Blavastky ne fut pas satisfaite de l'esquisse. Elle pouvait en apprécier les défauts, connaissant la personne de l'original; mais malgré que j'eusse bien accueilli un portrait plus fini, j'étais suffisamment content de celui que j'avais reçu pour m'opposer à ce que madame Blavatsky tentât elle-même quelques essais en vue de l'améliorer, car je craignais que cela ne l'abîmât. Pendant le cours de la conversation, M... entra en communication avec madame Blavatsky et dit qu'il ferait lui-même un portrait sur une autre feuille de papier. Il n'était pas question dans ce cas d'un *phénomène probatoire;* aussi, après m'être procuré une feuille de bristol (marquée), je la donnai à madame Blavatsky, qui la mit dans l'album qu'elle emporta dans sa chambre, où M... devait opérer dans de meilleures conditions, étant dégagé de la confusion des courants magnétiques du salon.

Ni M..., ni celui qui produisit l'esquisse ne sont des artistes dans leur état normal. Dans une conversation au sujet de ces peintures occultes, madame Blavatsky m'a assuré que des résultats souverainement remarquables avaient été atteints, dans ces procédés particuliers, par ceux des adeptes dont la science occulte s'ajoutait à une éducation artistique ordinaire. Mais, sans cela, l'adepte peut produire un résultat qui, pour la majorité des critiques, semblerait l'œuvre d'un artiste, rien qu'en réalisant dans son imagination le résultat qu'il veut produire, et en précipitant alors la matière colorante suivant cette conception.

Au bout d'une heure après qu'elle eut emporté ma feuille de bristol, — peut-être moins, nous n'avons pas compté, — madame Blavatsky me la rapporta avec un autre portrait, toujours un profil, mais plus soigné cette fois. C'étaient évidemment deux portraits de la même figure, et je me hâte d'ajouter qu'elle avait une expression sublime de pureté et de douceur que rien ne peut surpasser. Elle ne porte d'ailleurs aucune marque d'âge. A ne considérer que les années de sa vie, Kout-Houmi est ce que nous appelons un homme d'un âge moyen: mais la vie physique, simple et pure de l'adepte ne laisse aucune trace de sa durée, et tandis que nos visages s'usent rapidement après quarante ans, étirés, desséchés et brûlés par les passions auxquelles sont plus ou moins exposées toutes les existences ordinaires, l'âge de l'adepte, pendant une période de temps que je n'ose déterminer, conserve l'apparence de perfection de la première maturité. M... qui, si j'en juge par un portrait de lui que j'ai vu, quoique je n'en ai aucun en ma possession, est dans toute la fleur de la virilité, M..., dis-je, est le gardien occulte de madame Blavatsky depuis le temps où elle était enfant; et aujourd'hui elle est une femme âgée. Ses traits, me dit-elle, n'ont jamais été différents de ce qu'ils sont à présent.

J'ai maintenant terminé le récit de tous les faits extérieurs qui accompagnent les révélations que j'ai eu le privilège de pouvoir faire. La porte qui conduit à la science occulte est toujours entr'ouverte et il est toujours permis aux explorateurs d'en franchir le seuil. C'est une occasion due à des circonstances exceptionnelles, mais qui ne durera pas longtemps. Sa durée dépend beaucoup de l'attitude que prendra le monde en présence des avantages qui lui sont offerts actuellement. Quelques lecteurs, qui s'intéressent à cet ouvrage, mais ne comprennent pas très bien quelle doit être leur action, demanderont ce qu'il faut qu'ils fassent pour profiter de l'opportunité de l'occasion. Ma réponse sera copiée sur la fameuse injonction de Sir Robert Peel : « Enrôlez-vous, enrôlez-vous, enrôlez-vous ! » Faites le premier pas pour répondre à l'offre qui émane du monde occulte ; enrôlez-vous, enrôlez-vous ; en d'autres termes, faites-vous recevoir de la Société Théosophique, la seule et unique association jusqu'à présent qui jouisse du privilège de communiquer avec la Fraternité des adeptes du Thibet. Il y a une Société Théosophique à Londres, ainsi que plusieurs autres branches à Paris et en Amérique, tout comme dans l'Inde. Si elles n'ont pas encore été à même de produire des résultats remarquables, cela n'infirme point leur importance. Lorsqu'un aspirant s'est fait inscrire *il* n'a pas grand'chose à faire pour l'instant. Le simple épanouissement des branches de la Société Théosophique, en tant qu'associations de gens qui comprennent la sublimité de l'adeptat et sentent que ce qui est raconté dans ce petit livre, et d'une manière plus complète, si plus obscure, dans maint volume plus considérable sur la science occulte, est absolument vrai, — vrai, non pas à la façon des vagues *vérités* religieuses et des spéculations orthodoxes, mais vrai comme l'est le *London Post-office Directory* [1], comme le sont les comptes rendus parlementaires qu'on lit le matin ; l'épanouissement, dis-je, des branches de la Société et l'enrôlement de ses membres dans des conditions qui leur permettent de se trouver en face de la situation et d'en parler, s'ils ne font pas plus, sont capables de produire un résultat matériel en ce qui regarde l'extension que les autorités du monde occulte pourront donner à des nouvelles révélations sur les connaissances supérieures qu'elles possèdent. Souvenez-vous que la science des adeptes est une science réelle qui embrasse la connaissance des autres mondes et des autres conditions d'existence ; ce ne sont pas de vaines conjectures sur le ciel, le purgatoire et l'enfer, c'est une science précise qui a pour objet l'étude de mondes en mouvement au moment où j'écris et dont les adeptes peuvent connaître la situation et la nature, tout comme nous pouvons connaître la situation et les particularités d'une ville inconnue que nous visitons. Ces mondes sont reliés au nôtre, et nos vies aux vies qu'ils contiennent. Maintenant, les classes instruites d'Angleterre, cette garde avancée du monde civi-

---

1. Livre des adresses qui correspond au Bottin français. — (*Note du traducteur*).

lisé ¹, refuseront-elles arrogamment de faire plus ample connaissance avec les quelques hommes qui sont en position de nous en apprendre davantage ? Il faut espérer qu'il se trouvera des intelligences assez spiritualisées pour comprendre la valeur de l'occasion présente et suffisamment pratiques pour suivre notre conseil : enrôlez-vous, enrôlez-vous, enrôlez-vous.

1. M. Sinnett nous permettra de placer sur la même ligne les classes *instruites* et même les classes *laborieuses* de France, et cela sans désavantage. — (*Note du traducteur.*)

APPENDICE
DE LA QUATRIÈME ÉDITION

La réimpression de ce livre pour une quatrième édition me permet de signaler ici une polémique qui eut lieu dans les colonnes de la presse spiritualiste, au sujet d'une lettre adressée au *Light* du 1ᵉʳ septembre 1883, par M. Henry Kiddle, spiritualiste américain. Voici la lettre en question :

A l'éditeur du *Light*.

Monsieur. — Dans un article paru dans votre numéro du 21 juillet, G. W., M. D., analysant le BOUDDHISME ÉSOTÉRIQUE, dit : « Quant à ce qui regarde ce Kout-Houmi, il est un fait très remarquable, et peu satisfaisant, c'est qu'il n'a jamais été permis à M. Sinnett de le voir, bien que celui-ci ait été en correspondance avec lui pendant des années. » Je suis tout à fait de l'avis de votre correspondant, et il n'y a pas que ce fait qui ne soit pas satisfaisant pour moi. Il y a déjà plus d'une année qu'en lisant le MONDE OCCULTE dans lequel M. Sinnett présente des lettres que Kout-Houmi lui envoya de la manière mystérieuse qu'il décrit, je fus grandement surpris de trouver dans une de ces lettres un passage copié presque *mot pour mot* d'un discours sur le spiritualisme que je prononçai à Lake Pleasant, en août 1880, et qui fut publié le même mois dans le *Banner of Light*. Comme le livre de M. Sinnett ne parut que très longtemps après (un an, je crois), il est bien certain que le passage en question n'est pas une citation consciente ou inconsciente prise à son livre. Comment alors s'est-il glissé dans la mystérieuse lettre de Kout-Houmi ?

J'ai envoyé à M. Sinnett, par l'intermédiaire de son éditeur, une lettre renfermant les pages imprimées de mon discours, sur lesquelles j'avais marqué les parties dont s'était servi Kout-Houmi ; je lui demandai une explication car je m'étonnais qu'un sage tel que Kout-Houmi eût besoin d'*emprunter* quelque chose à un aussi modeste étudiant en choses spirituelles que moi. Je n'ai encore pas reçu de réponse. Et une question se présente à mon esprit : Kout-Houmi serait-il un mythe ? S'il n'est pas un mythe, ne serait-il pas si grand adepte qu'il ait pu imprimer dans mon cerveau ses pensées et ses phrases pendant que je préparais mon allocution ? Dans ce dernier cas, il n'aurait certainement pas raison de s'écrier : *Pereant qui ante nos nostra dixerunt.*

Peut-être M. Sinnett a-t-il pensé que ce n'était pas la peine de résoudre ce petit problème ; mais l'existence de la fraternité n'ayant pas encore été prouvée, quelqu'un peut poser la question suggérée par G. W., M. D. Existe-t-il réellement une semblable société secrète ? De la solution de cette question, dans laquelle je ne renferme rien d'offensant pour M. Sinnett, dépend un autre problème plus important. Le dernier livre de M. Sinnett est-il bien un exposé du bouddhisme ésotérique ? C'est sans doute un ouvrage habilement conçu et ce qu'il contient mérite notre plus profonde attention ; mais la grande question est : ces révélations sont-elles vraies, ou comment les vérifier ? Comme on ne peut les vérifier que par l'exercice de facultés anormales et transcendantales, il faut les accepter, ceux du moins qui le veulent bien, sur l'*ipse dixit* d'un adepte accompli qui a été assez aimable pour sacrifier son caractère et sa foi ésotériques jusqu'à faire de M. Sinnett un pont de communication avec le monde extérieur et rendre exotérique sa science sacrée. Si donc on veut faire admettre cette doctrine étonnante des « coques », qui renverse les conclusions consolantes du spiritualisme, qu'on la fonde sur une autorité sérieuse et qu'on nous prouve l'existence de l'adepte ou des adeptes, c'est-à-dire tout ce qu'on nous raconte sur l'adeptat. Je ne crois pas qu'on ait encore fait un pas dans ce sens. J'espère que le livre sera soigneusement analysé et que le jour se fera sur la nature de ses théories, afin qu'on sache si c'est là du bouddhisme ésotérique ou non.

Voici les passages dont je parle, mis en regard l'un de l'autre pour en faciliter la comparaison.

Extrait d'un discours de Mr Kiddle, intitulé « l'Aspect actuel du Spiritualisme », prononcé au camp meeting de Lake Pleasant, le dimanche 15 août 1880.	*Extrait d'une lettre de Kout-Houmi à M. Sinnett, publiée dans le* Monde occulte, *troisième édition, p. 102. La première édition parut en juin 1881.*
« Mes amis, les *idées* régissent le monde. A mesure que les esprits humains, laissant de côté les idées vieilles et usées, en reçoivent de nouvelles, le monde avance. La société repose sur ces idées ; elles donnent naissance à de puissantes révolutions ; les institutions sont réduites en poussière sur leur passage. Quand les temps sont venus, il est tout aussi impossible de résister à leur affluence que d'arrêter la marée qui monte.	Les idées régissent le monde. A mesure que les esprits humains, laissant de côté les idées vieilles et usées, en recevront de nouvelles, le monde avancera; de puissantes révolutions naîtront de ces idées, les *credo* et même les puissances, renversés par leur force irrésistible, seront réduits en poussière sur leur passage. Quand les temps seront venus, il sera tout aussi impossible de résister à leur influence que d'arrêter la marée qui monte. Mais tout cela arrivera graduellement, et auparavant nous avons un devoir à remplir dans la mesure de nos forces : c'est de balayer de-

Et ce qu'on appelle le spiritualisme vient apporter au monde de nouveaux trésors d'idées, — idées renfermant des questions de la plus haute importance, nous révélant la vraie situation de l'homme dans l'univers : son origine et ses destinées ; les relations du mortel à l'immortel ; du temporaire à l'éternel ; du fini à l'infini ; de l'âme immortelle de l'homme à l'univers matériel qu'elle habite actuellement : — idées plus larges, plus générales, plus vastes, reconnaissant davantage le règne universel de la loi comme l'expression de la volonté divine, qui ne change ni ne peut changer, en présence de laquelle il n'y a qu'un *Eternel Maintenant*, tandis que pour les mortels, le temps est passé ou futur, comparé à leur existence finie sur ce monde matériel ; etc., etc., etc.

hors les pieuses friperies que nous ont laissées nos ancêtres. Les nouvelles idées doivent être plantées sur des places bien nettes, car elles renferment des questions de la plus haute importance. Ce ne sont pas les phénomènes physiques, mais bien ces idées universelles que nous étudions : car pour comprendre les uns, nous avons d'abord à saisir les autres. Elles nous révèlent la vraie situation de l'homme dans l'univers par rapport à ses naissances antérieures et futures, à son origine et à ses destinées dernières ; les relations du mortel à l'immortel, du temporaire à l'Eternel, du fini à l'infini : idées plus larges, plus grandes, plus vastes, reconnaissant le règne éternel de la loi immuable qui ne change ni ne peut changer, en présence de laquelle il n'y a qu'un ETERNEL MAINTENANT : tandis que pour les mortels non initiés, le temps est passé ou futur, comparé à leur existence finie sur cette tache grossière de boue, etc., etc., etc.

New-York, 14 août 1883.
Henry Kiddle.

L'apparition de cette lettre embarrassa les étudiants théosophes, sans toutefois troubler beaucoup leur sérénité. Si elle avait été publiée aussitôt après la première édition du *Monde occulte*, l'effet aurait été plus sérieux ; mais les Frères avaient déjà communiqué petit à petit au public, par mon intermédiaire, une quantité considérable d'enseignements philosophiques, épars dans quelques numéros du *Theosophist* ou réunis dans mon second volume, le *Bouddhisme ésotérique*. Les lecteurs qui savent apprécier étaient donc assez avancés pour n'avoir pas besoin de supposer que le principal auteur de cet enseignement eût jamais pu succomber à la tentation d'emprunter des pensées à une conférence spiritualiste. On bâtit diverses hypothèses pour expliquer l'identité mystérieuse des deux passages cités, et ceux qui refusaient d'accepter les enseignements théosophiques parce qu'ils détruisaient leurs chères doctrines, furent enchantés d'avoir convaincu, comme ils croyaient, mon révéré maître de vulgaire plagiat. Un couple de mois s'écoulèrent nécessairement avant qu'il fût possible d'obtenir une réponse de l'Inde à ce sujet, et pendant ce temps, l'*incident Kiddle*, ainsi qu'on l'appelait, fut traité joyeusement par les correspondants du *Light*, qui le considérèrent comme ayant porté un coup fatal à l'autorité des Mahatmas indiens, professeurs de vérité ésotérique.

A l'époque prévue, je reçus du Mahatma Kout-Houmi lui-même une explication du mystère, détaillée et instructive : mais cette lettre me fut communiquée sous le sceau du silence le plus absolu. Fidèles à la ligne de conduite qu'ils avaient toujours suivie en limitant étroitement la communication de leur enseignement, les Frères étaient plus que jamais désireux de laisser la pleine liberté de nier leur existence et de rejeter leur révélation à quiconque ne possédait pas des facultés intuitives prêtes à s'enflammer au contact de l'étincelle. De même que, dans le commencement, ils avaient refusé de m'accorder les preuves écrasantes et irrésistibles que je leur avais demandées pour en faire des armes contre l'incrédulité, de même, à présent, ils refusaient de se mêler aux discussions de gens qui, riches des assurances de l'enseignement donné, se défiaient des Mahatmas sous l'empire d'un soupçon, mal fondé en réalité, quoique paraissant plausible.

Malgré l'interdiction qui m'empêchait de rendre publique la lettre du Mahatma., quelques personnes habitant ou visitant le quartier général de la Société Théosophique à Adyar (Madras), furent mises au courant de ce qui s'était passé, et il parut dans le journal de la Société des articles explicatifs de nature à satisfaire tout esprit sincèrement désireux de posséder la vérité. Dans le numéro de décembre du *Theosophist*, M. Subba Row écrivit un article très circonspect, laissant entrevoir seulement l'explication actuelle de l'identité des passages cités par M. Kiddle, et renfermant principalement une analyse soignée des phrases *copiées*, faite pour montrer que nous aurions dû deviner dès le premier abord qu'il y avait une erreur de commise et que le Mahatma ne pouvait pas avoir écrit les phrases comme elles étaient conçues. Voici ce que disait M. Subba Row :

« Tout lecteur impartial, donc, qui examinera attentivement le contenu du passage en viendra à conclure qu'il y a là une grosse bévue commise par quelqu'un ; et il ne sera pas surpris en apprenant que le passage a été altéré inconsciemment par l'incurie et l'ignorance du chéla qui servit d'instrument pour sa *précipitation*. Des altérations, des omissions, et des erreurs semblables se produisent parfois lorsqu'on emploie le procédé de précipitation. Je puis assurer ici, après examen de l'épreuve précipitée originale, que nous sommes en présence d'un cas pareil. »

Dans le numéro du *Theosophist* où parut cet article je trouve une lettre du général Morgan en réponse aux diverses attaques des spiritualistes contre la Théosophie et au cours de laquelle il parle de *l'incident Kiddle* ainsi qu'il suit :

« Il a été permis heureusement à quelques-uns d'entre nous de soulever le voile qui couvrait le mystère des passages parallèles, et toute l'affaire nous est suffisamment expliquée ; mais tout ce que nous pouvons dire, c'est que maint passage a été omis entièrement sur la lettre reçue par M. Sinnett, qui fut précipitée d'après la dictée originale faite au chéla. Si notre grand Maître permettait à ses humbles disciples de photographier et de publier dans le *Theosophist* les pièces qui leur ont été montrées et sur lesquelles une partie des phrases et les signes de citation sont défigurés et oblitérés, d'où provient qu'ils ont été omis dans la transcription maladroite du chéla, le public jouirait de la vue d'une chose rare, entièrement inconnue à la science moderne, c'est-à-dire une empreinte *akasique*, aussi bonne qu'une photographie, de pensées exprimées mentalement et dictées à distance. »

Un mois ou deux après la publication de ces fragments d'explication, je reçus du Mahatma une lettre qui levait toutes les restrictions imposées sur moi par sa précédente, dans laquelle il m'avait renseigné complètement. Le sujet, cependant, me parut alors avoir perdu en Angleterre son intérêt aux yeux des personnes dont j'appréciai l'opinion. A la Société Théosophique de Londres, — Société déjà importante et croissant de jour en jour, — on ne regardait plus guère l'incident Kiddle que comme un sujet de plaisanteries : l'idée que le Mahatma, inspirateur du BOUDDHISME ESOTÉRIQUE, eût fait un *emprunt* à un discours spiritualiste semblait si absurde en elle-même que l'on n'attachait aucune importance à ce qui pouvait être dit là-dessus. Je ne me sentis donc pas disposé à traiter les soupçons de quelques critiques avec la considération que j'aurais montrée en faisant un appel au public pour lui présenter une défense du Mahatma, — défense étrangement différée.

Aujourd'hui que l'on me demande cette nouvelle édition du MONDE OCCULTE, il n'est que convenable de ma part d'agir comme je le fais. La nouvelle lettre du Mahatma servira de correctif à celle que j'ai donnée, page 102 ; sans compter l'intérêt des explications qu'elle fournit sur le procédé de la précipitation, elle contient des pensées précieuses et profondes (1).

« La lettre en question, écrit le Mahatma, fut conçue à cheval, dans un de mes voyages. Je la dictai mentalement, à distance, à un jeune chéla qui la précipita ; il n'était pas encore expert dans cette branche de la chimie psychique et il eut à la transcrire de l'empreinte à peine visible. Une moitié de la lettre fut donc omise et l'autre moitié plus ou moins maltraitée par *l'artiste*. Lorsqu'il me de-

---

1. Le passage en question, attribué à Kout-Houmi, se trouve vers le milieu de la page 196 de cette traduction. (*Note du traducteur*).

manda si je voulais la relire pour la corriger, je réponds (imprudemment, je l'avoue) : « De toutes
» façons ce sera bon, mon garçon ; ce n'est pas une
» affaire si vous passez quelques mots. » J'étais
physiquement très fatigué par une course à cheval
de quarante-huit heures consécutives, et à moitié
endormi (physiquement aussi). En outre, j'avais à
m'occuper psychiquement d'une importante affaire, de sorte que je ne pouvais guère me donner
à cette lettre. Lorsque je m'éveillai, je m'aperçus
qu'elle avait été envoyée, et, comme je ne prévoyais
pas sa publication, je n'y pensai plus à partir de ce
moment. Jamais je n'avais évoqué la physionomie
fluidique de M. Kiddle, ni n'avais eu connaissance
de son existence, pas plus que de son nom. Votre
correspondance et vos amis et voisins de Simla
m'avaient fait prendre intérêt au progrès intellectuel des phénoménalistes ; quelque deux mois auparavant j'avais dirigé mon attention vers le grand
camping-movement[1] annuel des spiritualistes américains, à différentes places, entre autres à Lake
Pleasant ou Mount Pleasant. Quelques idées et
quelques phrases curieuses renfermant les espé-

---

1. Il est question ici des *camp-meetings*, grandes assemblées religieuses qui se tiennent en plein air, en Amérique, et qui durent plusieurs jours. — (*Note du traducteur.*)

rances et les aspirations de la généralité des spiritualistes américains, demeurèrent gravées dans ma mémoire, et je me souvins de ces idées et de ces phrases détachées en dehors des personnalités de ceux qui les avaient entretenues dans leur esprit ou les avaient émises dans le discours. De là mon entière ignorance au sujet du conférencier, que j'ai pillé innocemment, comme on le comprendra, et qui pousse les hauts cris. Certes si j'avais dicté ma lettre avec la forme qu'elle a maintenant dans l'imprimé, elle paraitrait certainement suspecte, et bien que différente de ce qu'on appelle généralement un plagiat, en l'absence de tout guillemet elle donnerait prise à la censure. Mais il n'en est pas ainsi ; l'empreinte originale que j'ai devant moi le montre clairement. Et, avant d'aller plus loin, il faut que je parle de ce procédé de précipitation.

» Les expériences récentes de la Société des recherches psychiques vous seront d'un grand secours pour comprendre la théorie de cette télégraphie mentale. Vous avez dû remarquer dans le bulletin de cette Société comment la transmission de pensée s'effectue par accumulation. La figure géométrique, ou toute autre figure, formée par le cerveau actif s'imprime graduellement sur le cerveau récepteur du sujet passif, ainsi que le montrent les planches illustrant le procédé. Deux facteurs sont requis dans la production d'une télégraphie mentale parfaite et instantanée : une rigoureuse concentration de la part de l'opérateur et une complète passivité de réception de la part du sujet lecteur. Que l'une ou l'autre de ces conditions soit imparfaitement observée et le résultat en souffrira. Le lecteur ne voit pas l'image dans le cerveau de l'envoyeur, il la voit surgir dans le sien propre. Si la pensée de l'opérateur se met à errer, le courant psychique se brise ; la communication est décousue et incohérente. Dans le cas en question, le chéla était obligé de glaner, pour ainsi dire, ce qu'il pouvait dans le courant que je lui communiquais, et, comme je l'ai fait remarquer, de raccommoder les morceaux brisés, du mieux qu'il lui était possible. Ne voyez-vous pas la même chose se présenter dans la magnétisation ordinaire : la *maya* que l'opérateur imprime dans l'imagination du sujet devient tantôt plus forte, tantôt plus faible, suivant que le premier retient avec plus ou moins de fermeté dans sa pensée l'image de la création illusoire qu'il veut produire. Combien de fois ne voyons-nous pas les clairvoyants reprocher aux magnétiseurs le manque de fixité dans leur attention ! De même, un magnétiseur-guérisseur vous dira toujours que s'il laisse sa pensée s'occuper d'autre chose que du courant de fluide vital qu'il déverse sur le patient, il est obligé d'établir un nouveau courant ou d'arrêter le traitement. Ainsi de moi ; mon esprit, au moment dont je parle, étant plus vivement frappé par le diagnostic psychique de l'idée spiritualiste dont le discours de Lake Pleasant était un des symptômes marquants, je transmis sans le vouloir cette réminiscence avec plus d'intensité que les remarques et les déductions dont je l'accompagnai. En d'autres termes les paroles prononcées par M. Kiddle, la *victime dépouillée*, se présentèrent au premier plan et furent photographiées plus fortement (d'abord dans le cerveau du chéla, et de là sur le papier qui était devant lui : procédé double et de beaucoup plus difficile que la simple lecture de pensée); le reste du passage, c'est-à-dire mes remarques et mes commentaires, sont à peine venus, et apparaissent comme des taches sur les fragments que j'ai sous les yeux. Placez dans la main d'un sujet magnétisé une feuille de papier blanc, dites-lui qu'elle contient un certain chapitre d'un livre que vous avez lu et concentrez vos pensées sur les mots de ce chapitre ; vous verrez que, s'il n'a pas lu le chapitre, mais le prend dans votre mémoire, sa lecture sera le reflet des réminiscences plus ou moins vives que vous aurez gardées du langage de l'auteur. Il en est de même lorsque le chéla précipite la pensée transmise sur (ou plutôt dans) le papier. Si la peinture mentale reçue est faible, sa reproduction visible le sera également. Elle le sera d'autant plus que l'attention aura été moins fixe. Son « *maître* » pourrait employer le chéla, même si celui-ci ne possédait qu'un tempérament médianimique, comme une sorte de machine psychique à imprimer, produisant des impressions lithographiées ou psychographiées de la pensée de l'opérateur ; le système nerveux serait la machine, l'aura nerveux le véhicule de la matière colorante, qui, elle, serait tirée de ce réservoir inépuisable de couleurs (comme de toutes choses) qui a nom l'*akasa*. Mais le médium et le chéla sont diamétralement opposés, et celui-ci agit consciemment, excepté dans certaines circonstances exceptionnelles, durant la période de son développement, sur lesquelles il est inutile d'insister ici.

« Aussitôt que j'eus connaissance de l'erreur commise (car la commotion ressentie par mes défenseurs me fut transmise de l'autre côté des neiges éternelles), j'ordonnai une investigation dans les fragments de l'impression originale. Du premier coup d'œil je vis que j'étais le seul coupable, le pauvre garçon n'ayant fait que suivre mes paroles. Maintenant que j'ai rétabli à leur place et sous leur aspect primitif les caractères et les lignes dont l'omision et l'altération avaient rendu le texte méconnaissable pour toute autre personne que son auteur, ma lettre offre un sens complètement différent, ainsi que vous en jugerez vous-même. Relisant attentivement le passage en question de l'*Occult World* sur l'exemplaire que vous m'avez envoyé, je fus frappé du manque de liaison qu'il y a entre les phrases de la première partie et celles de la seconde où se trouve le prétendu plagiat : il y a là, pour ainsi dire, une brèche dans les idées. Les deux parties n'ont aucun rapport l'une avec l'autre ; car, qu'est-ce que la résolution prise par nos chefs (de prouver à un monde sceptique que nos phénomènes physiques sont soumis à une loi commune comme les autres) peut avoir à faire avec les idées de Platon qui « régissent le monde » ou avec « une vraie et utile Fraternité humaine » ? J'ai bien peur que ce ne soit votre amitié seule pour l'écrivain, qui vous ait aveuglé jusqu'à ne pas remarquer la disparité et le défaut de connexion qui se trouvent dans les idées de cette précipitation avortée. Autrement vous n'auriez pas manqué d'apercevoir qu'il y avait quelque chose de travers dans cette page, quelque chose de manifestement défectueux dans cette transition. J'ai à m'accuser d'un autre péché : je n'avais jamais regardé mes lettres imprimées avant le jour où je fus forcé de les examiner. J'avais lu seulement votre texte, pensant que ce serait perdre mon temps que de relire mes bribes de pensées semées à la hâte. Mais aujourd'hui je vous demanderai de lire le passage comme je l'ai dicté primitivement et de faire la comparaison, l'*Occult World* devant les yeux.... Vous trouverez ci-inclus la copie mot à mot des phrases rétablies ; j'y ai souligné en rouge les parties omises afin de faciliter la comparaison.

« ..... Des éléments de phénomènes, auxquels on n'avait pas encore pensé.... finiront par révéler le secret de leurs mystérieuses opérations. Platon avait raison *de rétablir en philosophie les principes que Socrate avait laissés de côté. Les problèmes qui touchent à l'Être universel ne sont pas inaccessibles, ni à dédaigner, une fois résolus. Mais on ne peut parvenir à cette solution qu'en dominant ces éléments dont le profane commence à soupçonner la présence. Les spiritualistes eux-mêmes, avec leurs vues et leurs idées grotesquement erronées, pressentent vaguement la situation nouvelle. Ils prophétisent : et leurs prophéties ne sont pas tou-*

jours dépourvues d'une certaine vérité, d'une sorte de prévision intuitive. Ecoutez quelques-uns d'entre eux rééditer ce vieil, très vieil axiome, « les idées régissent le monde » et (proclamer que)[1], *à mesure que les esprits humains, laissant de côté les idées vieilles et usées, en recevront de nouvelles, le monde avancera*[2] ; (que) *de puisantes révolutions naîtront*[3] *de ces idées ;* (que) *les institutions, certes, et même les credo et les puissances, pourraient-ils ajouter,* renversés par leur *force inhérente, non par la* force irrésistible *des* « *nouvelles idées* » *apportées par les spiritualistes* seront réduits en poussière sur leur passage. *Oui, ils disent vrai en même temps qu'ils se trompent.* Il sera « tout aussi impossible de résister à leur influence, quand les temps seront cvnus, que d'arrêter la marée qui monte » — *soyez-en sûrs.* Mais *ce que les spiritualistes n'ont pu apercevoir et ce que leurs esprits n'ont pu expliquer.* — *ces derniers ne connaissant autre chose que*

---

1. Je mets *entre parenthèses* les mots qui me sont indispensables pour la construction des phrases françaises. Ces mots par conséquent ne se trouvent pas dans le texte. Les mots anglais que je suis obligé de supprimer comme n'ayant pas leurs équivalents en français seront placés en note. (*Note du traducteur.*)

2. ... the world *vill* advance ... — (*Note du traducteur.*)

3. ... revolutions *vill* spring... — (*Note du traducteur.*)

ce qu'ils trouvent dans le cerveau des premiers — *c'est que* tout cela arrivera graduellement, *et qu*'auparavant nous, *et eux tout aussi bien que nous*, avons tous un devoir à remplir, *une tâche à exécuter* dans la mesure de nos forces : c'est de balayer dehors les pieuses friperies que nous ont laissées nos ancêtres. Les nouvelles idées doivent être plantées sur des places bien nettes, car elles renferment des questions de la plus haute importance. Ce ne sont pas les phénomènes physiques, *ou l'agent appelé spiritualisme,* mais bien ces idées universelles que nous *avons précisément à* étudier [1]; *le noumène, et non le phénomène ;* car pour comprendre *le dernier* nous avons d'abord à saisir *le premier*. Elles nous révèlent *certainement* la vraie situation de l'homme dans l'univers, *mais seulement* par rapport à ses naissances *futures*, non (à ses) *antérieures. Ce ne sont pas les phénomènes physiques, quelque merveilleux qu'ils soient, qui expliqueront jamais à l'homme* son origine, *encore bien moins* ses destinées dernières, *ou ainsi que l'un d'eux s'exprime,* les relations du mortel à l'immortel, du temporaire à l'éternel, du fini à l'infini, etc... *Ils parlent avec facilité de ce qu'ils*

---

[1] ... *that we have precisely to* study .... — (*Note du traducteur*)

considèrent comme de nouvelles idées, « plus larges, plus générales, plus grandes, plus vastes, » *et en même temps ils reconnaissent, au lieu du règne éternel de la loi immuable, le règne universel de la loi comme l'expression d'une volonté divine. Oublieux de leurs premières croyances, et (ne se souvenant plus) que* « le Seigneur se repentit d'avoir fait l'homme », *ces soi-disant philosophes et réformateurs voudraient enseigner à leurs auditeurs que l'expression de cette volonté divine* « ne change, ni ne peut changer en présence de laquelle il n'y a qu'un ETERNEL MAINTENANT, tandis que pour les mortels — non initiés ? — le temps est passé ou futur, comparé à leur existence finie sur ce monde matériel. » *Au sujet de celui-ci, ils en savent aussi peu qu'au sujet de leurs sphères dont ils ont fait une tache de boue, semblable à notre terre, avec une vie future que le vrai philosophe doit fuir plutôt que désirer. Mais je rêve les yeux ouverts..... En tout cas, ils n'ont pas le monopole de cet enseignement. La plupart de ces idées sont des fragments tirés de Platon et des philosophes alexandrins. Ce sont là les problèmes que nous étudions tous et que beaucoup ont résolus, etc. etc.*

« Je viens de vous donner la copie fidèle du document original rétabli dans sa forme pre-

mière ; c'est la *pierre de Rosette* de l'incident
Kiddle. Maintenant, si vous avez compris mes explications au sujet du procédé que je vous ai décrit
plus haut, vous n'avez pas besoin de me demander
comment il peut se faire que, malgré leur manque
de liaison, les phrases transcrites par le chéla soient
généralement celles pour lesquelles on m'accuse
de plagiat, tandis que les chaînons manquants sont
précisément les phrases qui devaient montrer que
les passages étaient de simples réminiscences, sinon des citations — note fondamentale autour de
laquelle se groupaient mes réflexions de cette matinée. Pour la première fois de ma vie j'avais prêté
une sérieuse attention aux accents poétiques de
l'éloquence dite *inspirationnelle* des conférenciers
anglo-américains, pour savoir ce qu'elle valait et
où elle s'arrêtait. Tout ce verbiage brillant, mais
vide, me frappa, et je reconnus pour la première
fois combien son influence était pernicieuse sur les
intelligences. Ce qui me donna à réfléchir ce fut
leur grossier et repoussant matérialisme, mal dis-
simulé sous le voile d'une apparence de spiritualité [1]. Pendant que je dictais les phrases citées —

---

1. Ce reproche, parfaitement juste à l'égard des spiritualistes anglo-
américains, ne nous semble pas devoir s'appliquer aux spirites français
généralement. — (*Note du traducteur.*)

faible portion de celles sur lesquelles je méditais depuis plusieurs jours, — ce furent ces idées dont je parle qui vinrent le plus en relief, laissant s'effacer dans la précipitation mes propres remarques parenthétiques. »

Je dois ajouter quelques mots pour m'excuser vis-à-vis de M. Kiddle de la négligence involontaire qui m'a empêché de répondre à la communication qu'il m'envoya dans l'Inde. Lorsque la lettre imprimée plus haut parut dans le *Light*, j'avais oublié complètement celle qu'il m'avait adressée ; ce n'est que depuis les quelques mois que je suis à Londres qu'un jour, en fouillant dans mes papiers apportés en bloc de l'Inde, je retrouvai la lettre en question. Comme dans l'Inde, j'étais éditeur d'un journal quotidien, ma correspondance m'obligeait de mettre de côté, après un coup d'œil rapide, les lettres qui n'avaient pas besoin d'une réponse immédiate, et il arrivait parfois, malheureusement, que quelques-unes d'entre elles échappaient dans la suite à mon attention. Plus tard, lorsque ce livre fut paru, je reçus des demandes d'explications de toutes les parties du monde, auxquelles trop souvent je ne pus répondre comme je l'aurais voulu, faute de temps. Je n'avais rien à reprocher au ton et à l'esprit de la lettre par laquelle

M. Kiddle demandait un renseignement très naturel, et si la lettre qu'il envoya postérieurement au *Light* semble indiquer quelque disposition de sa part à former des hypothèses défavorables au sujet des passages parallèles, cette seconde lettre elle-même justifierait à peine certaines protestations indignées qui furent publiées dans l'autre camp. Les spiritualistes pur sang, prompts à saisir un incident qui paraissait devoir jeter du discrédit sur les doctrines théosophiques qui avaient porté un si rude coup aux leurs, se rendirent coupables, en se servant de « l'incident Kiddle » de manière à provoquer les répliques véhémentes que quelques correspondants théosophes envoyèrent au *Light* et à d'autres journaux. Cependant nous ne devons pas regretter trop l'incident, car il a donné lieu à des explications utiles et nous a permis de connaître plus intimement quelques détails pleins d'intérêt, ayant rapport aux méthodes dont les adeptes se servent parfois pour leur correspondance.

Les relations que j'ai été assez heureux de pouvoir établir avec *le monde occulte* ont pris un développement considérable durant les quelques années qui se sont écoulées depuis que j'écrivis ce volume : je renvoie à mon second volume, *le Bouddhisme ésotérique*, ceux de mes lecteurs qui voudraient connaître ce que j'ai retiré de ces relations. Je crois, cependant, compléter utilement ces premières communications importantes, en insérant ici quelques pages que je lus récemment à la Société théosophique de Londres, sur la question primordiale, discutée dans ce livre, de l'existence des adeptes et des sources de connaissance qu'ils possèdent. Des preuves d'une force et d'une valeur considérables ont été fournies depuis longtemps sur ce sujet, auprès desquelles le témoignage de mes expériences dans l'Inde est peu de chose. Je résumais quelques-unes de ces preuves ainsi qu'il suit :

Toutes les personnes ayant pris quelque intérêt à l'enseignement qui a été répandu dans le monde grâce à la Société Théosophique, tournent bientôt leurs recherches du côté des preuves qui sanctionnent cet enseignement.

« Assurez-vous par vous-mêmes, » telle a été jusqu'à ce jour la réponse orthodoxe que l'occultisme a faite aux investigateurs qui demandaient sur quoi était basée l'authenticité des fragments de science occulte qui leur avaient été accordés. Assurez-vous par vous-mêmes : c'est-à-dire, menez une vie pure et immatérielle, cultivez vos facultés intérieures, et celles-ci s'éveilleront et se développeront par degrés, de manière à vous permettre de sonder la nature vous-mêmes. Mais ce conseil n'était pas un de ceux que l'on suit facilement, et la science concernant les vérités de l'occultisme est demeurée aux mains d'un petit nombre.

Aujourd'hui la méthode est changée. Certains maîtres en science occulte, brisant avec les vieilles restrictions de leur ordre, ont laissé tomber au milieu du monde un flot de science en même temps que des révélations sur les attributs et les facultés qu'ils ont acquis et à l'aide desquels ils ont appris ce qu'ils nous enseignent maintenant.

On reconnaît que leur enseignement est cohérent, qu'il est instructif, qu'il supporte l'analogie ; mais chaque nouvel investigateur pose à son tour la même question : comment savez-vous que les auteurs de cet enseignement ont autorité pour affirmer toutes ces choses ? Beaucoup de gens, je suppose, sont prêts à admettre que des personnes possédant les pouvoirs anormaux et extraordinaires sur les forces de la nature, — même sur les forces de la nature qui nous sont connues, — que l'on attribue aux Frères de la théosophie, sont prêts à admettre, dis-je, que ces personnes peuvent être douées de facultés qui leur permettent de scruter profondément les mystères les plus cachés de la nature. Mais alors se pose la grande question : « Quelle assurance pouvez-vous nous donner qu'il y a réellement derrière les représentants visibles de la Société Théosophique, les adeptes-frères dont vous parlez ? » C'est une vieille question qui se présente toujours et qui se représentera tant que de nouveaux curieux continueront à approcher du seuil de la Société Théosophique. Pour beaucoup d'entre nous cette question est résolue depuis longtemps ; pour quelques-uns des nouveaux investigateurs, l'existence psychologique des adeptes est une chose si probable qu'ils acceptent facilement les affirmations des directeurs-représentants de la Société dans l'Inde ; mais d'autres veulent qu'on leur prouve d'abord, pleinement et sans équivoque, l'existence des frères avant qu'ils accordent leur attention aux doctrines spéciales que ceux-ci enseignent, d'après ce que quelques-uns d'entre nous leur disent.

Je me propose donc de passer en revue toutes les preuves, dans cette question capitale qui se retrouve sous toutes celles que la Société Théosophique a à discuter au sujet des enseignements qui viennent de l'Inde. Naturellement je vous ferai grâce des incidents particuliers qui ont été déjà décrits dans diverses publications. J'ai l'intention de vous montrer brièvement où en est la situation depuis les deux dernières années durant lesquelles la Société a pris de l'extension et de la force. Je dirai d'abord que l'argumentation est composée de deux parties. Premièrement, nous avons pour nous la croyance générale, répandue dans l'Inde, qu'il y a QUELQUE PART des personnages appelés mahatmas ou adeptes ; secondement, certaines sortes de preuves, grâce auxquelles nous savons que les directeurs de la Société Théosophique sont en relation intime avec ces adeptes.

Quant à ce qui regarde la croyance générale, ce n'est pas trop avancer que de dire que la littérature sacrée de l'Inde est fondée tout entière sur la croyance à l'existence des adeptes ; et une croyance universellement répandue, pendant des siècles et chez des peuples entiers, ne sort pas du néant : elle repose nécessairement sur des faits. Mais, laissant de côté le Mahabharata et les Pouranas et ce qu'ils nous apprennent touchant les « Rishis » ou les adeptes des temps anciens, j'appelle votre attention sur un article paru dans le *Theosophist* de mai 1882, au sujet des livres indiens populaires et relativement modernes, racontant la vie de divers « Sadhus » (autre mot employé pour saint, yogi, ou adepte) qui ont vécu dans ces mille dernières années. La valeur historique de leurs biographies peut certainement être discutée. Je ne les mentionne que pour appuyer ce fait, que la croyance en des personnages possédant les pouvoirs attribués aux frères, n'est pas chose nouvelle dans l'Inde. Nous avons encore le témoignage d'une quantité d'écrivains modernes relatant des phénomènes très remarquables d'occultisme produits par les yoguis et les fakirs de l'Inde. Cette dernière classe d'occultistes sont immensément inférieurs, au point de vue psychologique, à ceux que nous appelons les Frères ; cependant ils possèdent parfois des facultés de nature à convaincre celui qui cherche des preuves à l'appui de ses études, que des êtres vivants peuvent acquérir des pouvoirs regardés communément comme surhumains.

Ce que nous disons se trouve confirmé par les phénomènes

que Jacolliot vit à Bénarès et ailleurs, et qui sont racontés dans ses livres, ainsi que par quelques faits de même genre qui se sont glissés jusque dans des rapports officiels anglo-indiens. Un résident anglais à la cour de Runjit Singh décrit, dans un rapport, comment il assista à l'enterrement d'un yogui qu'on enferma dans un caveau, d'après son consentement, pendant une période de temps considérable, six semaines je crois (car je n'ai pas le rapport sous la main pour donner les détails), et comment celui-ci en sortit vivant au bout des six semaines qu'il avait passées dans l'état de *Samadhi* ou de trance [1]. Cet homme était évidemment un ADEPTE d'un type très inférieur, mais le procès-verbal de ce qu'il accomplit possède l'avantage d'être parfaitement authentique dans ses moindres particularités. Il y a quelques années également, un adepte hautement spiritualisé et doué de clairvoyance vivait à Agra, où il enseignait un groupe de disciples, et d'après leur témoignage il reparut au milieu d'eux à différentes reprises, après sa mort. J'ai obtenu beaucoup de renseignements sur lui, d'un de ses principaux sectateurs, un natif, employé du gouvernement, instruit et très considéré. Le fait de son existence et de ses dons psychologiques puissants est hors de doute.

Ainsi, qu'il y ait des adeptes dans le monde, c'est une chose que l'on songe à peine à discuter chez les Indous. Quelquefois, naturellement, les adeptes sur lesquels vous pouvez obtenir des informations précises ne sont, en fin de

---

1. « ..... Il fut mis dans un sac en toile, le sac fut fermé et cacheté » du sceau de Runjit Sing, et déposé dans une boîte de sapin qui, » fermée et scellée également, fut descendue dans le caveau. Par-des- » sus on répandit et on foula de la terre, on sema de l'orge et on » plaça des sentinelles..... Au bout de DIX MOIS, terme fixé, le capitaine » Wade accompagnait le maharajah pour assister à l'exhumation..... » et au bout de deux heures le ressuscité était aussi bien que dix mois auparavant. (*La Cour et le Camp de Runjit Sing*, par Osborne.)

Lire dans le *Temps* du 31 octobre 1885 l'article très intéressant sur les yoguis. — (*Note du traducteur.*)

compte, que des yoguis du type inférieur qui, par un entraînement particulier, sont arrivés à douer leurs facultés intérieures de quelques pouvoirs anormaux et même à acquérir une sorte de vision des vérités spirituelles. Mais il n'en est pas moins vrai qu'à toutes vos questions sur les adeptes d'un caractère plus élevé, on vous répondra que leur existence est indéniable, bien qu'ils vivent dans une complète réclusion. Cette croyance générale, vague et indéfinie, pave, pour ainsi dire, le chemin qui conduit à la question dans laquelle nous sommes plus profondément intéressés : à savoir si les directeurs de la Société Théosophique sont véritablement en relation avec quelques-uns des adeptes les plus élevés, qui ne vivent pas ordinairement parmi le commun, et ne font connaître leur adeptat qu'à leurs disciples réguliers.

Quant aux preuves à établir sur ce point, elles se divisent ainsi qu'il suit :

Premièrement, nous avons le témoignage capital de ceux qui ont vu personnellement certains de ces adeptes, dans leur corps matériel et en dehors de leur corps matériel ; qui ont assisté à l'exercice de leurs pouvoirs et qui ont obtenu la certitude complète de la réalité de leur existence et de leurs attributs.

Secondement, le témoignage de ceux qui les ont vus dans leur forme astrale, les reconnaissant, à l'aide de divers indices, comme étant les hommes que d'autres avaient vus en chair et en os.

Troisièmement, le témoignage de ceux qui ont acquis des preuves indirectes de leur existence.

Au premier rang de la première catégorie de témoins se trouvent madame Blavatsky et le colonel Olcott eux-mêmes. Pour ceux qui se fient à madame Blavatsky, son témoignage est complet, précis et de tous points satisfaisant. Elle a vécu de longues années au milieu des adeptes. Depuis ce temps, elle a conservé avec eux des relations presque journalières. Elle est retournée les voir et ils lui ont rendu visite dans leur corps naturel plusieurs fois depuis qu'elle a quitté le Thibet après son initiation. Il n'y a pas de milieu : ou ce qu'elle dit des Frères est manifestement vrai, ou elle est, ainsi que l'ont appelée quelques Américains de ses ennemis, « le champion de l'imposture du siècle. » Je connais la théorie de certains spiritualistes qui prétendent qu'elle est contrôlée par des esprits qu'elle prend pour des hommes vivants ; cette théorie ne peut être soutenue que par des gens qui ignorent les neuf dixièmes des déclarations qu'elle fait, sans parler des autres témoignages. Comment elle, qui a vécu sept années durant et plus sous le toit de certaines personnes, au Thibet, les voyant vaquer à leurs occupations de chaque jour avec leurs amis et leurs connaissances, s'instruisant par degrés, sous leur direction, dans la vaste science à laquelle elle s'est consacrée, pourrait-elle ignorer s'ils sont des êtres vivants ou des esprits ? C'est une hypothèse absurde. Elle ment lorsqu'elle nous dit qu'elle a vécu au milieu d'eux, ou les adeptes qui l'enseignent sont bien des hommes vivants. Les spiritualistes ont bâti l'hypothèse du « contrôle » supposé, sur sa déclaration que les adeptes lui apparaissent en forme astrale quand elle est éloignée d'eux. Si elle ne les avait jamais vus sous une autre forme, on aurait raison de traiter la chose à ce point de vue spiritualiste ; et encore ne faudrait-il point qu'il y ait les autres circonstances. Mais ses visiteurs astrals sont exactement pareils aux hommes avec qui elle a vécu et étudié. A plusieurs reprises, ainsi que je l'ai dit, il lui a été permis de retourner les voir. Les communications astrales n'ont lieu que durant la cessation de son commerce personnel avec eux, lequel dure depuis une longue suite d'années. On peut, à la vérité, mettre en doute sa véracité, ce qui est d'une absurdité complète, facile à démontrer ; quant à supposer que madame Blavatsky se trompe en considérant les Frères comme des hommes vivants, autant vaudrait soutenir qu'on se trompe en croyant à la réalité vivante de ses plus proches parents, des gens dans l'intimité desquels on passe son existence. Ce qu'elle dit est vrai, ou bien alors tous ses écrits, tous ses actes, toutes ses paroles depuis huit ou neuf ans, ne sont qu'un énorme tissu de mensonges élaborés consciemment. Soutenir que ses récits ne sont pas exacts et qu'elle s'abandonne à l'exagération, serait une explication aussi mauvaise que l'hypothèse spiritualiste. Éliminez tous les détails qui pourraient se prêter au reproche d'exagération, et il restera au fond des déclarations de madame Blavatsky un bloc solide et considérable d'affirmations qui sont l'expression de la vérité, ou bien un échafaudage de mensonges conscients. Et, si nous n'avions que le seul témoignage de madame Blavatsky, le sacrifice complet de son existence à la cause théosophique suffirait pour rendre l'hypothèse de l'imposture raisonnée la plus extravagante de toutes les hypothèses. Lorsque nous, qui étions devenus ses amis intimes, nous insistâmes sur ce point, dans l'Inde, on nous dit : « Mais comment savez-vous qu'elle a quelque chose à sacrifier? elle a peut-être toujours été une aventurière. » Ceci a été suffisamment éclairci dans ma préface de la seconde édition du *Monde occulte*, et son identité a été établie par les nombreuses déclarations de ses parents et de ses intimes amis, appartenant tous à la meilleure société de Russie. Si elle n'avait pas consacré sa vie à l'occultisme, elle l'aurait dépensée au milieu du luxe, chez ses propres compatriotes, comme appartenant à la classe aristocratique.

Admettre l'imposture de sa part n'est pas seulement difficile, c'est également en contradiction avec tous les faits de la vie du colonel Olcott. Comme dans le cas de madame Blavatsky, on ne peut nier qu'il ait sacrifié une vie de prospérité mondaine pour vivre en théosophe dans l'Inde, dans des circonstances d'abnégation physique presque complète. Lui aussi déclare qu'il a vu les Frères dans leur corps matériel et dans leur forme astrale. Il fit connaissance avec leurs pouvoirs et fut initié à la théosophie pour la première fois, en Amérique, par une série de phénomènes des plus étonnants. A Bombay, il reçut la visite corporelle de son propre maître, dont il avait vu la forme astrale en Amérique. Depuis des années son existence est remplie de faits anormaux, que les spiritualistes expliqueront encore, si facilement, par le spiritualisme, mais qui proviennent des relations continuelles qui existent entre le colonel Olcott et les Frères, relations tantôt occultes, tantôt ordinaires, comme celles d'homme à homme. Ici encore je puis affirmer sans crainte, ainsi que je l'ai fait pour madame Blavatsky, qu'il n'y a pas de compromis possible entre ces deux opinions : ou le colonel Olcott ment effrontément dans tout ce qu'il dit au sujet des Frères, ou ses déclarations établissent d'une manière indéniable leur existence ; car il faut se rappeler que le colonel Olcott n'a pas quitté madame Blavatsky depuis huit années qu'il travaille avec elle. On ne peut raisonnablement supposer qu'elle ait été capable de le tromper pendant tout ce temps à l'aide de procédés frauduleux, ce qui d'ailleurs serait une supposition monstrueuse sous tous les autres rapports. Le colonel Olcott sait si madame Blavatsky est sincère ou fausse, et il s'est consacré à la cause qu'elle défend, témoignant ainsi qu'elle est sincère. L'hypothèse spiritualiste se présente de nouveau. Madame Blavatsky est peut-être une médium dont la présence entoure le colonel Olcott de phénomènes ; mais alors elle serait elle-même induite en erreur par les influences astrales quant à la vraie nature des Frères sur qui repose l'ensemble des phénomènes, et nous avons déjà prouvé, je pense, que cette hypothèse était absurde. Il est impossible d'échapper à la conclusion logique que les choses se passent exactement comme l'affirment madame Blavatsky et le colonel Olcott, ou bien ils sont tous les deux les champions de l'imposture du siècle, sacrifiant également tout ce qui est cher au monde pour s'abandonner à cette imposture perpétuelle qui ne leur rapporte qu'une existence et des paroles dures.

Mais le procès de l'authenticité de leurs déclarations, loin d'être terminé, ne fait que commencer pour ainsi dire. Nos témoins natifs de l'Inde se présentent tout d'abord. Damodar le premier, dont l'auteur bien connu de *Hints on Esoteric*

Theosophy parle en ces termes dans cette brochure :
« Dans une de vos lettres antérieures vous citez particulièrement Damodar et vous demandez s'il est croyable que les Frères dépensent du temps avec un semblable bout d'homme, d'une demi-instruction, tandis qu'ils refusent absolument de visiter et de convaincre des Européens, comme... et..., possédant une haute instruction et des talents remarquables. Mais savez-vous que ce bout d'homme a résolument abandonné sa famille et ses amis, une caste élevée et une grande fortune, pour se livrer à la poursuite de la vérité ? Savez-vous que pendant des années, il a vécu cette vie pure, détachée du monde, faite d'abnégation, qui est, vous dit-on, indispensable pour obtenir des communications directes avec les Frères ? « Oh ! un monomane, dites-vous ; naturellement, il voit tout ! » Mais ne voyez-vous pas où cela vous conduit ? Ceux qui ne mènent pas cette vie n'obtiennent pas de preuve directe de l'existence des Frères. Or un homme mène cette vie, affirme avoir obtenu cette preuve, et vous, sans hésiter, l'appelez un monomane et refusez son témoignage...... : cela rappelle le jeu : pile, je gagne ; face, tu perds. »

Damodar a vu quelques-uns des Frères visiter, en personne, le quartier général de la Société. Ils lui ont souvent rendu visite dans leur forme astrale. Lui-même a passé par certaines initiations, et a acquis des pouvoirs considérables qui ont été développés rapidement afin qu'il pût servir, indépendamment de madame Blavatsky, de lien de communication entre les Frères, ses maîtres, et la Société Théosophique. La vie qu'il mène montre d'une manière frappante qu'il SAIT lui aussi que les Frères existent. Toute hypothèse contraire reviendrait à faire partager à Damodar l'accusation d'imposture qui a été portée contre madame Blavatsky; car, depuis des années, il est son associé intime et son collaborateur dévoué, mangeant à sa table, l'aidant dans son travail, et vivant sous son toit à Bombay.

Plutôt que de croire aux Frères, admettrons-nous que madame Blavatsky, le colonel Olcott et Damodar sont d'éhontés imposteurs? Nous en appelons encore à Ramaswamy. Ce dernier est un natif parlant anglais, de l'Inde méridionale, instruit, et très respectable ; je crois que c'est un fonctionnaire du gouvernement, un greffier d'une cour de justice de Tinnevelly. J'ai eu l'occasion de le rencontrer plusieurs fois. D'abord, pour raconter brièvement les faits, il vit à Bombay le Gourou de madame Blavatsky dans sa forme astrale; ensuite il reçut de lui une communication à haute voix dans sa propre maison, dans le sud de l'Inde, à plusieurs centaines de milles de tout centre théosophique. Obéissant à cette voix, il voyagea jusqu'à Darjiling; là, il s'enfonça dans les jungles de Sikkim à la recherche du Gourou qu'il supposait être dans le voisinage, et après un certain nombre d'aventures, il le rencontra : c'était le même homme que celui dont il avait vu auparavant la forme astrale, et dont le colonel Olcott lui avait montré un portrait, c'était la même voix vivante que celle dont le son l'avait conduit depuis l'extrémité sud de l'Inde. Il eut avec lui une longue entrevue, c'est-à-dire qu'il se promena, en plein air et en pleine lumière, avec un être vivant, et lorsqu'il s'en retourna il était son chéla dévoué, comme il l'est actuellement et comme il le sera certainement toute sa vie. Pourtant son maître, qui l'appela de Tinnevelly et qu'il rencontra à Sikkim, est un des esprits contrôleurs de madame Blavatsky, dans l'hypothèse spiritualiste.

Deux autres témoins qui connaissent personnellement les frères vinrent me rendre visite à Simla ; c'étaient deux chélas réguliers, envoyés de l'autre côté des montagnes pour quelque affaire et qui devaient en passant m'entretenir au sujet de leur maître, mon adepte correspondant. Lorsque je vis ces hommes pour la première fois, ils venaient de quitter les adeptes avec qui ils avaient vécu. L'un d'eux, Dhabagiri Nath, fit durer sa visite plusieurs jours ; il me parla de Kout-Houmi pendant des heures entières, ayant vécu avec lui dix années, et nous laissa l'impression, à moi et à deux autres personnes qui le virent, d'un homme sérieux, dévoué et digne de confiance. A une autre période de son voyage dans l'Inde, il concourut à la manifestation d'un grand nombre de phénomènes occultes frappants, produits pour satisfaire les investigations des natifs. Celui-ci également, s'il n'est pas chéla de Kout-Houmi comme il le déclare, doit être un faux témoin inventé pour étayer la vaste imposture organisée par madame Blavatsky.

Un autre natif, Mohini, commence peu après à entrer en communication avec Kout-Houmi, sans avoir besoin de madame Blavatsky, et lorsque celle-ci se trouve à des centaines de milles plus loin. Lui aussi devient un dévoué défenseur de la cause théosophique. Néanmoins, je crois que Mohini doit être rangé dans la seconde catégorie de nos témoins, parmi ceux qui ont eu des visites astrales des Frères, mais ne les ont pas vus dans leur corps matériel.

Bhavani Rao, jeune natif aspirant au chélaat, qui vint une fois me rendre visite à Allahabad et resta deux nuits sous notre toit avec le colonel Olcott, à une époque où madame Blavatsky était dans une autre partie de l'Inde, est un autre témoin, en communication indépendante avec Kout-Houmi et qui sert d'intermédiaire lui-même entre celui-ci et le monde extérieur. En effet, durant la visite dont je parle, il put faire passer au maître une de mes lettres, en recevoir la réponse, envoyer une seconde lettre et recevoir encore quelques mots de réponse. Je ne veux pas dire qu'il fut capable d'accomplir tout cela par son propre pouvoir ; je veux dire seulement que son magnétisme était d'une nature qui permit à Kout-Houmi d'agir au travers de lui. La valeur de cette expérience consiste en ce qu'elle démontre victorieusement que madame Blavatsky n'est pas indispensable dans l'acte de la correspondance échangée entre mon ami révéré et moi. Les preuves, du reste, ne manquent pas à ce sujet, car le même échange de lettres eut lieu par l'intermédiaire de Damodar, à Bombay, à une époque où madame Blavatsky et le colonel Olcott se trouvaient à Madras, faisant une tournée théosophique au cours de laquelle leur présence à tel ou tel endroit était toujours signalée dans les journaux de la localité. J'étais alors à Allahabad et j'envoyais les lettres pour Kout-Houmi à l'adresse de Damodar à Bombay ; parfois, je recevais mes réponses si promptement qu'il était impossible qu'elles eussent pu venir de madame Blavatsky dont la correspondance aurait mis, pour me parvenir, quatre jours et davantage de plus que le courrier de Bombay.

Ainsi donc, c'est un fait démontré, qu'une partie de ma volumineuse correspondance, et, par une déduction irrésistible, ma correspondance tout entière, N'EST PAS l'ouvrage de madame Blavatsky, ni celui du colonel Olcott, ainsi que cela serait si les Frères n'étaient pas une réalité. C'est une correspondance visible, sur papier. Comment les lettres furent-elles produites ; comment me sont-elles parvenues à des époques et à des lieux différents, et à travers différents peuples et différentes contrées ? Je ne vois pas bien quelles hypothèses peut former sur ma correspondance celui qui ne croit pas aux Frères. Je n'en trouve aucune qui ne soit réfutée par les faits, à peine formée.

Il serait inutile de transcrire ici toutes les déclarations des natifs qui ont vu les formes astrales des Frères — apparitions spectrales qu'on leur a dit être telles — dans les environs du quartier général de la Société à Bombay : de semblables déclarations ont été publiées à diverses reprises dans le *Theosophist* avec les noms des témoins. Il y a une foule de ces témoins, et je puis ajouter, qu'une fois, je vis moi-même une apparition au quartier général actuel de la Société, qui se trouve à Madras. Mais on va prétendre naturellement que ces apparitions sont spiritualistes. Dans ce cas, je répondrai par l'argument déjà établi, et qui prouve que les phénomènes entourant madame Blavatsky ne peuvent être du spiritualisme. Ils ne sont pas autre chose que ce que nous disons, nous qui la connaissons intimement, qui sommes maintenant étroitement attaché à la cause de la Société et qui croyons à ces phénomènes avec toute notre conviction : ils sont les manifestations des pouvoirs psychologiques anormaux de ceux que nous appelons les Frères.

Au moment où j'écris, le colonel Olcott et M. Mohini Mohun Chatterjee mentionné ci-dessus sont à Londres pour un peu de temps, et un grand nombre de personnes [1] ont entendu de leur propre bouche le récit de ce dont je viens de parler, en ce qui les concerne, et beaucoup d'autres détails encore. Car durant un voyage qu'il fit récemment dans le nord de l'Inde, le colonel Olcott eut l'occasion de rencontrer le Mahatma Kout-Houmi en personne et put ainsi l'identifier avec son ancien visiteur *astral*. A l'époque de cette rencontre, M. N. T. Brown, jeune Écossais qui est depuis peu un partisan dévoué de la cause théosophique, vit également le Mahatma, et M. Lane Fox, qui s'embarqua pour les Indes dans le but d'approfondir les révélations mises en lumière par la Société Théosophique, vient de recevoir des lettres de Kout-Houmi, par moyens occultes, tandis que madame Blavasky et le colonel Olcott sont en Europe. Outre les preuves qui sont réunies dans ces pages, si nous faisons rentrer en compte les informations nombreuses sur les adeptes, qui ont rempli ces temps

1. Les théosophes parisiens qui viennent également de recevoir la visite de madame Blavatsky, du colonel Olcott et de M. Mohini, ont pu entendre de leurs propres bouches la confirmation des faits et des théories exposés dans ce livre. — (*Note du traducteur.*)

derniers les colonnes du *Theosophist* (bulletin de la Société Théosophique qui se publie à Madras), on voit que l'argumentation qui nous est présentée a fait son temps. Quiconque soutient encore l'opinion émise par M. Kiddle dans sa lettre au *Light*, à savoir que les allégations contenues dans mon livre, concernant les adeptes et ce qui se rapporte à l'adeptat, sont toujours à prouver, celui-là, dis-je, a l'esprit fermé à tout raisonnement ou bien il ignore absolument ce qui a été écrit sur la question.

Le second des articles que je désire insérer ici a été lu, comme le premier, à une réunion des théosophes de Londres. Il traite des considérations qui, une fois *l'existence* des frères établie, doivent nous faire accepter avec confiance les enseignements qu'ils nous fournissent sur l'origine et les destinées de l'homme et sur le grand problème de la nature. Voici cet article :

Un grand nombre des personnes qui examinent la phylosophie occulte voudraient établir une différence importante entre admettre l'existence de ceux que nous nommons LES FRÈRES et croire à ce corps immense d'enseignements variés que leurs nouveaux élèves ont accumulés jusqu'à ce jour. Quant à moi, il me semble qu'une fois engagé dans ces recherches personne ne peut dire en s'arrêtant : « J'irai jusque-là, et pas plus loin. » Celui qui est arrivé à admettre l'existence des adeptes est bien certain qu'il n'y a pas beaucoup d'erreurs dans la conception de la nature qu'il s'est faite avec l'aide de leurs lumières, car la chaîne de considérations sur lesquelles il s'appuie, quoique composée d'un grand nombre d'anneaux, n'offre pas de solutions de continuité et supporte la tension sur chacun de ses points également.

Elle est composée d'un grand nombre d'anneaux, parce que jusqu'à présent personne, parmi ceux qui sont étudiants comme nous, c'est-à-dire dont la vie est mondaine tandis que leur intelligence est appliquée à l'occultisme, ne peut obtenir par lui-même une connaissance absolue des adeptes.

Il lui est impossible à l'aide de sa propre science de savoir la vérité entière sur n'importe quel adepte. Si nous éclaircissons ce point, nous nous ferons une juste idée du principe auquel obéissent les adeptes en demeurant dans une réclusion partielle ; réclusion qui n'est partielle que depuis fort peu de temps et qui auparavant était si stricte que le monde en général ignorait presque complètement qu'il y eût une science ésotérique dont l'abord lui était défendu. Ceci est très important, car l'expérience a montré combien on avait été prompt à condamner l'hésitation et les restrictions dont les adeptes avaient fait preuve jusqu'ici dans leurs rapports avec ceux qui leur demandaient de les instruire dans les choses immatérielles. Si l'on juge ces procédés occultes en les comparant à ceux employés dans l'enseignement des sciences physiques, l'impatience des investigateurs est toute naturelle ; mais la moindre connaissance que l'on peut avoir des conditions nécessaires aux recherches mystiques n'en montre pas moins que la ligne de conduite suivie par les occultistes a sa raison d'être.

Tout le monde, évidemment, admettra que les adeptes n'ont pas tort d'employer de grandes précautions, lorsqu'il s'agit d'abandonner à la publicité quelque connaissance scientifique qui livrerait des pouvoirs que nous appelons magiques à des personnes n'ayant pas les qualités morales requises pour leur exercice. Mais les considérations qui prescrivent ces précautions n'existent plus, paraît-il, lorsqu'il s'agit de communiquer la science du progrès spirituel de l'homme ou du processus plus grand de l'évolution. C'est la conclusion à laquelle en sont venus les adeptes ; ils ont entrepris de communiquer au public le côté théorique de leur science, conservée intacte, et si l'effort tenté paraît à quelques observateurs durer bien longtemps, c'est à cause de l'immensité de la tâche prise en main, et de la situation nouvelle, aussi bien pour les maîtres que pour les élèves. Car souvenez-vous que si les adeptes ont changé leur ligne de conduite ainsi que je l'ai dit, ce changement a une origine si récente qu'on peut presque dire qu'il s'opère en ce moment. Si maintenant on demande pourquoi cette science théorique n'a pas été livrée plustôt, il me semble que l'état intellectuel des peuples qui nous entourent est une réponse suffisante à la question. La liberté de pensée dont se font gloire les écrivains anglais n'est pas encore bien répandue par le monde ; aussi parmi les générations qui ont précédé la nôtre aurait-il été impossible de promulguer librement et sans danger des doctrines aussi révolutionnaires en matière religieuse.

Aujourd'hui encore, les milieux où une semblable tentative serait pleine de dangers sont plus nombreux que ceux où elle pourrait produire des résultats appréciables. On comprendra donc que dans le monde occulte on ait discuté pour savoir s'il fallait favoriser la dissémination de la philosophie ésotérique sur la surface du globe, au risque de provoquer les controverses violentes et même les troubles sérieux qu'on doit s'attendre à voir surgir à la suite de révélations prématurées de vérités comprises seulement par la petite minorité.

Lorsqu'on y songe, on voit bien que la réserve mystérieuse dans laquelle se sont tenus les adeptes jusqu'à ce moment n'est pas si étonnante que nous soyons forcés de recourir à des hypothèses torturés, en désaccord avec l'évidence manifeste de leur action présente. Il est clair qu'ils ont raison d'agir avec prudence lorsqu'ils lancent un corps de disciples nouvellement conquis, au milieu du courant humain ; d'ailleurs l'entraînement même qu'ils ont subi a pour effet de les rendre beaucoup plus circonspects que le reste des hommes luttant dans la vie ordinaire. « Mais, va-t-on me dire, ceci une fois admis, quelques adeptes ayant jugé que le moment était enfin venu de présenter au monde une partie de leur science, pourquoi n'accompagnent-ils pas tout ce qu'ils lui en présentent, de garanties plus frappantes, plus irrésistibles et plus concluantes que celles qu'ils lui ont fournies jusqu'à présent ? » Il me semble qu'on peut obtenir la réponse à cette question, en considérant de quelle manière les adeptes doivent s'y prendre pour introduire graduellement et naturellement un changement dans la politique qu'ils observent en traitant des matières de ce genre. Les adeptes viennent de conclure, d'après notre hypothèse, qu'il est désirable que le genre humain reçoive une grande partie de la science spirituelle, enseignée jusqu'ici exclusivement à ceux qui avaient donné des garanties terribles de leur capacité à la recevoir. Pour enseigner le monde en général, ils suivront évidemment le même chemin que celui qu'ils ont appris à suivre lorsqu'ils avaient affaire à des aspirants réguliers à l'initiation. Jamais, à aucune époque de leur histoire, ils ne sont allés chercher ces aspirants, ni ne les ont sollicités, ni ne les ont appelés par quelque moyen que ce soit. Ils savent que, suivant une des lois invariables du progrès humain, quelques hommes, faible portion de l'humanité, arriveront toujours dans le monde revêtus par la nature de quelques-uns des attributs nécessaires à l'adeptat, et d'une intelligence disposée à s'ouvrir à la croyance en la vie occulte aux moindres petites étincelles de preuves qui viendront flotter devant eux. Il y a toujours eu de ces personnes ainsi douées, se pressant pour entrer dans les rangs du chélaat, c'est-à-dire saisissant au passage toutes les occasions d'approfondir la science occulte, que les circonstances pouvaient leur fournir. Ainsi sollicité par l'aspirant, l'adepte s'est toujours montré tôt ou tard. D'après les changements qui ont été introduits dans ses rapports, l'adepte fera désormais un pas en avant pour répondre à la demande de l'aspirant, mais il est bien évident qu'en opérant ces changements, l'adepte s'est tenu ce raisonnement : à savoir que si jusqu'ici un grand nombre de chélas se sont déclarés sans qu'il y ait eu un appel de sa part, il pourrait provoquer une éclosion dangereuse d'aspirants manquant des qualités nécessaires, en se manifestant d'une manière trop prononcée. Car, l'adepte le sait, il serait prématuré de commencer par produire des effets trop frappants en exhibant des facultés qui sont l'apanage d'une science spirituelle avancée et avec lesquelles le monde n'est pas encore familiarisé. Il vaut mieux calculer l'offre de façon à enflammer l'imagination des personnes qui ne diffèrent que fort peu de celles qui sont portées naturellement à la vie occulte. Cela me paraît être la raison pour laquelle les adeptes ont été si loin, et cela peut nous faire comprendre pourquoi, ainsi que je le disais en commençant, aucun des étudiants que l'on a appelé *chélas laïs* n'est encore arrivé à l'aide de sa propre science à savoir la vérité entière sur n'importe quel adepte.

D'un autre côté, si nous réunissons les diverses révélations qui sont répandues dans l'Inde parmi les membres nombreux de la Société Théosophique, nous en saurons assez pour nous trouver dans une forte position et pouvoir juger jusqu'à quel point les Frères ont qualité pour parler aussi affirmativement qu'ils le font des faits naturels du monde supraphysique. D'après le raisonnement que j'ai tenu plus haut, ces révélations éparses ont été semées par fragments, avec intention, afin que pour l'instant il ne soit possible d'arriver à une pleine conviction au sujet de l'adeptat qu'en se donnant la peine de réunir ces fragments de preuves. Mais une fois cela accompli, nous avons en notre possession un certain bloc de renseignements sur les adeptes, d'où nous devons tirer nécessairement de puissantes déductions. Nous voyons, pour commencer, qu'ils possèdent le pouvoir de connaître les événements et les faits du monde physique avec lequel nous sommes familiarisés, par d'autres moyens que l'emploi des cinq sens. Nous voyons également qu'ils possèdent le pouvoir de sortir de leur propre corps et d'apparaître à distance dans un DOUBLE plus ou moins éthéré qui non seulement leur sert d'agent pour produire des impressions sur d'autres êtres, mais qui leur sert encore d'habitation pour leurs propres principes pensants, et est lui-même la preuve, s'il n'y avait que celle-là, que l'âme humaine est une chose indépendante de la matière cérébrale et des centres nerveux. Je ne m'arrêterai pas à citer des exemples. Les preuves doivent être fournies indépendamment de leur manipulation dans une argumentation comme la présente, mais les preuves sont nombreuses et accessibles à quiconque prend la peine de les examiner. Maintenant, si nous savons que l'âme d'un adepte peut à volonté passer dans cet état où les facultés de perception sont indépendantes de la machine corporelle, il n'est pas surprenant que l'adepte soit en mesure de nous donner sur les procédés de la nature, des renseignements de beaucoup plus complets que ceux que l'on obtient par l'observation purement physique. Les adeptes nous enseignent, par exemple, que certaines planètes, outre cette terre, sont intéressées dans la croissance de la grande éclosion humaine dont nous faisons partie. Ceci n'est pas le résultat de la conjecture ou de la déduction. Les adeptes nous disent qu'une fois hors de leur corps ils peuvent prendre connaissance d'événements qui ont lieu sur d'autres planètes, aussi bien qu'ils peuvent le faire sur différents points de la nôtre. Et ce n'est pas la croyance particulière d'un individu exceptionnellement organisé, d'un halluciné, comme le supposeraient les sceptiques ; il est impossible de ne pas admettre que c'est le témoignage unanime d'une réunion considérable d'hommes, exerçant constamment des facultés similaires. Ainsi donc, c'est un fait réellement scientifique, comme le fait que la grande nébuleuse d'Orion, par exemple, présente un spectre gazeux et est par conséquent une nébuleuse irrésoluble. Tous ceux qui possèdent un spectroscope peuvent s'assurer de ce fait par eux-mêmes, s'ils choisissent une nuit claire où les conditions d'observation soient possibles. En douter ne serait pas agir avec plus de circonspection que ceux qui y croient, ce serait faire preuve simplement d'une appréciation imparfaite de l'évidence. Il est vrai qu'en ce qui concerne l'état des autres planètes, nous devons accepter les déclarations des adeptes suivant l'opinion que nous nous formons de leur bonne foi lorsqu'ils viennent nous dire qu'ils ont fait telles ou telles observations. Pour nous, c'est une affaire de déductions que de savoir si les adeptes nous disent ce qu'ils CROIENT être vrai, — lorsqu'ils nous parlent de la chaîne septennaire de planètes à laquelle notre terre appartient, — ou s'ils nous trompent consciemment avec un galimatias de théories complètement fausses. Je pense qu'il n'est pas difficile de montrer que cette dernière supposition est absurde. Mais s'il fallait en démontrer toute l'absurdité ce serait une tâche considérable. Pour le moment, le point que je veux établir n'a rien à faire avec la question de rechercher si les adeptes nous disent au sujet des planètes ce qu'ils savent être vrai, ou s'ils nous enseignent volontairement l'erreur. L'idée que j'avance actuellement est que les adeptes connaissent par eux-mêmes ce qui est vrai sur ce sujet, et je ferai observer que ce que j'avance ne se trouve nullement vicié par le fait que leurs plus récents élèves sont incapables de les suivre et de répéter les expériences sur lesquelles repose leur enseignement.

On peut appliquer le même raisonnement à tout l'ensemble des enseignements que la Société théosophique est occupée en ce moment à réunir. Pour le monde non initié ils prennent forcément la forme de déclarations reposant sur l'autorité. Et cette sorte de persuasion ne s'accorde guère avec nos méthodes d'instruction, pas plus qu'avec les méthodes habituelles des adeptes. Car, si dans nos laboratoires de chimie, en Angleterre, les expériences faites par l'élève priment toute autre étude, le même système est suivi, et plus rigoureusement encore, en occultisme, par les *chélas* qui s'adonnent à un régime régulier d'initiation. A mesure que, pas à pas, on démontre au chéla que telle et telle chose se passe au fond des mystères de la nature, on lui indique le moyen d'appliquer ses facultés, une fois développées, à l'observation de ces faits. Mais le développement des facultés, ainsi que je l'ai dit il y a un instant, donne naissance à de nouveaux pouvoirs sur la nature, que l'on ne peut confier qu'à ceux qui ont donné certaines garanties bien reconnues. En instruisant le monde extérieur, ainsi qu'ils le font aujourd'hui, les adeptes *doivent* s'éloigner de leurs méthodes accoutumées ; nous aussi, si nous voulons comprendre ce qu'ils veulent bien nous enseigner, nous devons nous écarter de nos méthodes de recherches ordinaires. Il faut, à mesure qu'on nous avance une nouvelle théorie, que nous suspendions à chaque fois notre demande de preuves. Il nous faut appuyer chacune de ces théories sur notre certitude générale, provenant de nos procédés familiers de démonstration, qu'il existe des adeptes bien que nous ne puissions les voir à volonté, qu'ils doivent être capables d'expliquer une quantité considérable de lois de la nature en dehors de celles qui sont connues à l'aide des sens physiques, et que, lorsqu'ils nous disent qu'une chose existe, ils savent par leur position si cela est vrai ou non.

Ceci bien compris, la vérité est que chaque investigateur à son tour se trouve en mesure, *pari passu*, de se faire une idée exacte de la situation et que la raison se révolte à la pensée que si les adeptes ont entrepris la tâche de fournir au monde une portion de leur science, ce n'est pas avec la plus entière bonne foi. On pourra conclure de ce que nous acceptons leur enseignement complet, que nous bâtissons une large pyramide en commençant par son sommet. Mais la logique de notre raisonnement ne craint pas cette objection. Dans toutes les branches du savoir humain les déductions s'élancent loin des faits qui leur ont donné naissance. Même dans la science la plus exacte de toutes, un théorème est considéré comme prouvé si on a démontré qu'une de ses hypothèses alternatives est fausse. Bien plus, en matière de procédure, on reconnait la valeur du témoignage secondaire lorsque le cas ne fournit pas de témoi-

gnage principal. Nous sommes exactement dans la même
situation en essayant de réunir ensemble l'école des recherches physiques et l'école de la science de l'immatériel.
Aussi longtemps que nous avions quelque raison de douter
qu'il y eût quelque part sur terre une école enseignant la
science de l'immatériel, il était peut-être inutile de nous
tracasser avec les fragments incomplets de cette science,
qui de temps en temps nous arrivaient sous une forme à
peine intelligible. Mais douter à présent de l'existence de
cette école reviendrait à douter de ce que je disais il y a
un instant au sujet de la nébuleuse d'Orion. Le doute ne
peut subsister que dans l'esprit de celui qui méconnaît et
ne veut pas se donner *la peine* d'étudier les faits tels qu'ils
existent actuellement et qui séparent encore, comme une
barrière, la Société Théosophique du public au milieu duquel elle est plantée. Considérée comme une sorte de barrière occulte pour le chéla laï, — dans le genre des épreuves
réellement sérieuses que doit surmonter le chéla régulier,
— la nécessité de se donner cette peine n'est certainement
pas un obstacle bien difficile à franchir. De l'autre côté sont
des richesses de connaissances sur les mystères de la nature,
qui illuminent de vastes régions dans le passé et dans l'a-
venir, laissées jusqu'alors dans de complètes ténèbres pour
les intelligences scientifiques, et pour les autres, abandon-
nées à des conjectures indignes de notre confiance. Pour ceux
qui s'enfoncent résolument dans la question, qui se rendent
exactement compte de la valeur des considérations que j'ai
présentées, — qui arrivent ainsi à se convaincre que les
Frères existent réellement, qu'ils doivent être au courant
de ce qui se passe dans la nature en deçà et au delà de
cette vie, qu'ils sont maintenant prêts à nous livrer une
portion considérable de leurs connaissances, et qu'il est
ridicule de soupçonner leur bonne foi, — pour tous ces vrais
théosophes de la Société Théosophique il n'y a rien, parmi
tout ce qui a rapport à la science de l'immatériel, de com-
parable, en importance, à l'étude de la vaste doctrine que
l'on nous délivre en ce moment.

FIN DU MONDE OCCULTE

POSTFACE DU TRADUCTEUR

Nous croyons utile de réunir ici quelques notes et documents qui complèteront le récit des phénomènes de M. Sinnett, et montreront l'action phénoménale se poursuivant jusqu'en Occident, partout où nos occultistes mettent le pied. Nous commencerons par insérer ici une lettre que M. Eglinton envoya au *Light*, journal s'occupant des phénomènes médianimiques, au mois de janvier 1886. Cette lettre intéressera certainement les lecteurs qui ont lu avec attention le récit des phénomènes du *Vega*; elle montrera, de plus, comment on peut changer d'avis et brûler ce qu'on a adoré, même lorsque les faits sont si évidents qu'on est obligé de les admettre tout en en dénaturant la portée.

A L'ÉDITEUR DU *LIGHT*.

« Monsieur,

» La lettre de *Truthseeker*, publiée dans votre dernier numéro a attiré mon attention ; vous me permettrez, pour l'instruction de ceux qui ne connaissent pas tous les détails de « l'incident du Véga » de les rappeler brièvement, avant de livrer les conclusions plus mûres auxquelles je suis arrivé. Le 22 mars 1882, j'étais en mer, ayant quitté Ceylan vers six heures du soir, le même jour. J'occupais un peu à l'avant, sous le pont du capitaine une cabine de pont qu'un officier avait gracieusement mise à ma disposition. Vers dix heures, j'étais dans ma cabine, le dos tourné vers la porte ouverte, me déshabillant afin d'aller dormir sur le pont. En me retournant pour sortir, je trouvai l'entrée barrée par ce que je pris, tout d'abord, pour un khitmeghar (majordome Indien). Croyant qu'il venait pour une commission, j'attendis qu'il voulût bien me parler, mais comme il ne le faisait point et que je le trouvais insolent d'être entré sans avertir et sans avoir donné les marques de déférence dues aux Européens en pareil cas, je lui dis en Hindoustânie, d'un ton courroucé, de s'en aller ; sur ce, il s'avança dans la cabine, me saisit la main droite et me frappa le signe d'un Maître maçon, avant que j'eusse le temps de revenir de mon étonnement. Je lui demandai de me dire pourquoi il s'était introduit de la sorte, et ce qu'il voulait. D'un ton délibéré, et dans un anglais parfait, il me déclara qu'il était « Kout-Houmi Lal Singh », et je fus, à ce moment, si frappé de son aspect général, de ses connaissances en Franc-maçonnerie, et de sa déclaration qu'il était réellement le personnage mystique, ou l'Adepte, dont j'avais tant entendu parler durant mon séjour dans l'Inde, que sans hésitation, je le crus sur parole. Nous eûmes alors une conversation assez longue sans importance pour autre que moi ; mais il me montra qu'il était très au courant du mouvement théosophique et du mouvement spiritualiste, et qu'il connaissait très bien mes amis de l'Inde. C'était de tous points, un homme intelligent, parfaitement formé, et ne différant en rien, quant à l'apparence extérieure du moins, des milliers de natifs que l'on voit en Orient. Ce n'était pas une hallucination, car j'étais en pleine possession de toutes mes facultés ; la poignée de main, et la matérialité évidente de la forme, d'autre part, prouvaient que ce n'était pas une vision subjective. Quelque petite chose, — c'était peut-être une *ruse* de mon visiteur, — détourna mon attention de lui un instant, car j'étais à le critiquer en le plaisantant, et lorsque je me retournai... il était parti !

» En deux pas je fus à la porte, d'où j'avais l'avantage de voir tout le pont d'avant et tout le pont d'arrière, mais je ne vis personne partir, bien qu'aucun être vivant n'eût pu à ce moment échapper à mon regard. Le jour suivant j'inspectai le bâtiment jusque dans ses parties les plus cachées pour découvrir quelqu'un ressemblant à l'homme que j'avais vu la nuit précédente ; mais je ne pus trouver le moindre indice de son identité : à ce moment j'avais dans l'idée qu'on avait pu envoyer un homme à bord, à Ceylan, dans le but de me tromper. Mais plus je réfléchis, plus il me parut difficile d'accepter cette théorie, et deux jours après, je saisis hâtivement ma plume et écrivis la lettre enthousiaste qui se trouve dans le *Monde occulte* (page 259) où l'on voit que « Kout-Houmi » avait promis de porter une lettre à madame Gordon, à Howrah, si j'en écrivais une à bord, fait dont j'eus connaissance par une lettre du colonel Gordon qui m'envoya son bateau-police, quand j'étais dans la rivière de l'Hougly. Ayant vu la *personnification*, je pensai que c'était une bonne occasion d'envoyer les nouvelles comme on l'avait suggéré ; en conséquence j'écrivis, affirmant ma ferme croyance que la personne vue n'était autre que le grand maître devant qui s'inclinent les fidèles et qu'on dit faire trembler les sceptiques. Ayant écrit ma lettre, par une intention pratique (que j'observe toujours dans mes expériences de spiritualisme) je vins sur le pont où était une dame que je savais intéressée dans les choses psychiques ; je lui lus la lettre et la priai de marquer l'enveloppe, comme petite garantie entre nous et ceux « à l'autre extrémité de la ligne ». Ce qu'elle fit. Retourné au fumoir, je dis à quelques-uns de mes camarades de traversée ce que je venais de faire ; sur quoi, un monsieur, qui disait être théosophe et connaître madame Blavastky, me demanda pourquoi, si je pouvais envoyer une lettre, il ne le pourrait pas. Je ne vis pas d'empêchement à cela ; aussi écrivit-il sur le champ un billet, qu'il me fallait placer dans mon enveloppe, ainsi que je le savais par suite d'une longue expérience ; car *un* paquet peut être porté là où *deux* ne le peuvent pas. J'ouvris l'enveloppe, à tort, je le reconnais maintenant, plaçai mes deux lettres dans une autre, et je cherchai la dame dont j'ai parlé pour qu'elle marquât cette nouvelle enveloppe. Elle n'était plus sur le pont, de sorte que je revins au fumoir où je mentionnai la la chose aux personnes présentes. L'une dit : « mettez une croix dessus » ; une autre ajouta : « mettez-en une seconde » ; et une troisième désira qu'il y eût trois croix. A chaque fois, je marquai une croix jusqu'à ce qu'il y en eut trois : puis je pris l'enveloppe, la plaçai dans mon portefeuille à serrure que je mis sur une étagère, dans ma cabine. Je l'ouvris de temps à autre pour voir si l'enveloppe y était toujours, et autant que je me souviens, il était à peu près quatre heures du soir quand je la vis pour la dernière fois, car lorsque je regardai de nouveau, avant le dîner, elle était partie. Le même soir, à huit heures, en présence du colonel Olcott, du colonel Gordon et de sa femme, une enveloppe marquée de trois croix et dite contenir ma lettre, tomba du plafond de la chambre à coucher que j'avais occupée à Howrah. Je ne connais pas le colonel Olcott et n'ai vu madame Blavatsky qu'une seule fois, et cela plus tard, dans des circonstances très ordinaires, à l'une de mes séances. Il ne m'a jamais été donné de vérifier si la lettre était dans mon écriture, mais je crois que c'était bien la mienne, car les termes étaient les mêmes que ceux de la lettre écrite par moi ; de plus, madame Gordon connaissait intimement mon écriture.

» Voici quelles sont les conclusions plus mûries auxquelles je suis arrivé, au sujet de l' « apparition » et de la transmission de la lettre, bien avant « l'écroulement de Kout-Houmi » (1), comme beaucoup de mes amis le savent : 1° La figure que j'ai vue peut avoir été une matérialisation spontanée d'un caractère anormal, bien qu'elle n'ait été accompagnée d'aucune sensation de fatigue de ma part: je ne vois pas de raison pour que cette apparition n'ait pas été « l'intelligence » ou « l'esprit » de quelqu'un se prenant pour « Kout-Houmi » (nous savons que la vanité n'a pas quitté complètement ceux qui ont atteint la vie supérieure, comme le prouvent la quantité des communications qui sont supposées venir de Shakespeare et autres célébrités!); 2° la lettre peut, suivant toute raison, avoir été portée dans l'Inde par l'agent spirituel, sans l'intervention de l'aide « astral » de l'adepte himalayen, puisque trente ou quarante lettres, au moins, ont été transportées semblablement d'Angleterre aux Indes, et *vice versa*, durant mon séjour dans ce dernier pays . . . .

» ..... Voilà pour la première fois le détail des faits exacts, tels qu'ils se sont passés. On m'excusera cependant, à cause de ma mauvaise santé, si je décline d'entrer en controverse à ce sujet, après le long espace de temps qui s'est écoulé depuis les incidents ci-dessus.

» A vous sincèrement.

» W. EGLINTON. »

6, Nottingham place. W.

Sans attacher plus d'importance qu'il ne faut aux dires d'un *médium*, qui n'est en somme qu'un cas pathologique bon à étudier, il y a des conclusions à tirer de cette lettre, écrite, semble-t-il, avec une

---

(1) Titre de chapitre, beaucoup employé par la presse, après la pauvre enquête du pauvre M. Hodgson. — (*Note du Traducteur.*)

parfaite bonne foi puisqu'elle retourne naïvement contre son auteur.

A ceux qui croient à la toute-puissance des esprits, et seraient enclins à applaudir des deux mains à la déclaration de M. Eglinton, nous ferons remarquer que, de l'aveu même de celui-ci, l'apparition était « une matérialisation *spontanée*, d'un caractère *anormal* », sans qu'il y eût sensation de fatigue du côté du *médium* ». Les circonstances du phénomène en question ne se retrouvent pas dans les séances spirites, ainsi que le verront tous ceux qui ont étudié de sang-froid, et méthodiquement les concrétions phantasmales de la circulation biogénique. Pour M. Eglinton, il n'y avait pas à s'y tromper, c'était bien un « adepte », et l'adepte Kout-Houmi en personne; cela sortait tellement des manifestations ordinaires qui font partie de son existence de *médium*, qu'il le déclare tout d'abord, en termes enthousiastes, et garde son appréciation première jusqu'au mois de janvier 1886; époque à laquelle il est obligé de changer publiquement d'avis, afin (croyons-nous, c'est la seule explication possible) de n'avoir rien de commun avec cette madame Blavatsky, que la Société des recherches psychiques vient de déclarer le plus grand imposteur des temps modernes; car

M. Eglinton veut s'attirer les bonnes grâces de ladite Société, lui qui cherche depuis si longtemps à se faire examiner par elle, afin de pouvoir exhiber son brevet de *médium* bien en règle. Pourtant lorsqu'on a eu l'honneur de recevoir la visite du grand *Old man* et des membres de la famille royale, on devrait être satisfait, certains noms valant en Angleterre plus que toutes les réclames scientifiques. Sur quoi s'appuie aujourd'hui le médium pour rejeter l'apparition adeptale ? Il le dit : il ne voit pas de raison pour que l'apparition n'ait pas été celle d'un esprit se prenant pour Kout-Houmi. On peut lui répondre, avec cette même logique errée, qu'il n'y a pas de raison pour que ce n'ait pas été Kout-Houmi lui-même. Mais avec un peu plus de logique, il ressort de tous ces faits, corroborés à nouveau par Eglinton, qu'un adepte du nom de Kout-Houmi, aurait produit un enchaînement de phénomènes, concertés à l'avance, aux dates prédites à plusieurs personnes, et sur une immense étendue de terre et de mer. D'ailleurs l'esprit *contrôleur* (1) de M. Eglinton, le fameux Joe (celui qui est représenté, si nous ne nous trompons pas, dans la célèbre gravure de M. Tissot, intitulée :

(1) Terme anglais qui dans la terminologie spirite française peut se traduire par esprit-guide, esprit protecteur.

Apparition mediumnimique) a affirmé plusieurs fois la réalité de l'existence de l'adepte Kout-Houmi. Est-ce que Joe lui-même serait arrivé à des conclusions plus « mûries » ? Pourtant, il devait voir clair dans tout cela. Enfin, sa cause ne lui paraissant pas très bonne, M. Eglinton, avertit qu'il « décline d'entrer en controverse à ce sujet ».

Quant aux lecteurs qui ne connaissent expérimentalement aucun phénomène médianimique, et ne pourraient trouver d'autre explication à l'incident du *Véga*, que celle de la fraude, la lettre d'Eglinton leur donnera à réfléchir. Nous ferons remarquer ici que le rapport de la Société psychique de Londres, bien qu'il trouve des explications plus ou moins vraisemblables pour quelques phénomènes sans importance, n'a trouvé dans ce cas particulier que des suppositions en désaccord avec les faits et laisse le phénomène dans son mystère impénétré et transcendant.

Nous avons dit que ces phénomènes, se sont continués depuis la publication du Monde Occulte; cela devait être ; d'ailleurs ils se continueront même après la mort de madame Blavatsky, même après celle de la Société théosophique, car les manifestations anormales ont toujours existé et existeront tant qu'il y aura des savants incrédules, ou plutôt trop crédules en faveur de leurs théories, pour rejeter sur le compte du surnaturel des choses parfaitement naturelles et entretenir ainsi la superstition dans les masses ignorantes.

Au printemps de l'année 1884 madame Blavatsky, M. le colonel Olcott et deux jeunes chélas indiens débarquaient à Marseille. Nous les retrouvons à Paris, d'où ils se rendent à Londres, pour propager la bonne nouvelle. Comme ils sont toujours en relations avec les Mahatmas, ces fameuses entrevues ne devaient pas tarder à être connues et à faire quelque bruit. En effet, dès la première réunion tenue à la Loge théosophique (Finch's rooms, Lincoln's inn; Londres), pour recevoir nos voyageurs, si nous ne nous trompons pas, le Mahatma M. se manifesta pendant le discours du colonel Olcott. C'était le 7 avril, madame Blavatsky appela soudainement M. Mohini (chéla indien, de Calcutta, qui l'accompagnait dans ce voyage), comme si elle voyait quelqu'un, et ils sortirent tous les deux dans le couloir. M. Mohini, qui est un homme sérieux et un savant philosophe, salua avec un profond respect un personnage invisible pour les autres assistants. On ne sut ce dont il s'agissait que lorsque le colonel Olcott eut terminé son discours et eut déclaré avoir vu lui aussi le Mahatma. Madame Gebhard d'Elberfeld, bien connue des théosophes anglais et allemands, qui se trouvait à cette réunion, vit également le Mahatma. Elle s'exprime ainsi à ce sujet, dans la déclaration qu'elle fit à la Société des recherches psychiques.

> « Le 7 avril dernier, me trouvant à une réunion de la Société théosophique, aux *M. Finch's rooms, Lincoln's inn*, j'eus une vision dans laquelle je vis le Mahatma M., au moment où j'écoutais attentivement le discours d'ouverture du colonel Olcott. Je vis, debout, à ma droite, un peu en avant, un homme très grand, d'aspect majestueux, que je reconnus immédiatement pour le Mahatma dont j'avais vu un portrait entre les mains de M. Sinnett. Il n'était pas vêtu de blanc, mais il me semble que le vêtement qui l'entourait était noir avec des bandes colorées. La vision ne dura que quelques secondes. Les seules personnes qui virent le Mahatma, à ma connaissance du moins, sont, en dehors de moi, le colonel Olcott, M. Mohini, et naturellement Mme Blavatsky.
> » Mary GEBHARD. »

Quelque temps après, nos apôtres de la théosophie reviennent à Paris, laissant le colonel Olcott en Angleterre où il fonde de nouvelles branches jusqu'en Écosse. Plus tard, M. Mohini devait avancer en Irlande, et établir un oasis théosophique sur cette pauvre contrée, abrutie par un catholicisme abject et une aristocratie protestante tyrannique. Nous n'énumérerons pas tous les phénomènes produits à Paris, la ville classique du scepticisme. Nous ne parlerons que de ceux qui ont été publiés. Nous ne pouvons mieux faire que de citer ici le rapport écrit par M. Keightley, bachelier ès arts de l'Université de Cambridge, pour la Société des recherches psychiques. Il est inutile de dire qu'il a perdu son temps en voulant convaincre des gens, peut-être très forts dans les concordances bibliques, mais à qui il manque les facultés psychiques élémentaires pour s'occuper de psychisme.

« ... Le 14 mai, madame Blavatsky et M. Judge se trouvant à Enghien où ils s'étaient rendus le jour précédent, j'étais assis dans le salon (de l'appartement situé rue Notre-Dame-des-Champs, 46), causant avec M. Oakley et M. Mohini ; il était sur les 10 heures et demie du matin. Nous avions décidé de ne pas aller à Enghien et nous avions laissé ce sujet, quand je ressentis une soudaine impulsion qui me disait d'y aller. M. Mohini éprouvant le même sentiment, nous changeâmes notre plan, après un moment d'hésitation. J'allai donc à notre chambre pour faire mes préparatifs, et j'étais occupé à ma toilette quand je crus entendre M. Oakley m'appeler. Je sortis un peu sur le couloir, près de la porte ouverte, demandant ce qu'il voulait. Voyant qu'il ne m'avait pas appelé, je rentrai dans la chambre, où M. Mohini, me suivit, venant du salon, à un yard ou deux de distance. J'étais au milieu de la chambre quand je l'entendis m'appeler par la porte, et en me retournant, je le vis debout sur le seuil. Je dois dire ici, qu'ayant besoin d'un objet que je croyais sur la table, j'avais tout fouillé et dégagé son extrémité près de la porte pour y poser ma bague et mes lunettes.

« » Lorsque je me retournai alors, une enveloppe chinoise frappa mes yeux ; elle gisait sur la partie de la table que j'avais dégagée près de la porte, comme si on l'y eût placée avec soin. Je reconnus de suite que cette enveloppe était comme celles dont se sert le Mahatma K. H. ; l'écriture de l'adresse ressemblait également à la sienne. Lorsque j'eus appelé mon ami, M. Oakley, M. Mohini, ouvrit l'enveloppe, qui contenait une longue lettre de son maître K. H. (trois pages). Celui-ci, en concluant, lui ordonnait de nous mener, M. Oakley et moi, à Enghien, passer quelques heures, montrant ainsi qu'il était au courant de la question précédemment en discussion, et du fait, connu seulement de trois ou quatre personnes à Londres et à Paris, que mon ami, M. Oakley, était alors à Paris et actuellement dans la maison. M. Oakley était descendu chez des amis, à vingt minutes de là, pendant son séjour à Paris. »

C'est à peu près à la même époque, croyons-nous, qu'eut lieu le phénomène suivant. Madame Blavatsky se trouvait avec plusieurs personnes, dans le salon de la rue Notre-Dame-des-Champs, lorsque le facteur apporta une lettre de Russie, venant d'un des parents de cette dame. La sœur de madame Blavatsky, qui se trouvait présente, lui dit, d'un ton d'incrédulité, qu'elle devrait bien deviner ce qui était dans la lettre, puisqu'elle prétendait avoir des facultés occultes. Madame Blavatsky prit alors la lettre cachetée, la plaça sur son front, et la lut ainsi à travers l'enveloppe. Nous n'avons sous la main ni les dates, ni les détails, ni les noms des témoins de ce phénomène, qui n'a d'ailleurs de valeur qu'autant que l'on admet certaines considérations de M. Sinnett sur le degré de certitude des témoignages. Celui qui voudra en savoir plus long devra chercher le compte rendu exact de cette expérience dans la collection de 1885 de l'*Anti-Matérialiste* [1].

Un ou deux mois plus tard, nous avons un autre phénomène, à Londres, chez une personne bien connue des théosophes, où logeait madame Blavatsky. Voici en quels termes s'exprime ce nouveau témoin :

« Un matin de juillet 1884, madame Blavatsky m'appela dans sa chambre; elle était encore au lit. Elle me pria d'ouvrir un tiroir et de lui donner une lettre qui s'y trouvait, cachetée avec une adresse sur l'enveloppe. Ce que je fis. Elle me fit remarquer que l'adresse était l'écriture d'une personne que je connaissais, que l'enveloppe était close et n'avait pas été ouverte. Elle prit alors une allumette, l'enflamma, et se mit à brûler la lettre. Je protestai contre cet acte, mais elle me répondit : « Ce sont les ordres du Maître »; puis elle ajouta : « Vous feriez mieux d'aller dans votre chambre et de méditer. » Je montai dans ma chambre dont je fermai la porte. Je restai là quelque temps, réfléchissant sur toute l'affaire. La fenêtre de la chambre, située au haut de la maison, était ouverte et donnait sur le jardin. Devant la fenêtre se trouvait une table à toilette recouverte d'une étoffe rose. Aucun miroir sur la table; il n'y avait qu'un ou deux petits articles de toilette, et le soleil brillait de tout son éclat. J'allai à la fenêtre, sans raison définie, et en ap-

---

1. L'*Anti-Matérialiste*, journal publié par M. R. Caillié à Avignon-Monclars (Vaucluse).

prochant de la table, j'aperçus sur la couverture rose une grande enveloppe blanche. Je la pris, l'examinai ; elle était fermée et contenait évidemment une lettre, mais elle n'avait aucune suscription ; je la gardai dans ma main quelque temps et la regardai de nouveau. A ma grande suprise, je vis, que là où il n'y avait qu'un espace blanc quelques instants auparavant, on apercevait maintenant distinctement un nom et une adresse écrits en encre pourpre, dans une écriture que je savais être celle d'un des Mahatmas. Le nom et l'adresse étaient ceux de celui qui avait écrit la lettre que j'avais vu brûler ».

Étant chez cette même personne, madame Blavatsky reçut la lettre suivante du docteur Hübbe Schleiden, savant et publiciste allemand, auteur de *Ethiopien*, et actuellement éditeur de la revue mensuelle, le *Sphinx*, de Berlin :

« Elberfeld, août 1884.
» Chère Madame,
» Vous me demandez de vous raconter les circonstances détaillées dans lesquelles j'ai reçu ma première communication du Mahatma K. M. C'est avec le plus grand plaisir que je le fais.
» Dans la matinée du premier de ce mois, le colonel Olcott et moi voyagions dans un train express d'Elberfeld à Dresde. Quelques jours auparavant j'avais écrit aux Mahatmas une lettre que le colonel Olcott vous envoya et qui, cependant, comme je l'apprends aujourd'hui, ne vous parvint pas, mais fut prise par les maîtres entre les mains des employés de la poste. Le jour que je vous indique, je ne pensais pas à cette lettre ; je relatais au colonel Olcott quelques événements de ma vie, lui exprimant le fait que depuis ma sixième ou septième année je n'avais jamais connu de paix, ni de joie, et lui demandant son opinion sur la signification de

quelques dures circonstances par lesquelles j'ai passé. Cette conversation fut interrompue par l'arrivée du gardien qui demandait nos billets. Lorsque je me portai en avant, me levant à moitié, pour passer les billets, le colonel Olcott remarqua quelque chose de blanc, derrière mon dos, du côté opposé à celui où il était assis. Je ramassai l'objet; c'était une enveloppe thibétaine, dans laquelle je trouvai une lettre du Mahatma K. M., écrite au crayon bleu, de son écriture bien connue et impossible à confondre avec une autre. Comme il se trouvait dans le compartiment plusieurs autres personnes inconnues de nous, je suppose que le Maître choisit cet endroit près de moi pour déposer la lettre, afin de ne pas attirer la curiosité et l'attention malveillante des étrangers. L'enveloppe m'était clairement adressée et la communication contenue dans la lettre était une réflexion consolante sur l'opinion que j'avais émise, cinq ou dix minutes auparavant, au sujet des terribles événements de ma vie passée. Le Mahatma expliquait que ces événements et la souffrance mentale qui les accompagne étaient en dehors du cours ordinaire de la vie, mais que les misères de toutes sortes sont le lot de celui qui lutte pour un développement spirituel plus élevé. Il constatait avec bonté que j'avais déjà accompli quelque travail philanthropique pour le bien de mes semblables. Il répondait aussi, dans cette lettre, à quelques questions que j'avais posées dans ma première, et me promettait que je recevrais assistance et conseil lorsque j'en aurais besoin.

J'ose dire qu'il est inutile que je vous prie de faire part au Mahatma de ma reconnaissance dévouée envers lui pour la grande bonté qu'il m'a témoignée, car le Maître connaît mes sentiments sans que j'aie besoin de les formuler en mots plus ou moins insuffisants.

Je suis, madame, votre respectueux serviteur,

Hübbe Schleiden.

Elberfeld ; Platzhoffstrasse, 12.

Le professeur Myers, de Cambridge, ayant désiré

des éclaircissements au sujet de ce phénomène, voici la lettre que lui répondit M. Hübbe Schleiden :

Elberfeld, 9, 11, 84.

Cher Monsieur,

En réponse à votre question au sujet de la lettre du Mahatma K. H., que je reçus dans le compartiment d'un train express en marche, je vous dirai qu'il me paraît absolument impossible que la lettre ait pu être portée dans le train par un agent supposé de madame Blavatsky. Il est vrai que nous n'avons pas changé de voiture depuis Elberfeld, mais la lettre ne tomba pas du tout d'en l'air ; elle fut trouvée entre mon dos et le coussin du siège contre lequel je reposais. Il n'y avait possibilité d'arriver là par aucun des trois ou quatre états de la matière connus de notre science occidentale. De plus, madame Blavatsky ne peut avoir rien à faire avec cette lettre, qui était la réponse à des questions écrites le mardi, 29 juillet, et qui partit d'Elberfeld, ce jour où le suivant, pour Londres, adressée à madame Blavatsky. Ces questions n'auraient pas pu être délivrées à Londres avant le jeudi ou le vendredi de la même semaine et la réponse, par la voie postale ordinaire, n'aurait pu arriver à Elberfeld avant le samedi ou le dimanche. La réponse du Mahatma me vint, cependant, le vendredi matin, premier août. Je mentionnerai ici que madame Blavatsky assure qu'elle n'a pas trouvé mes questions dans la lettre que nous lui avions envoyée ; elles ont dû être retirées pendant qu'elles étaient entre les mains de la poste. Je crois, néanmoins que la meilleure preuve que je possède de l'authenticité du phénomène est le contenu même de la lettre, car non-seulement il répondait auxdites questions, mais il se rapportait encore à la conversation que je tenais, en ce moment même, avec le colonel Olcott. Je ne puis douter, par conséquent, que cette écriture du Mahatma, ait été précipitée par lui, à cet instant, et m'ait été transmise à l'aide d'un procédé magique en dehors du pouvoir ordinaire de l'homme.

Je suis, cher monsieur, votre tout dévoué,

Hübbe Schleiden.

Le rapport de la Société des recherches psychiques avoue, que dans ce cas, il est incapable de trouver une explication au phénomène, à l'aide de la supercherie ordinaire; mais il insinue que madame Blavatsky possède partout des séides dévoués qui peuvent très bien se trouver dans les compartiments de chemin de fer. Nous dirons, pour ceux qui soupçonneraient le colonel Olcott, que la Société de recherches psychiques l'a acquitté, à l'unanimité (1), ne voyant, en lui, en présence de son innocence évidente dans tous les phénomènes produits, qu'un *naïf* à qui l'on en fait croire de raides.

Quelques mois auparavant, une semblable lettre était tombée dans un compartiment occupé par le colonel Olcott et M. Mohini, sur un train express, entre Paris et Londres. Est-ce que madame Blavatsky aurait aussi des agents en France ?

Nous avons déjà vu que madame Gebhard, d'Elberfeld, lors d'un séjour à Londres, avait eu la vision du Mahatma M., en même temps que d'autres

1 : Proceedings of the S. F. P. R ; décembre 1885 ; (page 205, etc.).

personnes. Il paraîtrait que M. Damodar, le jeune *chéla* qui habite Adyar, près de Madras, et dont M. Sinnett a parlé plus haut, aurait également la faculté de *projeter son double*, et se serait manifesté à Londres lors du voyage de nos occultistes. Nous appelons *toute l'attention* du lecteur sur les détails qui suivent :

Le 16 août, M. Myers, de Cambridge, intéressé dans ces études, recevait la lettre suivante d'un jeune parsi, M. Padshah, résidant alors à Londres, (77 Elgin crescent, Notting Hill. W) ; où se trouvait madame Blavatsky :

16 août 1881.

CHER MONSIEUR MYERS,

Madame Blavatsky vient de me dire qu'elle a vu Damodar très distinctement, hier soir ; il se tenait debout dans un coin, faisant face à la chaise où elle était assise, au salon. Dans la chambre se trouvaient M. et madame Oakley, M. Gebhard et d'autres personnes, qui ne semblent pas avoir connu ou senti sa présence. Madame B. me dit qu'il était venu lui demander ce qu'elle lui avait dit, la nuit d'auparavant, au sujet d'une malle. Elle lui aurait dit, la veille, de prendre soin, à l'octroi, d'une malle emportée par Baboula qui est parti aujourd'hui pour l'Inde. Cependant Damodar, incapable de se rendre plus distinct, comme le désirait madame B., semble ne l'avoir pas comprise. Aussi apparut-il de nouveau, ce matin, plus d'une fois, demandant : « Pourquoi ne répondez-vous pas au sujet de la malle ? » Madame me dit qu'elle a rapporté l'apparition, la nuit d'avant, à madame X., à madame X. et à mademoiselle X. On n'y aurait plus pensé ; mais cette après-midi consultant madame au sujet de quelques articles qui devaient paraître dans le *Theosophist*, elle me parla naturellement de Damodar, enthousiasmée des dernières phases de son développement. Il me vint à l'idée que c'était une splendide occasion pour la Société des recherches psychiques. Je suggérai l'idée d'envoyer, sur le champ, une dépêche à Damodar, et à vous une lettre, signée par M. Keightley, M. Gebhard (qui étaient arrivés depuis quelque temps) et moi. M. Keightley soumit quelques difficultés quant à la valeur de notre parole pour la Société des recherches psychiques. Je préfère penser autrement. En conséquence, le télégramme est décidé. Il est conçu en ces termes :

A Damodar, bureaux du *Theosophist*, Madras.

« Télégraphiez immédiatement (ce) que vous m'(avez) dit hier soir.

» BLAVATSKY. »

J'ai pensé que le télégramme devait être envoyé par madame Blavatsky, afin d'éviter les difficultés que Damodar pourrait faire, s'il s'agissait de répondre à d'autres — par exemple, à la Société des recherches psychiques.

Madame va aujourd'hui à Elberfeld : j'ouvrirai la réponse aussitôt que Damodar la télégraphiera et vous en enverrai la copie.

J'espère que Damodar ne fera plus de difficultés, et l'expérience sera, je pense, sinon complète, du moins d'une valeur scientifique considérable.

Je suis, cher monsieur Myers, votre tout dévoué,

B. J. PADSHAH.

Ce qu'il y a de curieux c'est que la réponse de Madras ne fut point celle que l'on attendait. Voici le télégramme de Damodar : « *(le) maître vous demande ici ce soir (ne) manquez pas (de) regarder dans votre poche.* » Mais continuons, car tout ceci peut suggérer bien des idées sur ces transports à distance de l'être humain avec ses facultés, et montre que madame Blavatsky, comme l'a déjà dit M. Sinnett, ne se tracasse guère pour présenter un phénomène sous une forme réellement scientifique aux yeux de ceux pour qui tout n'est que matière à expériences, avec poids et mesures, dans les moindres faits de leur existence ou de celle des autres, ne pouvant faire un pas sans tirer un mètre de leur poche afin de s'assurer qu'ils ont bien fait un pas.

Le 30 août donc, M. Myers se rendit à Elberfeld et demanda à M. Keightley, qui s'y trouvait avec plusieurs autres personnes intéressées au mouvement théosophique, s'il avait reçu le télégramme de M. Damodar, et quel était son avis à ce sujet. Celui-ci ne put que lui dire, qu'ils étaient tous partis de Londres le 16 août (jour de l'envoi du télégramme) et qu'ils étaient arrivés à Elberfeld le 17; qu'en arrivant ils avaient trouvé un télégramme de M. Pâdshâh reproduisant celui de M. Damodar, et qu'ils en avaient été surpris et désapointés. Madame Blavatsky dit alors, que, par le fait, elle avait bien reçu un message semblable et qu'elle avait bien trouvé une lettre dans sa poche; mais elle reconnut parfaitement l'insuffisance de la preuve. Il lui vint à l'idée de consulter les notes intimes de son carnet. Il se trouvait dans une boîte à dépêches dont M. Keightley, avait la charge depuis le temps où elle avait été empaquetée et fermée à clef, un peu après l'envoi du télégramme à Damodar et un peu avant de prendre le train et le paquebot pour Flessingne, le 16 août. Elle pria immédiatement M. Keightley, d'aller chercher la boîte à dépêches. Dans le carnet, tout le monde vit la note suivante en russe, les lettres italiques étant en anglais :

« J'ai vu Damodar, ce 15 août. Tout en regardant, j'ai appelé, essayant de trouver quelqu'un près de moi pour attirer son attention vers lui. J'étais assise sous le miroir, et ai essayé de me faire entendre de madame Z., qui était près de madame Oakley. En le voyant, je lui ai dit : *Damodar, ne pouvez-vous pas vous rendre visible pour tous?* Au lieu de répondre, il m'a dit quelque chose de très étrange, qu'il m'avait vue la veille au soir et ne pouvait comprendre ce que je lui demandai. Il dit : *Vous vintes à moi sur les deux heures. Je n'ai pu comprendre ce que vous me demandiez. Est-ce pour une malle envoyée ici ?* Quelques minutes plus tard, il apparut de nouveau et dit : « *Le Maître vous demande ici ce soir. Ne manquez pas. Regardez dans votre poche.* »

Ce n'est pas tout ; le 10 septembre suivant, madame Blavatsky reçut une lettre de Damodar *en présence de M. Keightley* qui remarqua qu'elle avait été *recommandée*. D'après lui la lettre aurait été d'abord à Londres d'où la poste l'aurait dirigée sur Elberfeld. Tous ceux qui ont lu la lettre ont reconnu l'écriture de M. Damodar. M. Keightley avait perdu l'enveloppe au coin de laquelle, d'après lui, était écrit le mot *Damodar*; la Société des recherches psychiques, poussa ses recherches dans la voie postale, et s'assura, comme elle l'avoue, qu'une lettre recommandée répondant à la description faite, était parvenue à Londres, le 7 septembre; qu'elle partit du bureau de Bombay le 19 août, et qu'en conséquence, elle avait dû être envoyée de Madras *le 16 ou le 17 août.*

Voici la fameuse lettre :

Adyar, Madras, 16 août 1884.

UPASIKA VÉNÉRÉE,

Je n'ai pas pu comprendre ce que vous vouliez ici lorsque vous vîntes le matin du 15 à deux ou trois heures (heure de Madras). Aussi, le soir, ai-je essayé de venir vous le demander. C'était entre dix et onze heures du soir, ici ; ainsi, il devait être entre cinq et six heures du soir à Londres. Quel était le monsieur assis près de vous sous un gros miroir, et cette vieille dame un peu courte? Je crois qu'il y avait d'autres personnes dans la chambre à ce moment; mais je ne pus voir combien et qui elles étaient. Si j'avais su qu'à cette heure vous dussiez vous trouver au milieu de tant de gens, je n'aurais pas essayé de venir. J'aurais pu vous voir plus tard, seule. Et pourquoi m'avez-vous demandé de me rendre visible à tous? Vous savez que je ne suis encore qu'un commençant, en ces choses. Si j'ai essayé, ce n'est que parce que vous me l'avez demandé. Je ne sais si j'ai réussi ou non. Et dans toute cette affaire, le but principal pour lequel je suis venu a été manqué. Je voulais savoir exactement pourquoi vous étiez venue. J'ai entendu quelque chose au sujet d'une malle ; mais me demandiez-vous de prendre soin de quelque chose que vous aviez envoyé ou me demandiez-vous de vous envoyer quelque chose, Je ne me rappelle pas bien. Quoi qu'il en soit, je vous ai envoyé un colis et je crois que c'est ce que vous voulez. Avez-vous trouvé dans votre poche cette lettre thibétaine du Maître vous disant de venir ici, pour laquelle il m'a envoyé vers vous de nouveau ? J'espère que ni vous, ni les amis qui sont là-bas ne parlerez de ceci à qui que ce soit, et que vous ne l'ébruiterez pas à « la Société des Recherches psychiques » et autres lieux semblables (1). Je suis sûr que M. Ewen et les autres l'auraient fait, si je ne vous avais priée, en particulier, d'empêcher la publication du fait que M. Ewen m'a aperçu, lorsque je suis venu vous voir ainsi que le colonel Olcott et ait commis une maladresse. J'espère n'avoir pas fait erreur en vous envoyant le colis.

« Toujours à vous respectueusement et sincèrement,

» DAMODAR K. MAVALANKAR. »

Maintenant nous avons le témoignage de M. Rudolf Gebhard ; ce témoignage est très important parce que M. Gebhard est depuis son enfance un amateur en prestidigitation dont il a pris des leçons avec les premiers prestidigitateurs d'Angleterre et d'Allemagne. Il dit qu'il connaît tous les trucs pour imiter les phénomènes spirites et autres de même genre. Nous laissons la parole à M. Gebhard :

« *A M. R. Hodgson, Adyar.*

» Un soir de septembre 1884, à neuf heures, des théoso-

---

(1) Nous ne tenons pas compte de la recommandation de M. Damodar, puisque le fait est déjà répandu ; la même remarque s'applique à la traduction du *Monde occulte*. — (*Note du traducteur*).

phes et des personnes étrangères à la théosophie, étaient réunies dans le salon, chez mon père (Platzhoff'strasse, 12 ; Elberfeld, Allemagne). Madame Blavatsky qui faisait partie de la compagnie était assise sur une chaise de repos au milieu de la chambre, et le reste des visiteurs était en demi cercle autour d'elle.

» Tandis que la conversation marchait, madame Blavatsky regarda soudainement quelque part et, prenant l'attitude de quelqu'un qui écoute, dit qu'il se passait quelque chose dans la chambre mais qu'elle ne savait pas exactement ce que c'était.

» Madame H., une américaine qui est clairvoyante, dit qu'elle sentait une influence depuis quelque temps déjà. Puis madame Blavatsky et madame H. virent un rayon de lumière se dirigeant vers un grand tableau à l'huile suspendu au-dessus du piano, dans la même chambre.

» Ma mère, assise le dos tourné au piano et faisant face à une glace, dit qu'elle avait vu dans le miroir comme une petite explosion de lumière. Au bout d'une minute à peu près, madame Blavatsky demanda aux personnes présentes ce qu'elles désireraient voir se produire, comme elle était sûre maintenant que le « Maître » voudrait bien faire quelque chose pour nous ce soir.

» On fit différentes demandes, mais, finalement, tout le monde fut d'accord sur ce point, à l'unanimité : « *Demander qu'une lettre soit adressée à mon père, traitant un sujet qu'il désirera mentalement* » (J'attire votre attention sur trois particularités : personne ne savait d'avance, que la compagnie entière choisirait une lettre ; deuxièmement, que mon père serait le destinataire ; troisièmement, ce à quoi mon père pourrait penser. Madame Blavatsky n'eut aucune influence sur le choix, puisqu'elle n'avança aucune suggestion.) Madame dit alors qu'elle voyait se passer quelque chose du côté du tableau dont j'ai parlé et que, probablement, nous trouverions quelque chose en cet endroit. En conséquence je me levai et allai examiner le tableau, mais je ne pus rien trouver. Comme il était suspendu au mur dans une position oblique, la partie supérieure en avant, je le soulevai du mur l'examinant soigneusement pouce par pouce. Pas de lettre ! L'espace compris alors entre le mur et le dos du tableau avait huit pouces largement, et était parfaitement éclairé par deux becs de gaz plantés de chaque côté. Je laissai le tableau retomber en disant que je n'avais rien pu trouver, mais madame Blavatsky me dit d'essayer à nouveau et je recommençai mon examen de la même façon. Non content de cela, je montai sur le piano (à queue), je regardai derechef derrière le tableau et, deux fois, passai ma main le long de sa partie supérieure. Rien ! (J'avais cherché, pendant tout ce temps, une lettre, et non un autre article, de sorte qu'une feuille de papier n'eût pu échapper à mon attention). Je me retournais vers madame Blavatsky en disant que je pouvais rien trouver, lorsqu'elle s'écria : « La voilà ! » Je tournai la tête rapidement et vis *une lettre* tomber de derrière le tableau, sur le piano. Je la ramassai. Elle était à l'adresse de *mon père* (« Herrn consul Gebhard »), et traitait du sujet auquel *il avait pensé*.

» Maintenant, je désire attirer votre attention sur quelques points importants.

» 1º Il n'y avait aucun réceptacle secret soit sur le cadre, soit au dos du tableau. 2º La lettre mesurait 5 pouces sur 2 et demi, et n'était pas pliée sous un plus petit volume. 3º Je fus le seul qui approchai du tableau ; tous les autres restèrent sur leurs sièges, excepté un monsieur qui se leva, mais à qui je ne permis pas de toucher le tableau. Madame Blavatsky resta tout le temps sur sa chaise, à une distance de 4 à 5 yards. 4º Entre le temps où je cessai de toucher le tableau et le moment où la lettre se fit apparente, il s'écoula 15 à 20 secondes. Lorsque madame Blavatsky eut dit : « La voilà ! » je me retournai. La lettre n'avait pa apparu jusqu'alors, mais elle se manifesta à la vue, environ une seconde après. Comment madame Blavatsky eût-elle pu l'avoir vue ? La lettre se trouva sur le piano à *cinq pouces du mur* ! La partie inférieure du cadre touche le mur, car, comme je l'ai dit déjà, la partie supérieure penche en avant. Maintenant il peut y avoir assez d'espace pour qu'une lettre, appliquée contre le mur, glisse à travers; mais alors, la lettre continuant sa marche *doit* tomber derrière le piano (c'est-à-dire entre le mur et le piano et de là sur le plancher), car le piano ne touche pas le mur. Comment peut-elle se trouver à cinq pouces du mur ? 6°. Le sujet que mon père avait dans l'esprit m'était connu, parce que je savais qu'il avait reçu, ce matin même, une lettre de mon frère à New-York sur des affaires personnelles, et que quand la compagnie eut décidé de demander une lettre, je murmurai à l'oreille de mon père : « Demande une réponse à cette lettre, ce matin » et qu'il me dit oui.

» Je considère ce phénomène comme absolument complet, et je défie n'importe quel prestidigitateur d'aujourd'hui de le répéter ; je consens à payer 2,500 francs à celui qui me le montrera, dans les mêmes conditions. Peut-être M. Maskelyne (Egyptian Hall, Piccadilly, Londres), qui a déjà tant fait, pour découvrir les fraudes (?) des médiums, voudra-t-il relever ce défi (1).

» Si vous avez besoin de plus amples détails, je suis entièrement à votre service.

» Je suis, cher monsieur, votre obéissant serviteur.

RUD. GEBHARD.

Nous continuons toujours notre promenade à travers ce monde féerique, par ordre de dates. Cette fois nous partons de Paris avec un littérateur distingué, M. Vsevolod Solovioff, page d'honneur du Czar et fils du tuteur du Czar précédent. Ici nous n'avons plus besoin de traduire, le récit étant en français :

(1) Aucun prestidig.tateur n'a encore relevé le défi, depuis deux ans qu'il est lancé. — (*Note du Traducteur.*)

« Paris, 1er octobre 1884.

» Ayant reçu une lettre de ma compatriote, madame Hélène Blavatsky, dans laquelle elle m'informait du mauvais état de sa santé et me priait de venir la voir à Elberfed, je me suis décidé à faire ce voyage. Mais puisque l'état de ma propre santé me forçait à certains ménagements, j'ai préféré m'arrêter à Bruxelles, que je n'ai jamais vu, pour me reposer, la chaleur étant accablante.

» Je suis parti de Paris, le 24 août. Le lendemain matin, au Grand Hôtel de Bruxelles où je m'étais arrêté, j'ai rencontré mademoiselle A. (fille de feu ambassadeur russe à..... et demoiselle d'honneur de l'Impératrice de Russie). En apprenant que je me rendais à Elberfeld pour voir madame Blavasky, qu'elle connaît et estime beaucoup, elle s'est décidée à m'accompagner. Nous avons passé la journée ensemble, comptant partir le lendemain par le train de neuf heures du matin.

» A huit heures, étant déjà complètement prêt à partir, j'entre chez mademoiselle A. et je la trouve dans un grand embarras. Toutes ses clefs, qu'elle a l'habitude de garder toujours sur elle dans un petit sac et qu'elle avait dans ce sac en se couchant, avaient disparu pendant la nuit, quoique la porte de sa chambre fût fermée à clef. Ainsi toutes ses malles étant fermées, impossible d'emballer les effets dont elle venait de se servir. Nous fûmes obligés de remettre notre départ jusqu'au train d'une heure de l'après-midi, et fîmes venir le serrurier pour ouvrir la plus grande malle. Lorsqu'elle fut ouverte toutes les clefs que nous cherchions se trouvèrent au fond de la malle, *ainsi que la clef de cette malle, attachée comme d'habitude avec les autres.* Ayant à nous toute notre matinée, nous voulûmes faire une promenade, mais soudain je me sentis dans un état d'étrange faiblesse, et en proie à un irrésistible besoin de dormir. Je me suis excusé auprès de mademoiselle A. et me suis retiré dans ma chambre, m'empressant de me mettre au lit. Mais je ne pus m'endormir et restais les yeux fermés, lorsque tout à coup, dans l'état de veille, j'ai vu devant mes yeux fermés toute une série de paysages inconnus, qui se sont gravés dans ma mémoire avec leurs moindres détails. Lorsque cette vision fut dissipée, je me sentis remis de ma faiblesse et me rendis auprès de mademoiselle A, à laquelle certainement j'ai raconté ce qui venait de se passer en lui dépeignant les paysages dans tous leurs détails.

« Nous sommes partis par le train d'une heure, et voici qu'après une demi-heure de route mademoiselle A. me dit en regardant par la fenêtre : « Tenez, voici un de vos paysages ! » Je l'ai reconnu à l'instant, et jusqu'au soir j'ai revu, les yeux ouverts, tout ce que le matin j'avais vu les yeux fermés. J'étais content d'avoir raconté ma vision en détail à mademoiselle A., car elle pouvait en attester la réalisation. Il faut dire que la route entre Bruxelles et Elberfeld m'est complètement inconnue, car c'était la première fois de ma vie que je visitais la Belgique et cette partie de l'Allemagne.

» En arrivant à Elberfeld le soir, nous nous sommes arrêtés dans un hôtel et nous nous hâtâmes de nous rendre auprès de madame Blavatsky dans la maison de M. Gebhard. Le même soir, les membres de la Société théosophique qui entourent Madame Blavatsky nous ont montré deux superbes portraits à l'huile des Mahatmas M. et Kout-Houmi. Le portrait de M. surtout produisit sur nous une impression extraordinaire, et ce n'est pas étonnant qu'en revenant à notre hôtel nous en parlions encore et l'avions devant nos yeux. C'est à Mademoiselle A. de raconter ce qu'elle a vu et senti pendant la nuit suivante. Mais voici ce qui m'est arrivé :

« Fatigué par le voyage, je dormais paisiblement lorsque tout d'un coup je fus réveillé par la sensation d'un souffle bien chaud et pénétrant. J'ouvre les yeux et dans la faible clarté qui entrait dans la chambre par les trois fenêtres, je vois devant moi une grande figure d'homme vêtu d'un long vêtement blanc et flottant. En même temps j'ai entendu ou senti une voix, qui me disait, je ne puis préciser en quelle langue, bien que je la compris parfaitement, d'allumer la bougie. Je dois dire qu'au lieu de m'effrayer je restais tout à fait tranquille, seulement je sentais mon cœur battre avec une force redoublée. J'ai allumé la bougie et en l'allumant j'ai vu à ma montre qu'il était deux heures du matin. La vision ne disparaissait pas. C'était un homme bien vivant qui était devant moi. Et j'ai reconnu à l'instant même en lui le bel original du portrait que nous avions vu le soir. Il s'assit près de moi sur une chaise, et commença à me parler. Il parla longtemps, touchant les questions qui m'intéressent, mais la plus grande partie de cet entretien ne peut être rapportée ici, car il s'agissait de choses tout à fait personnelles. Je puis dire, cependant, qu'entre autres il m'a annoncé que pour le voir *dans son corps astral* j'ai dû passer par beaucoup de préparations, et que la dernière leçon me fut donnée le matin même lorsque j'ai vu, les yeux fermés, les paysages que je devais revoir en réalité le même jour. Puis il me dit que je possède une grande force magnétique en voie de développement. Alors je lui demandai ce que je devais faire avec cette force. Mais sans répondre, il disparut.

» J'étais seul, la porte de ma chambre était fermée à clef. J'ai cru à une hallucination et même je me suis dit avec effroi que je commence à perdre la tête. A peine ai-je eu cette idée que j'ai revu à la même place l'homme superbe aux vêtements blancs. Il hochait la tête et en souriant me dit : « Soyez sûr que je ne suis pas une hallucination et que votre raison ne vous quitte pas. Blavatsky vous prouvera demain devant tout le monde que ma visite était réelle. » Puis il disparut. J'ai constaté à ma montre qu'il était près de trois heures. J'ai éteint la bougie et me suis rendormi immédiatement d'un profond sommeil.

» Le matin, en arrivant avec mademoiselle A. près de Madame Blavatsky, la première chose qu'elle nous dit avec son sourire énigmatique : « Eh bien ! comment avez-vous passé la nuit ? —Très bien, lui ai-je répondu », et j'ajoutai : « Vous n'avez rien à me dire ? — Non, fit-elle, je sais seulement que le Maître a été chez vous avec un de ses élèves ! »

» Le soir du même jour M. Olcott a trouvé dans sa poche un petit billet que tous les théosophes ont reconnu pour être l'écriture de M., conçu en ces termes : « Certainement j'étais là, mais qui peut ouvrir les yeux à qui ne veut pas voir ? — M. »

» C'était la réponse à mon incrédulité, puisque toute la journée je tâchais de me persuader que ce n'était qu'une hallucination, ce qui fâchait madame Blavatsky.

» Je dois dire qu'à peine revenu à Paris, où je suis actuellement, mes hallucinations et les faits étranges qui m'entouraient se sont complètement dissipés.

» VSEVOLOD SOLOVIOFF. »

Nous apprenons, à l'instant, que M. Solovioff ne croit plus à l'influence occulte en question. Et son fameux article de la *Nouvelle Revue* ?... Il était donc bien halluciné ?

Nous dirons en terminant, que depuis cette année mémorable, les phénomènes ont naturellement continué à se produire. Nous n'en voulons pour preuve que ce fragment de lettre émanant du colonel Olcott, (récemment, août ou juillet 1886) :

«... le Mahatma Kout-Houmi a continuer à montrer qu'il s'intéressait à la Société théosophique, en produisant deux phénomènes récents. Il inséra deux notes dans des lettres adressées à des tierces personnes, tandis qu'elles passaient par la poste ? Le premier cas est une lettre de M. Ezechiel de Pouna à M. Subba Row ; l'autre, une adressée à moi-même par Toukaram Tatya de Bombay ; *les manuscrits sont identiques à ceux des divers spécimens qui ont tant donné de fil à retordre aux experts de la Société des recherches psychiques.* Leurs deux prétendus faussaires H. P. Blavatsky et Damodar sont absents de l'Inde, la première étant en Allemagne, et le second dans le Thibet. Leur charmante théorie se dégonfle du coup [1] ».

Il me serait facile d'allonger ce livre indéfiniment, en racontant ici bien d'autres phénomènes, ceux, par exemple, que M. C. Wachtmeister (6, Ludvig, Strasse ; Wurtsbourg) a vus lors du séjour de madame Blavatsky dans cette ville, et dont il me parle dans une lettre. Mais il y a une fin à tout. Le catalogue des phénomènes n'est, pour ainsi dire, que la préface de publications d'un caractère plus élevé, parce que plus intellectuel, que nous avons l'intention d'offrir au lecteur français, intelligent, désillusionné des grosses farces religieuses léguées par le moyen-âge.

---

(1) Il faut dire ici que M. Hodgson fit examiner par des experts les lettres des Mahatmas qu'il avait pu trouver, et que ceux-là, en y mettant toute la bonne volonté qu'y peut mettre un expert, les déclarèrent l'œuvre de madame Blavatsky et de M. Damodar. Toute l'attaque de la Société des recherches psychiques repose là-dessus. De son côté, M. Gebhard fit faire un semblable examen par le premier expert du gouvernement, à Berlin, et celui-ci fut de l'avis opposé à celui de ses confrères. La jolie chose que l'expertise ! — (*Note du traducteur*).

Quant aux personnes qui, après avoir lu le *Monde occulte*, croiraient encore que madame Blavatsky a inventé les Mahatmas, quoi qu'elles pensent d'ailleurs des phénomènes, je les prie de lire la déclaration ci-après. Elle est signée de près de soixante-dix noms d'hindous ne faisant aucunement partie de la Société théosophique.

Je fais grâce de cette liste au lecteur.

Cependant, si poussé par le zèle de l'expérimentation méticuleuse et du contrôle sévère, il désirait avoir les noms, il n'a qu'à écrire au colonel Olcott (Adyar, Madras; Indes anglaises) et par retour du courrier il aura la liste qui doit assouvir sa soif scientifique; il ne lui restera plus alors qu'à pousser ses recherches du côté de Négapatam, d'où vient la liste. Mais nous ne lui conseillons pas d'entreprendre ce travail gigantesque, bien que nous ne doutions pas qu'il soit à la hauteur de sa tâche; il fera mieux d'en charger M. Hodgson qui a déjà compté, jusqu'à ce jour, sur les documents à lui confiés, 371 *d* anglais et 3.393 *d* allemands, sans parler des nombreux *q* qu'il a examinés à la loupe, ni des queues longues ou courtes, relevées ou tombantes, fermes ou tremblées des lettres sur lesquelles il a porté son diagnostic de graphologue (1).

(1) Voir ce calcul vertigineux dans « *M. Hodgson's report,* » page 200

Voici la déclaration de Négapatam ; il y en a d'autres, du reste :

« Nous, les soussignés, sommes très surpris de lire le rapport de la Société des recherches psychiques sur la théosophie.

» L'existence des Mahatmas ou Sadhus n'a été inventée ni par madame Blavatsky, ni par qui que ce soit. Nos ancêtres qui ont vécu et sont morts bien avant la naissance de madame Blavatsky et des Coulomb croya... t complètement en l'existence des Mahatmas et en leurs pouvoirs psychiques ; ils avaient même des entrevues personnelles avec eux.

» Il existe dans l'Inde, même de nos jours, des personnes qui n'ont aucune connection avec la Société théosophique et qui, pourtant, ont des entrevues avec des êtres supérieurs.

» Il y a de nombreuses raisons prouvant ces faits bien établis ; mais nous n'avons pas le temps, et il est d'ailleurs inutile d'entrer dans des détails.

» Que monsieur Hodgson et le comité, s'ils sont sincères, fassent de profondes recherches à ce sujet, et ils verront que leurs conclusions sont non seulement trop prématurées, mais entièrement dépourvues de fondement.

» Le rapport de monsieur Hodgson et son endossement par le comité n'affecte pas le moins du monde notre croyance en l'existence des Mahatmas ; il ne fait que trahir leur grossière ignorance de la philosophie occulte et de l'histoire des Indous. »

Nous dirons, en terminant, que M. Sinnett a répondu en détail (1) aux attaques portées par M. Hodgson contre les phénomènes du *Monde oc-*

(1) *The Occult World phenomena and the S. P. P. R.* ; par A. P. Sinnett, chez G. Redway, 15 York street, Covent garden ; Londres.

culte. Nous ne croyons pas utile pour le moment de publier cette réponse, les attaques n'étant pas connues dans leurs détails. Mais ce livre ne serait pas complet si nous ne traduisions la protestation générale de madame Blavatsky, contre le comité dont nous avons donné les conclusions d'ensemble.

PROTESTATION DE Mme BLAVATSKY (1)

« La « Société des recherches psychiques » a publié le rapport fait à l'un de ses comités par M. Hodgson, l'agent envoyé dans l'Inde pour poursuivre des investigations au sujet de certains phénomènes, décrits comme ayant eu lieu au quartier général de la Société théosophique, dans ce pays et ailleurs, et à la production de quelques-uns desquels je suis mêlée directement ou indirectement. Ce rapport m'accuse de conspiration, de concert avec les Coulomb et plusieurs hindous, dans le but d'en imposer à la crédulité de certaines personnes de mon entourage, à l'aide de combinaisons frauduleuses, et déclare authentiques une série de lettres que je suis supposée avoir écrites

---

(1) Traduite de la brochure de M. Sinnett, dont nous parlons dans la note précédente.

à madame Coulomb dans cette prétendue conspiration, lettres que j'ai déjà déclaré moi-même être en grande partie des faux. Il est remarquable que depuis le commencement de l'enquête, il y a quatorze mois, jusqu'à ce jour où mes accusateurs, se faisant juges et partie, me reconnurent coupable, on ne m'ait jamais permis de voir ces lettres incriminatrices.

J'attire sur ce fait l'attention de tout loyal et *honorable* Anglais.

Sans entrer, pour l'instant, dans un examen détaillé des erreurs, des contradictions et du défaut de raisonnement que l'on trouve dans ce rapport, je désire faire connaître, aussi publiquement que possible, que je proteste avec indignation et de toutes mes forces contre les grossières calomnies ainsi répandues sur mon compte par le comité de la Société des recherches psychiques, à l'instigation de l'unique, incompétent, et déloyal enquêteur dont il a accepté les conclusions. Dans tout le présent rapport, il n'est pas une accusation portée contre moi qui puisse soutenir l'épreuve d'une enquête impartiale faite sur lieux, où l'on m'opposerait les explications des témoins. Les accusations de M. Hodgson se sont développées dans son esprit et il les y a cachées à mes amis et collègues, tandis qu'il restait à Madras ; abusant de l'hospitalité qu'il recevait au quartier général de la Société à Adyar, où chacun, sans restriction, l'aidait dans ses recherches et où il prenait l'attitude d'un ami, alors qu'aujourd'hui il représente les personnes avec qui il s'est ainsi associé — comme des menteurs et des imposteurs. Il lance maintenant ces accusations, les appuyant sur le témoignage partiel qu'il a recueilli, et quand le temps est passé où l'on pouvait lui opposer un témoignage adverse et des arguments que ne peut lui fournir sa connaissance insuffisante du sujet dont il a voulu s'occuper. M. Hodgson, s'étant ainsi constitué juge d'instruction et avocat en première instance et s'étant passé de la défense dans l'affaire compliquée qu'il poursuivait, me trouve coupable de tous les méfaits qu'il m'avait attribués en sa qualité de juge et déclare qu'il est prouvé que je suis un archi-imposteur.

Le Comité de la Société des recherches psychiques n'a pas hésité à accepter dans son ensemble le jugement que M. Hodgson a ainsi prononcé et m'a insultée en approuvant les conclusions de son agent, — opinion qui repose entièrement et uniquement sur le rapport de leur mandataire isolé.

Partout où l'on comprend encore les principes de l'honneur, de la loyauté et de la circonspection envers les personnes calomniées, je crois que l'on appréciera la conduite du comité avec un sentiment semblable à la profonde indignation que je ressens. Que d'autres écrivains dénoncent et exposent l'enquête laborieuse mais maladroite de M. Hodgson, sa précision affectée qui dépense une patience infinie sur des bagatelles et s'aveugle devant les faits importants, son argumentation contradictoire et son incapacité multiforme lorsqu'il s'agit de problèmes comme ceux qu'il s'efforce à résoudre, — je n'en ai pas le moindre doute. De nombreux amis qui me connaissent mieux que le comité de la Société des recherches psychiques ne seront pas le moins du monde affectés par les opinions de ce corps, et c'est entre leurs mains que je dois laisser le soin de ma réputation si violemment attaquée. Mais il faut cependant que je réponde, en mon nom personnel, à un passage de ce monstrueux rapport.

Ayant parfaitement conscience de l'évidente absurdité de ses conclusions à mon sujet, tant qu'elles ne reposent sur aucune théorie de motif suffisant pour expliquer le dévouement de toute ma vie à mon œuvre théosophique et le sacrifice de ma position sociale dans mon propre pays, M. Hodgson s'est abaissé jusqu'à soutenir que je suis un agent politique du gouvernement russe, inventant un pseudo-mouvement religieux dans le but de saper le gouvernement britannique aux Indes ! Pour donner couleur à cette hypothèse, il exhibe un vieux fragment de mon écriture, apparemment fourni par madame Coulomb, mais qu'il ignore être *un passage d'une vieille traduction* que je fis pour le *Pioneer*, d'après quelques voyages russes en Asie centrale, et M. Hodgson proclame dans son rapport, cette théorie, que ces messieurs de la Société des recherches psychiques n'ont pas honte de publier. Si l'on considère que je me suis fait naturaliser, il y a bientôt huit ans, citoyenne des États-Unis, ce qui m'a fait perdre tous mes droits à la pension annuelle de 5000 roubles qui me revient comme veuve d'un haut fonctionnaire russe; que j'ai toujours élevé la voix, aux Indes, pour répondre à tous les natifs de mes amis que, tout mauvais que soit, à mon idée, le gouvernement anglais sous plusieurs rapports — à cause de son caractère antipathique — le gouvernement russe serait mille fois pire ; que j'écrivis des lettres dans ce sens à des amis indiens, avant de quitter l'Amérique pour l'Inde, en 1879; que quiconque est au courant du but que je poursuis, de mes habitudes et de la vie complètement dépourvue de déguisement que je mène dans l'Inde sait combien je méprise la politique, loin d'avoir pour elle le moindre goût, ni la moindre affinité; que le gouvernement de l'Inde pour qui je fus suspecte, quand je vins tout d'abord dans ce pays, abandonna bientôt son *espionnage* inutile et n'a jamais eu depuis, que je sache, la moindre idée de me suspecter de nouveau — la théorie d'espionne russe que M. Hodgson a ressuscitée, à mon intention, du tombeau où elle était enterrée depuis des années avec le ridicule qui lui est due, ne fera que contribuer à rendre ses extravagantes conclusions encore plus stupides qu'elles n'eussent été sans cela dans l'estimation de mes amis et de tous ceux qui me connaissent réellement. Mais, envisageant le caractère d'espionne russe avec tout le dégoût que peut seule ressentir une russe qui n'en est pas *une*, je ne puis m'empêcher de repousser la calomnie vile et sans fondement de M. Hodgson, avec tout le mépris que sa méthode de procédure en général mérite, selon moi, ainsi que le Comité de la Société qu'il a servie. En endossant en bloc ses balourdises, ils ont montré que je m'étais trompée lorsque je croyais trouver — après tout ce qui a été écrit et publié sur la question, de nos jours — un groupe d'individus aptes à explorer les mystères des phénomènes psychiques, parmi les classes instruites d'Angleterre.

M. Hodgson sait, — et le comité, sans doute, avec lui — qu'il est entre mes mains à l'abri d'un procès pour diffamation, parce que je n'ai pas d'argent pour en entreprendre la procédure coûteuse (ayant donné tout ce que j'ai possédé à la cause que je sers) et aussi parce que ma réhabilitation demanderait un examen de mystères psychiques, qu'un tribunal ne peut faire convenablement ; et enfin, parce qu'il y a des questions auxquelles je suis engagée, par serment solennel, à ne jamais répondre et qu'une investigation judiciaire dans ces calomnies amèneraient inévitablement au premier plan, tandis que mon silence et mon refus de répondre à certaines demandes seraient pris pour des « insultes à la magistrature ». C'est cet état de choses qui explique l'attaque impudente dirigée contre une femme presque sans défense, et l'inaction à laquelle je suis si cruellement condamnée.

H. P. BLAVATSKY.

14 janvier 1886.

TABLE ANALYTIQUE

DES PHÉNOMÈNES DÉCRITS OU MENTIONNÉS DANS CE LIVRE (1)

Phénomènes quelconques.

	Pages
En Amérique.	46
Débuts aux Indes, en 1880.	50
Cités dans *Isis dévoilée*	228
Phénomènes spirites relatifs à M. Eglinton	255-323
Expériences de la Société des recherches psychiques de Londres.	281
Pouvoirs des Sadhus et des yoguis.	298-299
Phénomènes produits avec le concours de Dhabagiri Nath	306
Phénomènes produits à Wurtzbourg	319

Production de sons divers.

Coups frappés sur une table, un mur, une porte, etc., à Allahabad.	57
A travers une pile de mains, à Simla	60
Sons de clochette et de carillon, chez M. Sinnett, à Simla.	73-74-75
Sons de clochette, comme signal occulte	78

(1) Il est bien évident que notre classement des phénomènes est tout artificiel, et n'a d'autre prétention que celle d'aider la mémoire du lecteur qui désire revenir sur ce qu'il a lu. La technologie des phénomènes de l'*invisible*, non reconnus par la science actuelle, est toute à faire, et ce livre n'en contient qu'une faible partie. — (*Note du Traducteur*).

Clairaudience.

M. entre en communication avec Mme Blavatsky au sujet du portrait de K-H., à Allahabad 268
K-H. prend connaissance du discours de M. Kiddle, en Amérique. 283-293
M. Ramaswamy entend la voix de son gourou, à Tinnevelly 305
M. Damodar voit et entend, de Madras, ce qui se passe dans un salon à Londres 336-337-339-340-341

Clairvoyance.

Mme Blavatsky voit une broche tomber dans un parterre 104
Elle voit les cigarettes tomber sur le piano et dans le vase, chez M. Sinnett 114
Elle voit la cigarette tomber sur le rideau. 116
Elle voit le mahatma M. faire tomber le médaillon, à Bombay 247
Elle a connaissance de la production du portrait de K-H., à Allahabad 267
Mmes Blavatsky et Gebhard, MM. Olcott et Mohini voient K-H., à une réunion de la Société, à Londres. 327
K-H. prend connaissance des projets de MM. Mohini, Oakley et Keightley, à Paris 329-330
Mme Blavatsky lit une lettre cachetée, à Paris . . . 330
K-H. assiste à la conversation de M. Schleiden avec M. Olcott, dans le train d'Elberfeld à Dresde . 332-333-334
M. Damodar voit et entend ce qui se passe à Londres, dans un salon. 336-337-339-340-341
En Allemagne, chez M. Gebhard, Mme H. ressent la présence d'un adepte, ainsi que Mme Blavatsky qui suit le phénomène en production. 342-343
Le Mahatma répond à une demande mentale de M. Gebhard 342-343-344
Vision de Mr Solovioff, en Belgique. 345-346
Mme Blavatsky sait la visite du Mahatma à M. Solovioff, à Elberfeld. 347

Ecriture ou dessins produits sur différentes surfaces.

Réponse de K-H. sur une feuille de la lettre retournée dans le cabinet de M. Sinnett, à Allahabad. . . . 185

Messages de K-H. trouvés sur des lettres envoyées à
M. Sinnett par des personnes ignorantes du fait. . 186
Mme Blavatsky trouve des manuscrits pour son ouvrage *Isis*, le matin en se levant 210
Ecriture se produisant sur une feuille de papier, pendant que M. Sinnett lit une lettre. 236
Signature du mahatma M. marquée sur le plâtre transporté 246
Portrait de fakir produit sur une feuille blanche, à New-York 265
Portrait de K-H. formé sur un papier blanc, à Allahabad 266
Second portrait de K-H. produit à Allahabad . . . 268
Empreinte akasique du fragment relatif à l'incident Kiddle 281-282-286-288-289-293
Marques sur la broche trouvée dans un coussin . . 148

Objets matérialisés.

Pluie de roses, à Bénarès. 67
Tasse et soucoupe, sous le sol, dans la campagne de Simla. 86
Rouleau de papier trouvé dans un bois ; même lieu . 94
Production d'eau à boire ; même date 95
Lettre matérialisée dans l'air, sous les yeux de M. Sinnett, à Bombay 233
Lettre matérialisée devant un bengalien, dans un bureau de poste 234

Passage d'objets à travers la matière.

Deux cigarettes retrouvées dans un piano et dans un vase, à Simla. 114
Broche trouvée au milieu d'un coussin, clos de toutes parts 144
K.-H. insère une lettre dans la lettre cachetée de M. Sinnett, à Allahabad 183
Lettre envoyée à K-H. par M. Sinnett et remplacée dans l'enveloppe intacte par une réponse . . . 186
Lettre adeptale trouvée par M. Hume dans une autre venue par la poste 236
Billet du mahatma M., relatif au médaillon, trouvé par M. Sinnett, dans l'enveloppe d'un télégramme envoyé à Allahabad. 245

Le mahatma M. transporte un morceau de plâtre dans
le tiroir du secrétaire de M. Sinnett à Allahabad . . 246
K-H. prend la lettre de M. Eglinton dans son portefeuille, sur le Véga, la transporte dans divers
milieux 256-258-322
Lettre envoyée à M. Schleiden dans un compartiment
de chemin de fer. 332-333-334
Clefs enfermées dans une malle, à Bruxelles 345
Lettres insérées dans d'autres en circulation (1886) 348-349

Objets brûlés ou transportés à distance, et retrouvés.

Phénomène de la broche retrouvée. 100
Les deux cigarettes retrouvées dans un piano et dans
un vase, chez M. Sinnett, à Simla. 114
Cigarettes retrouvées au haut d'un rideau 115
Broche retrouvée au milieu d'un coussin. 144
Transport du morceau de plâtre de Bombay à Allaha-
bad. 246-247-248
Transport du paquet de lettres, relatif au phénomène
du Véga. 256-257-258-259-322
Cigarette brûlée chez Mme Blavatsky, et retrouvée chez
M. O'Meara 112
Lettre brûlée à Londres, par Mme Blavatsky, et retrou-
vée intacte 331-332

Lettres envoyées ou prises d'une manière occulte.

Lettre envoyée à Mme Sinnett sur un arbre, près de
Simla 89
Première lettre reçue par M. Sinnett, sur son bureau . 120
Lettre trouvée sur la table de son vestibule. 140
Incident du coussin. 140
Billet de K-H. trouvé par M. Sinnett dans sa serviette. 146
Lettre envoyée par M. Sinnett, à la suite de l'incident
du coussin 147
Lettre envoyée par Mme Blavatsky, d'Amritsour à Kout-
Houmi. 157
Lettre envoyée à Allahabad, par M. Sinnett à K-H. et
retournée. 183
Lettre envoyée à K-H. et retournée à Mme Blavatsky,
dans le cabinet de M. Sinnett à Allahabad. 185
Cas quelconques de lettres prises par K-H. avec réponse
retournée 186

Lettre reçue par M. Sinnett à son retour à Bombay. . 233
Lettre reçue par un bengalien dans un bureau de poste. 234
Lettre envoyée par voie des airs, devant plusieurs personnes, à Bombay. 234
Lettres circulant entre K-H. et la Société éclectique de Simla 236
Lettre reçue dans une autre, par M. Hume 236
Lettre trouvée par M. Sinnett, dans la poche de son habit 236
Lettre trouvée par le même, un matin, sous son oreiller. 236
Lettre reçue par Mme Blavatsky, apres l'enlèvement du morceau de plâtre 248
Billet trouvé par B. R., le matin, sous son oreiller à Allahabad 252
Lettre envoyée par M. Sinnett avec l'aide de B. R., et réponse reçue 253-306
Lettre écrite en mer par M. Eglinton et transportée à Bombay, et de là à Calcutta, additionnée de cartes et d'autres lettres 256-257-258-259-322
Lettres transportées de Calcutta à Londres en séances spirites 262-323
Lettre envoyée avec l'aide de M. Damodar 306
Lettres de K-H. reçues par M. Lane Fox 308
Lettre de K-H. reçue à Paris. 329-330
Lettre envoyée par M. Schleiden à Mme Blavatsky et prise en route 332-334
Lettre envoyée par M. Schleiden dans un compartiment de chemin de fer 322-333-334
Lettre reçue dans un compartiment de chemin de fer en France 335
Lettre envoyée à Mme Blavatsky à Londres, et annoncée par le double de M. Damodar 338-339-341
Lettre tombant d'un tableau chez M. Gebhar en Allemagne 341-342-343-344
Billet placé dans la poche de M. Olcott, au sujet de l'apparition de M. à M. Solovoïoff 348
Lettres insérées dans d'autres aux Indes en 1886 . 348-349

Télégraphie psychique.

Mme Blavatsky reçoit une réponse au sujet de la première lettre envoyée par M. Sinnett 120

Télégraphie psychique avec les Frères au sujet du coussin 141
Ordre donné à M⁽ᵐᵉ⁾ Blavatsky le matin de l'incident du coussin 145
M⁽ᵐᵉ⁾ Blavatsky appelle K.-H. dans les défilés de Karakorum. 155
Nouvelles transmises rapidement pendant la révolte indienne 157
M⁽ᵐᵉ⁾ Blavatsky écrit inconsciemment un message sur une lettre de M. Sinnett 183
M⁽ᵐᵉ⁾ Blavatsky compose son ouvrage *Isis* sous la dictée des Frères 210
Le Chohan de M. Olcott lui annonce que K.-H. est allé au Véga 257
K.-H. dit à M⁽ᵐᵉ⁾ Blavatsky qu'il a vu M. Eglinton. . . 269
K.-H. dicte à distance la lettre attaquée par M. Kiddle. 282-286-293
M. Mohini communique avec les Frères. 306
Correspondance entre M. Damodar et M⁽ᵐᵉ⁾ Blavatsky de Londres à Madras. 336-337-338-339-340-341

Apparition du double humain.

Le Mahatma M. se montre à Bombay à un membre de la Société éclectique de Simla. 244
Le Mahatma M. se montre à plusieurs personnes à Bombay 244
Visite astrale de Kout-Houmi à M. Eglinton en pleine mer 256-259-260-320
M. Olcott voit à Calcutta, les deux Frères apporter le paquet de lettres. 258
Apparitions d'un adepte, après sa mort, à Agra. . . . 299
Les adeptes visitent M⁽ᵐᵉ⁾ Blavatsky. 301
M. Olcott voit la forme astrale d'adeptes 302-303
M. Damodar voit la forme astrale d'adeptes. 304
M. Ramaswamy voit un gourou à Bombay 305
M. Mohini voit la forme astrale d'adeptes 306
Nombreuses apparitions de Frères dans l'Inde. . . . 307
M. Sinnett voit une apparition à Madras. 307
Nombreuses apparitions de M. Damodar à M⁽ᵐᵉ⁾ Blavatsky à Londres. 336-337-338-339-340-341
M. Solovioff voit le Mahatma M. à Elberfeld. . . . 346-347

TABLE GÉNÉRALE DES MATIÈRES

Préface du traducteur. . . . . ı
Préface de la seconde édition xxiii
Introduction 1
L'occultisme et ses adeptes 21
La Société théosophique 38
Phénomènes occultes récents 55
Les enseignements de la philosophie occulte . . . 203
Conclusion 229
Appendice 274
Postface du traducteur 319
Protestation de madame Blavatsky 353
Table des phénomènes 361

1905. — Tours, imp. Rouillé Ladevèze.

ERRATA

Page 114 : *Rétablir la note ainsi :* D'après la théorie, il se forme ce qu'on peut appeler un courant magnétique qui transporte à distance les objets préalablement dissous par la même force, et cela malgré la résistance de la matière.

Page 161 : *Dernier mot :* « Guidée », *au lieu de* « Guidée.

Page 168 : *Ligne 19 ; lire* indestructible *au lieu de* indestructive.

Page 172 : *Ligne 19 ; lire* le soleil, ce grand père nourricier, *au lieu de* le soleil grand-père nourricier.

Page 181 : *Dernière ligne ;* intrinsèque *au lieu de* intrinsèques.

Page 185 : Ligne 15 : *lire* quand *au lieu de* quant.